U0782730

大学英语教学理论与实践研究

赵晶 刘焱 王曼曼 著

天津出版传媒集团

天津科学技术出版社

图书在版编目（CIP）数据

大学英语教学理论与实践研究 / 赵晶，刘焱，王曼
曼著. -- 天津：天津科学技术出版社，2023.7
ISBN 978-7-5742-1303-6

Ⅰ．①大… Ⅱ．①赵… ②刘… ③王… Ⅲ．①英语－
教学研究－高等学校 Ⅳ．①H319.3

中国国家版本馆 CIP 数据核字(2023)第 114127 号

大学英语教学理论与实践研究
DAXUE YINGYU JIAOXUE LILUN YU SHIJIAN YANJIU

责任编辑：刘　鸫
责任印制：兰　毅

出　　版：天津出版传媒集团
　　　　　天津科学技术出版社
地　　址：天津市西康路 35 号
邮　　编：300051
电　　话：（022）23332377
网　　址：www.tjkjcbs.com.cn
发　　行：新华书店经销
印　　刷：济南新广达图文快印有限公司

开本 787×1092 1/16 印张 15.875 字数 270 000
2024 年 1 月第 1 版第 1 次印刷
定价：75.00 元

前　言

本书是一部关于大学英语教育的专业著作，旨在探讨如何推进大学英语课程改革，以适应当今社会对英语人才的需求。随着全球化和信息化的不断发展，英语已成为国际交流和合作的重要通用语言，因此大学英语教育的重要性越来越受到重视。

本书共分十四个章节，内容包括大学英语教学模式、课程设计与教材选用、教学方法与策略、评价与反馈、教师专业素养与发展、大学英语教学的质量保障、跨文化交际与大学英语教学、在线教学环境下的大学英语课程设计与实施、大学英语口语教学及评价、案例分析与实证研究、大学英语教育国际化研究、终身学习与大学英语教育、教育技术与大学英语教育等多个方面。本书秉承"理论与实践相结合，问题导向，系统性、针对性和创新性"的编写原则，旨在为大学英语教师、研究人员和教育管理者提供一份全方位的指导，以期推动大学英语教学质量不断提升。

本书立足于国内外有关大学英语教育的最新研究成果，整合了大量的学术理论和教学实践经验，在内容和形式上都力争简洁明了、通俗易懂。除了对大学英语教育存在的问题进行深入探讨，本书还提出了具有针对性的解决方案，并给出了相应的案例分析和实证研究，使读者能够更深入、更系统地了解大学英语教育的现状及其存在的问题，并以此为依据，结合不同学生的需求和特点，提出相应的解决方案。

本书可以作为大学英语教学的参考书籍，也可以作为大学英语教师、研究人员和教育管理者的工具书。我们希望，本书能够对促进大学英语教育的发展和提高产生积极的推动作用。最后，我们衷心感谢所有为完成本书付出辛勤努力的人们，包括作者、审稿专家和出版社的编辑们。他们的努力和支持是本书得以顺利出版的重要保障。

祝愿本书能够取得良好的反响，对相关领域的教育工作者和学生产生实际的指导和帮助。

目　录

第一章 绪论

第一节 研究背景和意义

随着全球化的不断发展和跨国交流的深入，英语已成为一门全球通用的语言，并逐渐成为大学教育中必备的课程。作为英语教育的重要部分，大学英语教学具有重要的理论和实践意义。

在研究背景方面，大学英语教学已经成为全球关注的热点话题。越来越多的人开始学习英语，这也使得大学英语教学更加受到重视。同时，大学英语教学在国内始于20世纪90年代，虽然近几年来取得了一定的进展，但仍存在一些问题，例如教学模式单一，缺乏个性化和多元化，对英语应用技能的培养不够重视等。因此，需要对大学英语教学进行深入的研究，探索有效的教学方法和策略，提高学习者的英语综合运用能力，促进英语教育的持续发展。

在研究意义方面，大学英语教学研究可以促进英语教育理论的发展和教学实践的改进。一方面，通过对英语教育理论进行深入探讨，可以更好地指导大学英语教学的实践工作，提高教学质量和教学效果。另一方面，研究具体的大学英语教学方法和策略，可以不断优化和改进教学模式，提升学习者的英语水平，符合时代发展需要。

大学英语教学理论与实践研究对于提高英语教育水平、培养高素质人才、加强国际交流与合作等方面都有重要的意义。

英语作为一门通用语言，在全球化的背景下，已成为人们在国际交往、商务活动、文化交流及教育等方面必备的基本工具。因此，大学英语教育是提高学生英语综合素质和助力国际化教育的重要手段。

同时，随着时代的变迁和教育改革的深入，大学英语教育需要跟上潮流，不断更新教学理念、方法、手段和技术，以适应现代化和国际化的教育需求。只有不断强化教学改革和创新，才能更好地满足学生对英语学习的需求和社会对英语人才的需求。

另外，大学英语教育也涉及大量的教育理论、教育心理学、教育技术等知识领域，需要涵盖广泛的学科范畴。因此，对于研究人员和教师来说，开展这方面的研究不仅有助于提高英语教学质量，还能够拓展研究视野、促进学科交流，推动教育整体水平的提高。

第二节　研究目的和方法

大学英语教学理论与实践研究旨在探讨当前大学英语教学中存在的问题，研究有效的教学方法和策略，提升学习者的英语综合运用能力，同时指导大学英语教学的实践工作，促进英语教育理论的发展和教学实践的改进。

一、大学英语教学理论与实践研究目的

总结国内外大学英语教学的理论研究和实践探索，分析其优点和不足，寻找新的改进途径和可能。

在国内外范围内，大学英语教学一直是研究的重要领域之一。对于以往的研究成果进行总结和分析，既可以发现其优点和不足，也可以为解决当前存在的困境提供有效的思路。例如，在理论层面上，可以探讨任务型教学、课程设计、评价机制等方面的问题；在实践层面上，可以调查教师教学、学生学习情况、学习成果等信息。总之，通过总结之前的研究经验和成果，能够更好地指导后续的研究工作，同时为大学英语教学改善提供有益的借鉴和实践。

探究现代任务型教学理念在大学英语教学中的应用，深入研究任务型教学模式的设计、实施和评价机制等方面。

任务型教学已成为现代教育领域的热点话题和重要研究方向。在大学英语教学中，任务型教学模式的设计、实施和评价机制等方面同样值得深入研究。通过任务型教学方法的应用，在英语教学中更加注重学生的实际运用能力，强化实践的体验性和有效性，以提高教学效果。因此，本研究将在此基础上进一步探讨任务型教学理念在大学英语教学中的具体应用方法和实践经验，并拟就如何设计、实施和评价任务型教学模式做出详细的解释和分析。

　　研究面向任务的教学法、多媒体技术、个性化教学策略、小组合作学习等在大学英语教学中的应用，对于提高学生的英语语言运用能力有重要意义。

　　除了任务型教学模式，其他面向任务的教学法、多媒体技术、个性化教学策略、小组合作学习等也是大学英语教学中常见的教学方法和策略。其中，多媒体技术的广泛应用能够促进学生的情感、认知、创造力等方面的发展；个性化教学则可根据学生的不同特点、需求和背景，设计适合他们的教学方案；小组合作学习则有助于增强同学之间的互动和合作，培养团队精神和个人能力。因此，在大学英语教学中研究这些方法和策略的实际应用对提高学生的英语语言运用能力具有非常重要的推动作用。

　　探讨有效的教师培训体系、职业发展路径和机会、师德伦理规范等问题，为提高英语教育的教职人员素质和专业水平提供切实可行的建议和方案。

　　教师的教育水平和专业素质是影响大学英语教学质量和效果的重要因素之一。因此，为了提高英语教育的教职人员素质和专业水平，需要探讨有效的教师培训体系、职业发展路径和机会、师德伦理规范等问题。通过研究这些问题，可以建立完善的教师培训和发展机制，提高教育系统内部的激励机制，加强师德伦理建设，促进教师个人和专业能力的全面提升。这样，才有助于提高教师教育水平和专业素质，为学生提供更好的英语学习环境。

　　分析大学英语课程认证和评估机制，以保证教学质量和教学效果，并为政策制定者和相关部门提供有益参考。

　　大学英语课程认证和评估机制是判断课程质量和确定教学效果的重要指标。通过分析大学英语课程认证和评估机制，可以发现其在实践过程中存在的问题和可能的改进措施。例如，在认证方面，需要明确课程目标和标准，充分考虑地区差异和学生背景差异，加强监督和审核力度等方面的问题；在评估方面，则需要考虑到综合素质评价等多元化评价方式，进一步提高课程教学水平和教学效果。为政策制定者和相关部门提供有益参考，以保证大学英语课程认证和评估机制的有效运行和实施。

二、大学英语教学理论与实践研究方法

1.文献综述法

　　文献综述法是一种对国内外大学英语教育相关理论和任务型教学模式、教学方法和策略、评价与反馈等方面的文献进行梳理和分析的方法。通过总结前

人的研究成果，这种方法可以把握研究现状，为后续的研究提供基础和参考。文献综述法在许多领域都有广泛的应用，特别是在需要汇总大量先前研究成果的情况下。

2.实证研究法

实证研究法是通过问卷调查、个案研究、课堂观察等多种方式，收集和分析大学英语教学各环节的数据和信息，以研究有效的教学方法和策略，并发现问题和不足之处。这种方法是一个基于事实和数据的研究方法，能够提供丰富的信息和洞察力，帮助研究者深入了解研究对象并得出合理的结论。

3.归纳演绎法

归纳演绎法是在总结前人研究的基础上，对研究结果进行分析和综合的方法。从具体到一般，从事实到规律，归纳演绎法可以帮助研究者得出理论结论和推广应用的指导性意见。这种方法常用于对数据进行分析和解释，对复杂系统进行建模和探索，以及为决策提供基础。

第三节　国内外研究现状及其不足

一、国内外研究现状

大学英语教学理论与实践的研究已经在国内外得到了广泛关注，研究者们采用多种方法和角度，逐步深入探讨大学英语教学的有效性和可持续性。

在国内方面，大学英语教学的研究主要围绕任务型教学、交际教学、生态教学等理论展开。其中，任务型教学是当前较为流行的一种教学方法，它通过模拟真实场景和情境，让学生在完成各种任务中提高语言能力和应用能力。另外，交际教学强调语言使用和交际策略的培养，生态教学则关注学习环境和学习资源的优化。这些理论对于大学英语教学实践提供了重要的指导。

在国外方面，大学英语教学的研究也有许多重要成果。例如，在美国，研究者们倡导以学生为中心的教学方法，鼓励学生积极参与课堂，表达自己的观点和看法。在英国，教师们注重鼓励学生发挥创造力，强调个性化教育和学生自主学习。这些研究成果和教学方法为国内和海外的大学英语教学提供了重要的借鉴和启示。

国内外大学英语教学理论和实践的研究都在不断深入和发展，各种有效的教学方法正在被广泛探索和应用。未来需要加强国际合作，相互学习和交流，以进一步提高大学英语教学质量和水平。

二、国内外研究不足

大学英语教学理论和实践的研究已经取得了许多重要成果，但是也存在一些不足之处，这些不足主要包括以下几个方面。

1.理论与实践脱节

大学英语教学是一项涉及多个环节、需要综合性思考与创新的复杂任务。在实践中，各种因素的相互作用和影响，使得大学英语教学面临着许多挑战和困难。其中一个主要问题就是理论与实践之间的联系不够紧密，无法有效地将理论知识应用于实践。

在理论方面，国内外学者已经在任务型教学、交际教学、自主学习等多个领域提出了一系列教学理念和方法。这些理论对于大学英语教学具有重要的指导意义，可为教师在制定教学计划和课程设计时提供借鉴和参考。然而，现实情况却是很多教师并没有真正深入理解和掌握这些理论知识，也缺乏将其运用于实际教学的能力和机会。

在实践方面，大学英语教学过程中，教师和学生面临的压力和挑战也日益增加。教师需要不断创新教学方式和方法，以适应不同年龄、层次和文化背景的学生；学生则需要在短时间内掌握大量的知识和技能，以提高英语水平。但是目前，教师在实践中往往侧重于机械式的知识传授和应试训练，缺乏创新精神和实践能力；学生则常常被动接受教学内容，缺乏主动思考和实践操作。

为了更好地将理论与实践结合起来，需要进行更多针对性的实践探索。具体来说，教师需要持续不断地关注教学理论和方法的更新和发展，同时尝试将其融入实际教学当中，通过课堂实践来验证和完善各种理论假设。而学生也需要更多地参与到实践中，例如组织参观、研究课题等活动，以提高实践操作能力和解决问题的能力。

学术界和教育界需要共同努力，促进大学英语教学理论与实践之间的联系，以实现理论与实践的有机结合、互相促进和协同发展，为提高大学英语教学质量和效果提供坚实的基础和支撑。

2.缺乏综合性研究

大学英语教学是一项复杂的任务，涉及多个方面和环节。随着社会发展和教育改革的推进，大学英语教学的研究也越来越受到关注。然而，当前大学英语教学的研究往往局限于某一特定领域或者单一视角，在整体性思考方面还存在不足。

针对这一问题，需要更多跨学科、综合性研究方法，以解决教学过程中的关键问题和挑战。具体来说，可以从以下几个方面入手。

（1）多角度探讨大学英语教学。大学英语教学涉及多个方面，包括教师、学生、课程设计、教学评价等。因此，需要通过多角度的研究，全面了解教学过程中各个环节的影响因素，以找到最适宜的教学方法。

（2）跨学科合作。大学英语教学不仅仅是语言学科的范畴，同时也涉及心理学、教育学、信息技术等多个学科领域。因此，需要倡导跨学科合作，整合各类学科资源，从多个角度探讨大学英语教学的问题和挑战，以寻找更为综合、全面的解决方案。

（3）关注国际化趋势。如今，世界范围内的各种交流活动和文化融合给大学英语教育带来了不同层次的挑战。因此，在研究大学英语教学的过程中，需要关注国际化的趋势，并分析其对大学英语教学可能产生的影响，以做出相应的调整和改进。

（4）监测并评估教学效果。为了更好地实现跨学科、综合性研究，需要将教学过程及其效果进行全面监测和评估。这些数据可以为后续研究提供有力支持，并通过反馈机制促进教学质量和效果的持续优化。

需要在大学英语教学研究方面加强跨学科、综合性研究方法的应用，以解决教学中存在的重要问题和挑战。这不仅需要学者们的不断探索和创新，也需要政府、社会各界的积极参与和支持。只有通过共同努力，才能为大学英语教学的创新与发展提供更为科学、全面的指导和支持。

3.教师专业发展不足

随着教育改革的不断深入，大学英语教育也面临着越来越多的挑战和机遇。在这样的背景下，不断提高教师的专业水平和能力，已经成为推动大学英语教育发展的重要保障之一。然而目前发现，国内外很多大学英语教师缺乏持续的专业发展机会，缺乏全面、深入的英语教学理论和实践培训，需要为其提供更多的培训资源和机会，以切实推动其专业发展和提高教学水平。

为了解决教师专业发展不足问题，可以从以下几个方面出发。

（1）提供针对性的培训。根据教师的不同需求，采用针对性强的培训方式，例如线上学习、短期课程、定期交流等形式，帮助教师掌握最新的教学理论和技术，并将其应用于实际教学中。

（2）加强师资队伍建设。加强并支持教师的进修和专业发展，帮助他们深入探究教学实践中的问题和挑战，并学习新的教学技能和策略，使得他们能够在实践中不断创新和进步。

（3）推行课程开发。为了适应时代的需求，需要不断进行课程开发，以培养适应未来社会和经济的人才。在这个过程中，教师需要逐渐习得最新的教学方法和理念，并将其运用到课程开发的过程中。

（4）国际化交流合作。与国外先进教育机构联合举办学习活动，参加国际性学术会议，推动国内教师的专业化、国际化水平的提升。

在大学英语教育领域，提高教师的专业发展和能力已经成为共识。因此，需要为大学英语教师提供更多的培训资源和机会，使其能够掌握最新的教学理论和技术，从而提高自身的工作能力和水平，为学生提供更好的教学服务。同时，政府、学校等各方也需要对教师专业发展给予更多关注和支持，以推动大学英语教育的繁荣和发展。

4.外部环境影响教学

大学英语教学不能完全独立于社会、政治、经济等外部环境的影响，但是目前对这些因素与英语教育之间相互作用的研究还不足。因此需要更多探索英语教育与外部环境之间的联系，以适应不断变化的时代需求。

虽然大学英语教学理论和实践的研究已经取得了许多成果，但仍存在一些问题需要进一步深入探究和解决。未来需要加强国内外合作，推进大学英语教学的创新和实践，以提高教学效果和质量。

第四节 大学英语教学理论与实践研究的结构和内容安排

一、大学英语教学理论与实践研究的结构

大学英语教学理论与实践的研究结构可以分为以下几个方面。

1.语言知识和技能

大学英语教学理论与实践研究包括多个方面，其中语言知识和技能是关键的一环。这包括了四个方面的语言技能：听、说、读和写。此外还有基本语法、词汇和语音等方面的语言知识。通过教师的指导和学生自我努力，可以提高学生在这些方面的能力和水平。在大学英语教学中，这些语言知识和技能是学生日后在各个领域进行交流和沟通的基础。因此，教师需要根据学生的能力和需求，制定合适的教学计划和策略，引导并帮助学生全面提升他们的语言能力，使他们能够流利地用英语进行表达和交流。同时，在对这些方面的教学中，也要注意体现学生的主体地位，鼓励他们参与互动，积极探索学习新的知识和技能的方法，并为他们提供良好的学习资源和支持。

2.教学设计

教师在大学英语教学中，需要制定相应的教学计划、课程内容、教材和教具等教学资源，以配合教学目标和满足学生特点。为了提高教学效果和质量，教师需要充分考虑每个学生的学习需求和能力差异，同时结合现代教学技术和多种教育资源，创造出适合学生掌握知识和技能的环境与机会。对于教学目标的设定，包括提高学生的语言水平、教育他们的英语思维方式和跨文化交际能力等方面。在制定教学计划时，可通过分解教学过程，注重学生自主学习和反馈评估等方法，不断推进教学质量和方式的改进。此外，在选择教材和教具方面也要注意根据学生个性化需求挑选适合的资源，帮助学生更加深入地理解并掌握知识和技能，并激发他们对语言学习和研究的兴趣。

3.授课方法

在大学英语教学中，针对不同的教学内容和学生需求，教师需要选择适合

的授课方法和教学策略，以促进学生的学习兴趣和能力提升。这些授课方法包括但不限于讲解、示范、互动、游戏等，并可根据教育技术的发展与创新进行适当变化和调整。例如，在基础知识方面的教学中，采用传统的讲解式教学是非常有效的；在口语训练方面，组织角色扮演和情景模拟有助于学生实践语言运用能力；在阅读和写作方面，通过多媒体教学的方式，将图片、文本、音频和视频等多种资源结合，可以激发学生的注意力和积极性。此外，教师在授课过程中也应重点关注学生的反馈和表现，及时调整教学方式和策略，以满足学生的需求和提高教学效果。总之，不同的授课方法和教学策略都可以为大学英语教学增加更多的活力和灵活性。

4.学生评估

在大学英语教学中，对学生进行评估是非常必要和重要的，这可以通过考试、测试、作业等方式来实现。通过这些评估方式，可以全面地测试学生的各方面语言能力，包括听说读写四个方面以及词汇、语法、语音等语言知识。同时，还可以发现学生的知识掌握情况、应用能力和思维方式等问题，帮助学生及时纠正错误和提高不足之处。在评估过程中，除了量化指标外，也需关注学生的自主学习和创新精神，以提高他们的个人发展潜力。根据评估结果，教师可以针对性地进行教学方法和策略调整，重新制定教学计划和内容，帮助学生更好地掌握知识和技能，达到教学目标。此外，评估的过程也需要充分考虑学生的心理状态和个人隐私，保护其权益和尊严，建立谅解与信任的良好关系。

5.教师培训

为了提高大学英语教学的质量和效果，需要对大学英语教师进行专业知识和教学技能的培训。这种培训可以改善教师的知识体系、情感态度和行为方式等方面，使他们掌握先进的教育理论、教学方法和应用技巧，更好地适应新时代的教学需求和挑战。这些培训包括但不限于英语语言和文化知识的更新和扩展、教学和评估设计的训练、教育心理学与沟通技巧的提升等多个方面。通过这些培训，可以促进教师自我发展和提高专业素养，增强教师团队的凝聚力和竞争力。此外，培训还可以激发教师的创新精神和合作意识，倡导教学变革和优化，不断提高大学英语教学的整体水平和质量。因此，教育管理者和教学主管部门也应高度重视大学英语教师的培训和发展，为其提供良好的工作环境和发展机会，共同推进教育事业的蓬勃发展。

　　大学英语教学理论与实践研究结构非常复杂和完整，包括了语言知识和技能、教学设计、授课方法、学生评估和教师培训等多个方面。这些方面相互交织、相互作用，形成了一个紧密联系的教学体系。语言知识和技能是教学的基础，包括读写听说四大方面以及语法、词汇、发音等语言要素。教学设计是一个全局性的任务，涉及教学目标、教学内容、教学流程和教学效果等多个方面。授课方法是教学过程中的关键环节，包括示范、互动、游戏等多种有效的教学策略。学生评估是教学过程中不可或缺的一环，可以通过考试、测试和作业等方式，并及时反馈给学生和教师，促进学习的进步和优化。教师培训可以持续提高教师的专业素养和教学质量，增强他们的自我意识和职业道德。这些方面互为基础、共同支撑，为大学英语教学提供了一个完整的教育体系，促进学生的全面发展和个人成长。

三、大学英语教学理论与实践研究的内容安排

　　1.语言知识和技能方面的内容安排

　　（1）英语语言基础知识。包括英语的语法、词汇、句型、语言习惯等方面。学好英语基础，可以帮助我们更好地理解和使用英语。

　　（2）听、说、读、写四个语言技能的提升。学会听懂、口语表达、阅读理解和书面表达等四个技能，可以全面掌握英语。每个技能都有其独特的方法和技巧，需要不断练习和积累。

　　（3）阅读技巧和写作技巧。阅读和写作是学习英语的重要步骤，需要掌握一些技巧和方法，如找准关键信息、提高阅读速度、构思写作主题、准确用词等。

　　（4）语音、发音和口语表达等方面的知识。在口语交流中，语音、发音和流利的口语表达是非常重要的。学习正确的语音发音方式，磨炼自己的口语表达技巧，可以帮助我们更加自信和顺畅地与他人进行英语交流。

　　2.教学设计方面的内容安排

　　（1）教学目标设定。在教学前，需要明确教学目标，制定相应的教学计划和教学任务，确保教学过程有条不紊，能够达成预期的教学效果。

　　（2）课程设计。根据教学目标和学生实际情况，设计相应的课程内容、教学步骤和活动安排。合理的课程设计可以提高学生学习兴趣、激发学生的学习热情。

（3）教材选取与使用。选择适合的教材对于教学非常重要。教师需要考虑教材的适用性、教学内容的难度和吸引力等因素，以及如何将教材融入具体的教学场景中。

（4）教师角色定位和教学方法选择。教师在教学中扮演着重要的角色，需要根据不同的教学目标和学生特点选择合适的教学方法，并在教学过程中积极引导和促进学生参与。

（5）测评方式和结果分析。定期进行测评可以帮助教师了解学生的学习情况，及时调整教学策略并给予反馈。同时，对测评结果进行分析可以帮助教师制定更具针对性的教学方案，提高教学质量和效果。

3.授课方法方面的内容安排

（1）教学模式选择。随着教育技术的不断发展，教学模式也在不断创新和改变。例如，MOOCs、在线直播课程、互联网教学等模式都已经被广泛应用于英语教学中。

（2）知识点讲解。对于每个知识点，教师需要进行清晰有序的讲解，引导学生掌握相关的语法、词汇、句型等知识点。

（3）情景模拟和角色扮演。通过情景模拟和角色扮演，可以让学生获得更丰富的英语实际应用环境。学生可以在模拟场景中积累经验和提高口语表达能力。

（4）问答和互动环节。教学过程中，教师与学生之间的问答和互动环节可以增强学生的参与度和积极性，同时可以及时发现和纠正学生的错误。

（5）游戏化教学和多媒体辅助教学等。通过运用游戏化教学和多媒体辅助教学等方法，可以使学习更加趣味化、生动化，并提高学生的学习效率和成果。同时，多媒体教学也可以更好地满足学生多样化的学习需求和方式。

4.学生评估方面的内容安排

（1）测评方式、测试内容和测试题型。英语教学中常用的测评方式包括笔试和口试，测试内容可以覆盖语法、词汇、听力、阅读、写作等方面。不同类型的测试题型也有所不同，比如选择题、填空题、翻译题、综合题等。

（2）考试成绩的统计和分析。对于每次考试，教师需要及时统计学生成绩，并进行分析。通过分析考试结果，教师可以了解学生的整体表现和掌握情况，发现存在的问题和薄弱环节，并及时调整教学策略。

（3）学习反馈和问题解决。在教学过程中，教师需要主动向学生收集学习反馈，了解学生的学习情况和困难。同时，教师还需要协助学生解决遇到的问题和困难，引导学生正确的学习方法和技巧，以提高学习效果。

5.教师培训方面的内容安排

（1）教育心理学、教学法和教学设计的基本原则。教育心理学研究人类的学习，关注个体差异和认知特点。教学法则是帮助教师更好地完成教学工作的指导原则，包括激发兴趣、因材施教、循序渐进等。教学设计原则则规定课程设置和内容安排。

（2）面对不同学生层次、性格和特点的处理方法。教师应该意识到学生存在巨大的差异性，并采用因材施教、多元化教学方法来满足不同学生的需求。对于学习差的学生，教师可以采取针对性措施进行辅导，对于性格比较内向的学生，教师可以通过情境模拟和角色扮演来加强其表达能力。

（3）多媒体辅助教学的应用和教学资源的制作及应用。多媒体技术现已广泛应用于英语教学中，如教学影片、PPT、语音识别软件等。教师需要选择适当的多媒体教学资源，并根据自己的教学需求制作优质的教学资源。多媒体辅助教学可以有效促进学生的学习，提高教学效果。

大学英语教学理论与实践研究主要涉及英语教学的原则、方法、策略和资源等方面。在教学理论研究方面，探讨英语教学的现状、存在的问题以及改善措施是非常重要的。同时，也需要研究不同的教学模式和方法，如基于任务的教学、合作学习、游戏化教学等，并进行实践验证和评估。在教学内容方面，需要考虑教学内容的设计和选择，涵盖语音、词汇、语法、阅读、听力、口语和写作等多个方面。并且，需要根据学生的具体需求和水平差异有针对性地调整教学内容。在教学策略方面，需要注重因材施教，采用多样化的教学策略，如情境模拟、角色扮演、互动问答等来促进学生参与度和积极性。此外，还可以利用多媒体辅助教学、在线学习等技术手段，提高教学效果和灵活性。在教学资源方面，需要挖掘和开发更加丰富、适应性强的教学资源，如教育软件、数字化教材、网络教程等，以满足学生和教师的多样化需求。

第二章 大学英语教学模式

第一节 大学英语教学模式的演变

第一阶段的传统文法翻译法是针对英语的传统教学方法，最早出现在 18 世纪。这种方法主要侧重于掌握语言的文法规则和语法结构，通过熟悉语法规则，掌握单词、句式等基本语言知识点，来提升学生的语言水平。该阶段的教学方法注重理论性学习，忽略了实际应用能力的培养，学生掌握的语言知识大多停留在书本上，难以灵活运用到生活中。

第二阶段的听、说、读、写是 20 世纪 60 年代后期到 70 年代的英语教学主流。与第一阶段的传统文法翻译法相比，它更加强调语言的实际应用和口语交际能力的培养。听、说、读、写是人们日常使用英语的四种基本技能，通过不断锻炼这四种技能，可以更好地提升英语整体水平。同时，该阶段的教学方法强调语言应该在真实环境下进行学习，如观看电影、听音乐、外出旅游等，这些都可以增强学生的英语听说能力。

第三阶段的综合语言教学法强调了语言学习的综合性。该方法整合了传统文法翻译法与听说读写法的优点，并利用现代科技手段，如多媒体教学、网络学习等方式进行教学，有助于提高教育效果。在这种方法下，语言教学注重学生的主体地位，倡导参与课程设计和掌握学习进度。

第四阶段的任务型语言教学法是 21 世纪初出现的一种全新教学方法。该方法采用任务为主线，通过设置各种场景和任务，鼓励学生利用英语进行实际交流，并逐步提升多方面的语言技能。任务类型包括会话、书面表达、听力理解、阅读分析和翻译等。通过这些任务的完成，学生能在实践中锻炼自己的语言技能，真正实现从理论到实践的转变。

第二节 任务型教学模式在大学英语教学中的应用

一、任务型教学模式的概念及重要性

任务型教学模式是一种以任务为主导的教学方法，它强调学习者的积极性和主体意识，让学生在完成实际任务中掌握知识和技能的过程中逐渐提高语言水平。任务型教学模式侧重于真实情境下的语言运用，使学生能够在实践中灵活运用所学内容，并通过交流、互动和体验等方式不断提高英语技能。该教学模式注重学生的实践操作和思维能力培养，营造与现实生活相近的真实环境，从而使学生更好地适应社会需求，掌握实用英语，提升自身素养和竞争力。

任务型教学模式在大学英语教学中有着重要的应用和作用。

任务型教学模式是一种以任务为主导的教学方法，其重要特点是注重学生的主动性和参与性。与传统的语法翻译式教学不同，任务型教学强调交互式和实践性的学习方式，意在营造轻松愉快的学习氛围，让学生在真实情境下进行语言运用、沟通和合作，从而更好地掌握英语技能。

在任务型教学中，老师会通过设置各种具体任务，如口语会话、写作、阅读理解等任务，来引导学生进行学习。任务的完成需要学生积极参与并组织实际行动，这也培养了学生的自主意识和学习能力。同时，这种教学方式还可以增强学生的兴趣和动机，使他们更愿意投入到学习中，并提高其学习效果。总之，任务型教学模式对于大学英语教育有着重要的启示意义，值得广泛推广和应用。

任务型教学模式在大学英语教学中不仅能够提高学生的语言水平，而且还能够促进学生的学习兴趣和积极性。这种教学方式强调学生的主体地位和自主性，让学生更加主动参与课程设计和进度掌握，从而提高其学习效果。在任务型教学过程中，学生会因为任务感到有成就感，更能够享受到学习英语的过程带来的快感。同时，学生可以根据自己的需求和时间限制，自主安排学习，这也培养了其自我管理和学习能力。学生不再被动地接受知识，而可以根据自己的个性化需求参与学习，增强学习效果。任务型教学还可以激发学生的创新意识和竞争意识，通过逐步完成任务的过程，让学生展现自我、彰显个性、唤醒潜能、实现超越。这样，学生成就感、自信心、责任感等都得到有效的提升，从而更好地适应未来职场挑战。因此，任务型教学模式在大学英语教学中的应用具有很大的意义和价值。

任务型教学模式是以任务为主导的教学方法，它不仅注重语言知识的学习，更强调实际语言运用能力的培养。在大学英语教育中，通过完成各种任务，如口语会话、写作、阅读理解等任务，可以逐渐提高学生的英语应用能力和实际语言运用水平。在任务完成过程中，学生需要不断练习并运用所学的语言知识，逐渐准确地表达自己的意思，从而提高了其语言交流的流畅性和准确性。任务型教学模式着重打造一个真实情境下的学习环境，让学生在实践中积累语言经验，并掌握语言实际应用技巧，这样才能更好地应对日常生活和职场上的英语使用。而且，在任务中涉及的语言知识广泛，帮助学生全面掌握英语的听、说、读、写和翻译等多方面技巧，使得学生更加灵活、准确地运用英语。同时，任务型教学模式突出了语言交流能力的重要性，让学生透过实际情境而真正地领会英语其交流的实用性。这些都是在传统语法翻译教学背景下缺乏的，并且更能够培养学生的英语思维方式及提高其听说读写翻译能力的途径。

任务型教学是一种重视学生思维能力培养的教学模式，通过提高学生的思考能力、判断能力和解决问题能力等方法，来促进其综合素质的提升。在大学英语教育中，任务型教学模式提供各种不同类型的任务，要求学生进行分析、判断、推理和解决问题，并且掌握适当的语言表达方式。这样的学习方法可以让学生更好地运用所学知识，在实际情境中调整策略，提高学生英语思维的速度和准确性。任务型教学注重启发式教学，提醒学生思维的主动性，使他们主动地思考如何解决问题，自己通过分析、判断、推理找到答案和解决方法。这样不仅可以提高学生的自我学习和思考能力，增强学生的问题意识和人际交往能力，还能帮助学生适应现代青年的思维方式以及国际化背景下的英语教育和职业应用需求。任务型教学模式培养了学生更深层次的、批判性思考，为其将来的职场活动提供了有力的支持，这是传统语法翻译教学所不具备的。

二、任务型教学模式的原理及特点

任务型教学模式是一种以任务为主导的教学方法，其基本原理是通过设置各种任务，尤其是真实情境下的任务，来激发学生的兴趣、主动性和参与性，同时使他们在完成任务的过程中有意识地掌握知识和技能，提高语言水平。该教学模式注重学生的主体性、互动性、实践性和个性化特征。

任务型教学模式的主要特点包括以下几点。

1.以任务为中心

任务型教学模式把任务设为教学的核心，要求学生在真实语境中进行语言运用，以此提高其英语技能。具体地说，任务型教学将不同类型、不同难度的任务设置为课程核心，通过完成这些任务让学生逐渐提高听、说、读、写和翻译等多方面的英语技能。

任务型教学模式强调通过任务让学生从虚拟情境转化为现实情境，让学生将所学知识直接应用于实际语言环境中，从而能够更好地掌握英语技能。在完成任务的过程中，学生需要积极思考和分析，理解每个任务的目标，根据任务的特点选择合适的语言策略进行表达，并与其他学生互动交流。这种交互式的学习方式，可以增进学生对英语语境的理解和适应能力，帮助他们更加自然地运用英语。

2.强调实践性

任务型教学模式强调实践性，其目的是要在练习中提高学生的英语应用能力和实际语言运用水平。它通过为学生提供真实情境下的任务，甚至是仿真场景让学生进行语言运用，从而培养学生的实际语言运用能力。

任务型教学模式的任务设计注重以实际应用为导向，让学生在完成任务的过程中，不断运用所学知识和技能，掌握适当的语言表达方式，并且帮助他们逐渐提高听、说、读、写和翻译等多方面的英语技能。这些任务常常是由社会各领域的实际情境出发而设计而成，使学生根据真实情况进行语言表达或交流，从而提升实际语言运用能力。

任务型教学模式所设计的任务与实际应用需求紧密结合，让学生积极参与到实践中，通过不断地实践，可以提高学生的英语运用能力，更好地适应职场和生活中所涉及的英语使用环境。在任务完成过程中，学生还能够不断地接触到各种生活场景以及专业背景，从而拓宽知识视野、提高综合素质，更好地适应社会各方面的要求。

3.强调交互性

任务型教学模式强调交互性，鼓励学生之间的交流和合作，在对话中逐渐提高语言水平。该教学模式认为语言能力的提高是通过实际运用语言来实现的。

在任务型教学模式中，学生需要在小组内或与其他同学进行交互沟通，以完成任务。这种交互式的学习方式不仅能够让学生更好地理解英语表达方式，还能够让他们更加自然地运用英语。

此外，教师也能在对话过程中指导学生注意某些语言规则，纠正学生的语言错误，并通过激励和引导促进学生之间的互动和合作。这样可以使教学过程更加生动、有趣，同时也可以使学生更好地掌握英语知识和技能。

4.注重学生主体性

任务型教学模式注重学生主体性，充分考虑到学生的个体差异，鼓励学生自主学习和参与到教学过程中。该教学模式认为，学生应该是教育过程中的主体，具有选择、决策和创造的权利。

任务型教学模式通过任务设计和引导，让学生在自主学习和自我监控的过程中，提高其各方面的语言技能。学生可以根据自己的兴趣爱好和需求，选择自己想要完成的任务，并且可以灵活地调整学习进度和方式。这样可以让学生更加积极主动地参与到教学过程中，从而在自主中得到提高。

此外，教师在任务型教学模式下，更多发挥的是指导者和辅导者的作用，让学生在完成任务的同时，也在实践中不断地反思和调整。这样既可以培养学生的独立思考能力和自主学习能力，也可以鼓励他们探究未知领域，提高创新精神和解决问题能力。

5.鼓励创新思维

任务型教学模式注重鼓励创新思维，通过任务设计和解决问题方法等方式，激发学生的创新思维。该教学模式认为，创新思维是培养学生未来职业竞争力的基础。

任务型教学模式的任务类型设置突出"启发、引导、激发"，要求学生在任务完成中不断探究、实践和创新，从而培养学生的探究精神和创造能力。例如，在编排英语剧本的任务过程中，学生需要通过自己的想象力和创造力，编写角色台词和情节，强化英语沟通能力和表达能力。

此外，在任务型教学模式的解决问题方法中，鼓励学生采用多种方法进行探究和实验，开发出适合自己的解决问题方案。这种做法可以培养学生的创新意识和应对问题的能力，提高他们的解决问题能力和领导才能。

三、任务型教学模式在大学英语教学中的具体应用

1.任务设计

任务型教学模式的任务设计是相对于传统教学而言的一种创新，通过设置与学生实际生活相关的任务来实现课程教学目标。这些任务都是基于真实情境和实际需求设计的，可以让学生在完成任务的过程中深入了解人们日常生活、职业和社交文化，从而增强学生的语言应用能力和实际运用能力。

在大学英语教学中，任务型教学模式的任务设计包括各个方面，比如要求学生写一篇校园新闻稿、组织一场英语辩论赛、进行一次英语演讲等。这些任务都具有一定的实际需求性和可行性,让学生在完成任务的过程中不断锤炼听、说、读、写、译等多种技能。

例如，学生所需编写的英语新闻稿，要求学生关注社会热点，把握时事动态，结合适当的新闻素材进行创作，从而提高他们的阅读和写作能力。在英语辩论赛中，学生需要准备一份辩论稿并在小组内为自己辩论，从而提高他们的口语表达和沟通能力。在英语演讲环节中，学生可以选择感兴趣的话题进行演讲，从而提高他们的演讲能力和创新思维。

同时，在任务型教学模式下，教师可以为学生提供必要的指导和支持，帮助他们克服语言难点和技巧问题，同时还可以鼓励学生自主学习和思考。这样可以更好地引导学生在现实生活中运用所学英语知识和技能，从而实现课程教学目标。

2.小组合作

在任务型教学模式下，小组合作是非常重要的一部分，也是任务完成的主要形式之一。通过鼓励学生进行小组合作，可以培养学生的团队协作精神和组织能力。

在大学英语教学中，小组合作是非常常见的方式。通过小组合作，学生可以通过互相交流、讨论和解决问题，提高英语口语表达和沟通能力，同时也可以发挥主动性和创造性，在团队中发挥自己的特长和优势。

在小组合作中，学生需要协调分工，以确保每个成员都有自己的任务，并协同完成整个任务。在任务完成过程中，学生需要持续交流想法和思路，及时解决问题，并在小组成员之间互相检查和评价任务成果，从而不断提高彼此之间的学习效率和语言水平。

此外，在小组合作中，还需要学生进行有效的意见协商和决策，尤其是在出现分歧或争议时，学生需要借助自己的优势，共同找到最佳解决方案，以达到合理协议。

3.学生角色定制

任务型教学模式下的学生角色定制是一种更注重个性化、因材施教的教学方式。通过根据学生自身的特点及需求，为其量身定制不同的任务，可以让每个学生都能发挥自己的优点和特长，并在这些任务中逐渐提高自己的英语水平。

在大学英语教学中，学生角色定制可以针对不同的学生类型进行分类设置，例如面向英语专业学生、非英语专业学生和自主学习者等。对于非英语专业学生，可以设置和他们相关而易懂的任务类型，如英文简历编写、商务谈判、旅游日记等，以便使他们更好地理解和应用英语知识。对于英语专业学生，则可以设置更具挑战性和深刻性的任务类型，如翻译论文、口译演讲、实地采访等，以培养他们的专业水平和实际应用能力。对于自主学习者，可以为其设计多样化的任务类型，以满足其不同的学习兴趣和需求。

此外，在学生角色定制中，教师还需充分考虑学生的语言技能和学习目标，并为学生设定适宜的任务目标。因此，教师需对每个学生进行比较充分的了解和分析，以便能够为其量身打造适合的英语学习任务。

4.教师指导

任务型教学模式下，教师的指导起着至关重要的作用。教师既要关注学生语言技能的提高，还要注重学生思维的引导和发展。

在大学英语教学中，教师可以通过针对学生在任务完成过程中遇到的问题进行指导和答疑，以此提高学生的自主学习和解决问题的能力。例如，当学生在写作过程中遇到了词汇难点或句法问题时，教师可以向学生展示相关的学习资料、例句及语法规则等内容，并耐心解答学生的疑问。这样可以增强学生在任务完成过程中对于语言技巧和文体风格的理解和应用，同时也能够增强学生的学习兴趣和动力。

除此之外，在任务型教学模式下，教师还需要引导学生思考，培养学生的创新思维和批判性思维能力。教师可能会提出一些有挑战性的问题或引导学生从不同的角度来分析和理解问题，这样可以激发学生的思考和探索欲望，并促进其在任务完成中的深入理解和思考。

第三节 传统教学法与任务型教学法的比较分析

传统教学法和任务型教学法是两种不同的教学模式，它们之间存在着很多差异，下面就来进行比较分析。

一、教学方式

教学方式是传统教学法和任务型教学法之间最明显、最重要的区别。

在传统教学法中，老师通常会通过讲授词汇、语法规则等知识点来推动课程进度，以便尽早让学生掌握大量的知识点。同时，传统教学法也非常注重阅读、写作和翻译技能的培养。在这种教学方式下，学生不仅需要掌握基础词汇和语法知识，还需要不断练习运用这些知识点进行表达。

而任务型教学法则更加注重实际应用能力，强调学生按照任务要求采用英语交际能力来解决问题。在任务型教学模式下，学生可以参与到各种真正的任务中去，如给顾客提供服务、在团队中协作开展某项任务等，他们会根据任务需求来学习相关的词汇，语言结构或演讲技巧，并将其应用于实际情境中进行交流和沟通。

传统教学法和任务型教学法的教学方式存在很大的差异。传统教学法注重知识的输入和纯粹的学习，而任务型教学法则更注重知识的输出和应用。比起传统教学法，任务型教学法更能激发学生的学习兴趣与主动性，并使学生在真实情境中接受语言输入，运用英语进行交流，与老师和同学互动，提高他们的实际交际能力。

二、学习目标

在传统教学法中，学习目标主要集中在语音、听、说、读、写五个基本方面上。老师会刻意地引导学生去记忆单词、掌握语法规则，并对他们的阅读和写作技能进行训练。注重培养学生的理论知识，因此在其学习过程中，语言学习经常被分割成不同的部分来教授。

而任务型教学法更加关注于实践应用，任务通常涉及真实的交际情境或工作场景，更多关注实际语言的使用，从而更好地促进了学生的交际能力和实践应用能力。因此，在任务型教学的背景下，学习目标变得更为综合和多样化，包括口语表达能力、听取信息能力、合作精神、团队意识以及交际技巧等。

传统教学法注重细节和具体知识点的教育，而任务型教学法着重培养学生的综合素质和实践运用能力，并能提高学生的四项基本技能，从而更好地让学生适应现代社会的要求。

三、教学内容

在传统教学法中，老师通常使用一定的教材、练习册等教材进行教学。这些教材侧重于理论知识和抽象概念的传递，并包含大量例句和语法解释来帮助学生更好地掌握英语基础知识。同时，许多课堂笔记和听力练习题也被用来帮助学生强化所学知识，并提高听说读写四项技能。

而在任务型教学法中，教学内容更加与现实生活相关。在任务的执行过程中，学生需要了解各种行业标准和相关的背景知识，并通过实际场景应用语言交流技能进行有效沟通。任务可以涵盖许多领域，如商务、旅游、日常生活等，并且往往根据学生的兴趣和需求进行选择，从而使得任务更加个性化和贴近学生的实际需求。

在任务型教学法下，教师不仅关注基础知识的教学，还着重培养学生的实践运用能力。与传统教学法不同的是，任务型教学法更注重知识的实际应用，并在学习内容上更加贴合学生的需求和兴趣。

四、学生角色

在传统教学法中，老师往往起主导作用，学生通常是被动接受知识的对象。这种教学方式下，学生需要在教师和教材的引导和讲解下掌握基础知识，并完成相应的练习。他们通常没有太多的参与，或者只是做一些简单的问答练习，因此不能充分展示自己的能力和创造力。

而在任务型教学法中，学生则要担负起更多的责任，成为整个任务过程的重要组成部分。随着任务目标的确定，学生可以根据自己的兴趣、专长和能力扮演不同的角色，如组长、文书、讲述人等，通过合作与交流来达成任务目标。其间，学生将承担更多的责任和义务，需要运用所学知识和技能，提高团队合作精神以及发挥个人特长和创新能力。

在任务型教学模式下，学生具有更加积极的角色，成为完整的任务执行者，这有助于学生更全面地掌握所需技能，注重团队合作精神，并鼓励其主动性与创新思维。

五、教学评价

在传统教学法中，教学评价通常采用考试成绩和测试结果等客观准则来衡量学生的知识水平。老师往往以这种方式来检验学生对所学知识和技能的掌握情况，并根据考试成绩进行排名和等级划分，以此来确定他们是否通过了课程和达到了预期的学习目标。这种教学评估方式强调考试结果，导致学生更加注重于得分和成绩，而忽略了学习过程和实际应用能力的培养。

而在任务型教学法下，教学评估主要集中在过程中，包括任务的完成质量、任务效果、活动自主完成程度等方面。在任务执行完毕后，学生会进行任务完成质量的自我评价，并接受其他组员的反馈，同时，老师也会根据任务完成情况评估学生的表现，并给予适当的反馈和指导。这种评估方式更倾向于关注学生的实际应用能力和解决问题的能力，因此更能够提高学生的自主性和创造力，并促使他们在学习中成长和发展。

传统教学法和任务型教学法的教学评价方式存在很大差异。传统教学法更加注重考试结果和成绩排名，而任务型教学法注重学生的实际应用能力和解决问题的能力表现，体现了更加综合、灵活的评价方式。

从以上方面来看，传统教学法注重知识的输入，传递方式由老师主导，学生听，而任务型教学法注重输出能力，学生能够在任务的执行过程中自主思考和发挥。两种方法各有优缺点，在具体实践中可以根据教学目标和教学环境选择适合的方法。

第四节　探索适合中国特色的大学英语教学模式

目前，中国高校的英语教学模式主要是传统教学法为主，但随着全球化和信息时代的到来，越来越多的人意识到任务型教学法对英语学习者的实际应用能力有更好的促进作用。因此，适合中国特色的大学英语教学模式建立应该包括以下方面。

一、倡导以任务为中心的教学方式

传统的英语教育多注重基础知识的教授，而缺乏实际应用能力的培养，这与实际生活场景背离度较大。现代英语教学的核心应该以任务为中心，设计更加贴近实际需求的英语学习内容，并提供相应实践环节的交流和合作机会，通过完成真实的场景任务，使得学生在实践中更好地掌握英语应用技巧和解决问题的方法。

具体来说，这种以任务为中心的教学方式，应该着重以下几点。

1.明确任务目标

任何一个任务都需要有明确的目标，以便学生根据自身情况进行有效规划。任务目标可以包括英文听说读写各个方面，也可以涉及某一领域或某一应用场景。

2.选择合适的任务

学生应该在任务的选择上发挥主动性，选择符合自身实际需要和兴趣的任务，并且需要注意任务难度、深度和广度等方面的要求，确保任务能够真正有意义地促进英语素质的提升。

3.设计合理的任务流程

任务的完成需要一定的流程和规划，任务设计者需要充分考虑学生的实际能力和情况，并为学生提供充足的支持和指导。同时通过建立小组合作框架，让学生在任务中相互之间协作，并且不断迭代完善解决方案。

4.注重任务评价

在任务完成后，对任务结果进行评价和反馈，帮助学生更好地了解自身优缺点，认知到问题出现的原因，并及时纠正；同时也针对任务过程进行总结和反思，以便更好地调整教学方法和课程安排。

倡导以任务为中心的教学方式是适合中国特色的大学英语教学模式建立的关键环节之一，通过设置更加贴近实际的场景和任务，培养学生的语言应用技巧和综合素质，促使其实际运用英文解决工作和生活相关事宜，取得更加实际的成果。

5.增加英语学习的情境化教学

英语作为一门外语，在实际场景中发挥作用的能力更加重要。因此，我们需要建立与各行业相关的应用型教材和场景式教育资源库，让学生了解各种实际场景的使用语言，并从中提取并学习适用于你的口语、听力、阅读和写作技能。

具体来说，这种情境化教学可以包括以下几个方面。

（1）生活情境。

借助日常生活中的情景场景，如购物、旅行、就餐、问路等，让学生在真实场景中运用英语交流，增强他们的语感和语言输入输出的应用能力。

（2）专业情境。

针对各类专业领域，设计有关英语学习内容，如商务英语、科技英语、法律英语等，使得学生可以学习到更为实际的应用技巧和知识范围。

（3）社会情境。

根据社会需求，设置相关主题的任务，如环境保护、公益事业、文化交流等，通过相关活动促进英语语言应用，提升学生的社会责任感和公共服务意识。

以上情境化教学方式既能培养英语应用能力，不仅扩展了学生对英语的理解和运用范围，还提高了他们的综合素质。为了更好地增强学习效果，应该将传统的单向讲解教育模式转变成多元化、人性化的体验式学习。适当借助其他授课形式，如在线视频、音频资源、电子课件等辅助教具，营造一个实际场景下沉浸式的语言环境，让学生在真正的语境中进行口语输出和听力训练。这样的教学方式不仅使学生的英语水平得到了显著提升，同时也增强了他们的自信心和独立思考能力，促进了身心健康。

二、注重小组合作和学术研究

小组合作可以让学生通过与他人沟通交流，发挥个人长处，领悟他人长处，并从中取得更好的成果。同时，也能够培养学生的团队协调、对外表达等社交技能，在实践中完善英语应用能力。

学术研究作为高校英语教育的一部分，既涉及多种技能，如口语表达、写作技巧、信息采集、思考能力等，也唤起了学生对知识资源的渴求，培养了他们的学科探索能力。

具体来说，这种小组合作和学术研究的方式有以下几个方面。

1.小组合作

利用小组活动促进学生之间的积极互动和协作，将任务分配到小组内部，组织学生开展主题研究和相关任务内容，鼓励学生借助专业资源，创新自主以及协作完成各项任务目标。

2.学术研究

在英语学习的过程中，鼓励学生深入分析英语文献，发现与其探讨主题相关的学术资源，通过中英文数据库检索、阅读等方式获取并整理信息资料，参加国内外学术活动，在写作和表达中实践英语技巧的运用。

以上小组合作和学术研究方面的教学，不仅能够提高英语语言技能及其应用能力，也能提高学生的团队协调和领导能力，并培养学生的学术素养和创新精神，为以后的学习和工作做出充分准备。同时，这也是一种在成长中取得自信和成功感的方法，激励他们更加主动地对未来进行规划和追求。

三、采用科技手段辅助教学

如今，随着科技进步，很多新技术手段的应用已经成为现代英语教育中必不可少的一部分。这些新技术手段可以更好地满足学生对于英语学习多样化、趣味性和互动性等需求，同时也可以帮助学生更好地掌握翻译、听说读写等各个方面的技能。

具体来说，这种采用科技手段辅助教学可以包括以下几个方面。

1.多媒体教学

利用多媒体手段可以创造出更加生动、直观、有趣的教学环境，有效地激发学生的学习兴趣和主动性。PPT、视频、音频等多媒体形式可以将抽象的知识转化成形象的场景，为学生提供视听上的刺激，让学生在轻松愉快的氛围中积极参与到英语学习中来。

具体来说，这种采用多媒体手段进行英语教学可以包括以下几个方面。

（1）利用图表。通过图表辅助教学，如流程图、思维导图、表格等，直观并清晰地呈现复杂的英语语言知识点，便于学生理解掌握。

（2）使用音频/视频。通过音频、视频等多媒体形式向学生展示英语口语、听力、自我表达技巧等方面的应用技巧，提高其英语口语、听力水平，也增强了他们的语感和语音模仿能力。

（3）运用互动教学平台。利用在线互动教学平台，促进学生之间的交流、讨论和合作，为学生提供更加开放的英语学习环境，使得学生能够真正实现学以致用。

2.网络技术

随着互联网和信息技术的发展，网络已经成为全球性的信息资源库。利用网络技术可以让学生更快地获取、整合和共享在线资源，同时也可以拓宽学生的视野与思维，提高其学习水平和跨文化交流能力。

具体来说，这种采用网络技术进行英语教学可以包括以下几个方面。

（1）使用在线资源。借助互联网上的视频、音频、图片等丰富多彩的资源库，为学生提供海量的英语学习资源。这些资源可以覆盖传统教材所无法覆盖到的话题，包括时事、文化、商务、科技等方面，从而拓宽学生学习范畴。

（2）远程授课。利用网络技术，通过远程直播或视频会议等形式配备全球优秀的语言教师进行英语教学。这些教师可以有丰富的教学经验和独特教学方式，使学生能够跨越时空限制，高效地学习英语。

（3）使用电子图书馆。利用互联网上的电子图书馆，使学生能够无须离开校园即可获取大量英语资源。这些电子图书、期刊、论文等可以覆盖全球最新的语言学理论和研究成果，更好地培养学生的研究素质。

通过网络技术进行英语教学不仅可以让学生接触到全球范围内的相关资料，并与外国老师或其他学生进行交流互动，而且还能够更好地培养学生的自主学习意识和跨文化交流能力，提高其英语应用技巧和综合素质。

3.机器翻译

随着计算机技术的飞速发展，机器翻译已经成为一种越来越受欢迎的翻译方式。传统的翻译方法需要非常高的语言素养和细致的工作，而机器翻译技术能够快速自动处理海量义本，为学生提供更加实际和场景化的翻译任务。

具体来说，这种采用机器翻译进行英语教学可以包括以下几个方面。

（1）使用翻译软件。利用翻译软件进行翻译任务，学生可以根据机器翻译的结果进行修改、校对和评价，从而更好地理解和掌握翻译技巧。

（2）提供实际案例。学生实战课程通过使用机器翻译真实案例进行翻译。在直接运用机器翻译后，引导学生查找错误并分析其产生原因，让学生深入了解机器翻译技术的优缺点。

（3）开展团队翻译。通过安排学生进行团队翻译，使学生能够开展集体合作、协作和组织管理等方面的实践活动，并通过机器翻译对产生的问题进行及时的纠正和评估。

采用机器翻译辅助教学不仅可以提高学生的翻译效率和准确度，还能够为学生提供更加实际有效的翻译任务。同时，也能锻炼学生独立思考和判断的能力，培养其组织协调、沟通合作和评价评估等方面的综合素质。此外，这种方法也有助于将学生的英语学习与现实应用紧密结合起来，进一步提高其英语应用技巧和跨文化交流能力。

采用科技手段辅助教学不仅可以提高学生的学习兴趣和主动性，而且可以帮助学生更好地掌握英语技能。同时，也增强了学生面对新技术的应对能力，并培养了他们的创新意识、信息素养以及团队协作能力。

五、注重评价的过程和效果

英语教育的目标是培养优秀的英语应用者，在这个过程中，评价既是目标也是手段。全面、科学地评价学生的英语水平，可以帮助学生更好地理解自身的优缺点，找到自己的不足，并制订针对性的提高策略。

具体来说，这种注重评价的过程和效果可以包括以下几个方面。

1.多元化的评价方式

传统的单一评价方式容易忽略学生在其他方面的能力表现，而采用多元化的评价方法可以更全面地反映学生的学习、思考和应用能力，并针对性地进行综合评定。不同的评价方法和手段可以从不同角度、不同层次评估学生的英语水平和综合素质，使得评价更加全面、科学、公正。

具体来说，这种采用多元化评价方式进行英语教学可以包括以下几个方面。

（1）考试。通过定期考试来检测学生掌握知识点的程度和技能应用能力。

（2）作业。通过作业来了解学生的基本功是否扎实，以及对概念的理解和运用是否准确。

（3）论文。通过学术论文的撰写和发表，测试学生分析、阐述问题和提出解决方案的能力。

（4）小组合作。通过小组合作实践活动，测试学生的团队协作和沟通交流能力，培养其集体意识和领导才能。

（5）研究项目。通过开展研究项目，测试学生的研究能力和实践应用能力，并培养其创新精神和解决问题的能力。

多元化评价方式可以更加全面地评估学生的英语水平和综合素质，能够发现学生在不同方面的优势和不足，从而有针对性地进行教育和指导。

2.注重过程和效果的考核

在评估学生学习成果时，不仅应该注重其最终的表现结果，还应该关注学生在学习过程中所参与的程度、积极性、态度以及具体行为表现等方面，并据此进行全面准确的评定。这种注重过程和效果的考核方式可以激发学生的自我意识和学习能动性，从而更好地调整个人的学习策略，提高学习效果。

具体来说，这种注重过程和效果的考核方式包括以下几个方面。

（1）学习记录。要求学生记录并反思每天的学习内容和收获，以及碰到的问题和解决方法。通过这种方式可以让学生更加清晰地认识到自己的学习状态和进展情况，促进其形成主动学习的意识和态度。

（2）课堂表现。关注学生在课堂上的出勤率、听课态度、课堂参与度、互动表现等方面，以此来考查学生是否有足够的兴趣和动力参与课堂授课，是否能够积极与教师和同学互动交流，从而更好地提高个人英语水平。

（3）作业评估。对于学生完成的作业，除了关注其最终的成果，还应该评估其完成作业的过程。例如，是否题目理解清晰、思路清晰，是否具备一定的独立思考能力以及质量上需要改进哪些部分等。

（4）回顾总结。安排学生定期或不定期进行学习回顾和总结，分类列举自己在学习中出现的问题和收获，并深入探讨原因。这种方式可以帮助学生认识到自身的优缺点，反思学习效果并及时调整个人的学习策略。

注重过程和效果的考核方式可以让学生更加高效地学习英语，培养其主动性和自我意识，从而更有效地促进其英语学习效果的提高。

3.引导学生主动反思

学生自主、主动地反思个人的问题和不足，可以帮助他们更好地认识到现状，及时发现问题，从而做好调整和改进。在英语教学中，引导学生主动反思是一种重要的教育手段，它可以让学生更加关注个人的学习状态和效果，并自我纠正和改进，提高学习效果。

具体来说，引导学生主动反思包括以下几个方面。

（1）评价方式。评价方式不应该只是单纯地对学生进行评分或者定性评价，而应该通过多种方式鼓励和引导学生深入反思自己在学习过程中遇到的问题和困难，以及解决问题的方法和策略，如口头提问、写作业、小组分享和互相批评等各种方式。

（2）针对性评价。针对不同学生的实际情况，进行有针对性的评价与建议。例如，针对口语不流利的学生，老师可以建议其多练习口语或参加英语角活动，针对阅读理解差的学生，老师可以建议其多读英文原版书籍或参加阅读训练班等，从而达到因材施教的目的。

（3）反思讨论。鼓励学生通过反思讨论来促进对自身问题的深刻认识和改善。例如，开展小组讨论，让学生互相分享彼此在学习中遇到的困难和解决策略，从而凝聚大家共同的智慧和经验，加速个人学习效果的提高。

引导学生主动反思可以让他们更好地意识到个人的问题和不足，并及时采取措施进行改进。通过评价与建议，使学生能够积极探索适合自己的学习方法和策略，同时也能够激发学生的自我意识、思维能力和创造性。

注重评价的过程和效果不仅可以全面评价学生的英语水平和总体表现，还可以调动学生的积极性和主动欲望。在这个过程中，学生可以更好地了解自己的优势和不足，并制定更加有效、可行的学习策略，为今后的学习奠定坚实基础。此外，学生也能够在教师的指导下，逐步形成独立思考的能力和判断力，提高其综合素质和应用能力。

适合中国特色的大学英语教学模式应该以培养学生的综合素质和实践运用能力为中心，倡导任务为导向的教育理念，并利用先进的科技手段配合教学，不断完善教学内容与方法，打造一套符合时代需求，具有中国特色的大学英语教学模式。

第三章　课程设计与教材选用

第一节　大学英语课程的发展历程

一、传统教育阶段

传统教育阶段是大学英语教育中的一个重要时期，它对于大学英语教育的发展和变革具有深刻的影响。在这一时期，大学英语课程主要注重基础知识的讲解和掌握，而教材以语法书为主，学生需要逐一掌握各种语法规则、单词、表达方式等基础知识。然而，这种教学模式下，由于对于学生来说缺乏实用性，学习者常常会感到枯燥乏味，缺乏动力和兴趣。

在传统教育阶段中，大多数教师对于英语发音、听力等方面掌握不够精练，导致学习质量难以有所提升。另外，由于当时教师和学生之间的互动及交流较少，学习者也难以获得有效的反馈和指导，难以迅速找到自己的问题和不足。

传统教育阶段的英语教育存在着许多弊端和局限性，无法满足人们对于英语学习的现实需求。这也是大学英语教育逐步走向现代化、多元化的重要原因之一。随着时间的推移，大学英语教育开始转变，更加注重培养学生实际运用英语的能力，从而使学习者真正掌握并灵活使用所学知识。

在现代教育中，传承了经典基础的同时也融合了众多互动和实践的教学手段，如在线学习平台、MOOCs、交互式教学等，为学生提供了更加灵活多样的学习方式，构建了一个立体化、系统化、现代化的英语教育模式。未来应该进一步深化教育信息化与技术创新，切实推进人才培养质量和教学改革，在综合实践活动中注重培养学生对于知识的深度理解和跨学科整合能力，形成高品质、全面发展的英语人才。

二、交际教学阶段

20 世纪 70 年代，英语教育进入了一个新的发展时期。随着新科技、新思想、新政治、新文化的发展，英语教学也开始转向实用性，重点强调培养学生的语言运用能力和实践能力。这一时期，英语教学不再只注重语法和词汇的传授，而是更加注重听说读写、翻译等多种技能的全面提升。

为了实现这一目标，英语教育引入了许多新的教学方法和策略。例如，交际教学法，即强调学生在真实情境中进行语言交流，通过表达需求与沟通信息来实现语言学习。同时，为帮助学生更好地实践运用所学知识，英语教育还注重培养学生的阅读与翻译能力，不断提高学生的综合素质。

在这个时期，英语教学也纷纷采用多元化的教学手段，如使用录音机、电影、电视剧等多媒体资源，以及游戏和竞赛等活动形式，来增加学生的学习兴趣和参与度。此外，老师们也逐渐意识到英语教育应该是一种双向互动的过程，他们开始与学生更加频繁地交流和讨论，开展小组活动、项目实践等互动式教学。

总的来说，70 年代是英语教育逐步转向实用性、注重技能培养的关键时期。这一时期通过引入新方法、新策略、多样化的教学手段等尝试来改变以往的单一模式，进一步提高了英语教学的质量和效果。在此基础上，未来的英语教育应当更加紧密地结合现代科技，推动教育创新，不断探索出更加符合学生需求的新型英语教育方式和方法，为人类社会的发展做出新的贡献。

三、综合性发展阶段

自 90 年代后期至今，英语教学逐渐进入了一个综合化、多元化的时期。这个时期英语教育注重语言知识的积累和语言技能的提升，同时也关注学生的实际效果和学习情况。为此，英语教育采用了更加灵活多样化的教学方法和手段，如在线教育、移动学习、游戏化教学等。

在这个时期，网络技术飞速发展，各种新型应用层出不穷，因此英语教育开始探索利用科技手段来帮助学生更有效地获得知识。例如，在线英语课程和电子化教材开始出现，这为学生提供了一种更加便捷、自由的学习方式，让学生可以随时随地进行学习。

此外，移动学习也成为当下英语教育中的一个热门话题，移动设备，如智能手机、平板电脑等设备被广泛应用于英语教育中，并且得到了学生们的认可。

通过移动设备，学生可以随时随地进行学习，轻松获取英语学习资源，如视频课程、网络课程、学习软件等。这种便利的学习方式使得学生们的英语学习效率大大提高。

游戏化教学也是一种新型英语教育方式，它将学习与游戏相结合，给学生带来了更好的学习体验。通过在游戏中学习，学生可以不断挑战自我，并获得即时反馈。这种学习方式不但可以提高学生的学习兴趣，同时可以激发学生积极性，增强他们的自信心和合作精神。

90 年代后期至今的英语教育逐渐趋于综合化、多元化，融入了许多新型科技手段，为学生提供了更为广泛、灵活、互动、自主的学习方式。未来的英语教育应该进一步扩大教学资源的范围，开拓各种教育渠道，促进信息技术与传统英语课堂深度融合，提升英语教育质量，更好地服务于人类社会的发展和进步。

随着社会的不断发展和进步，英语教育也在不断地改进和创新。大学英语课程的发展历程从最开始的语法-词汇教学，到实用性教学，再到今天的综合性发展教学，一直以适应社会需求为指导思想，不断推动着英语教育向更加全面、多元化的方向发展。在这个过程中，除了引入新的教学方法、策略和技术手段等，还有一些其他的因素促进了英语教育的发展。例如，随着国际交流和合作的增加，人们对于英语能力的要求和期望越来越高，这推动了英语教育的进一步改进和提升。同时，在科技快速发展的时代，追求高效率、高品质的学习方式成了当代年轻人的共识，这也促进了英语教育向更加灵活、多样化的方向转变。英语教育的创新和改进仍然需要不断的探索和尝试，包括制定更加贴近实际需求的教育计划，培养更具综合素质的英语人才等。只有不断地思考和探索，寻找适合时代发展的教育模式，将英语教育与现代科技紧密结合，才能进一步提升英语教育的质量和水平，更好地服务社会和人类发展的需要。

第二节　基于任务型教学模式的课程设计

任务型教学是一种以学生为中心的教育方法，其核心在于将课堂内容与实际情境相结合，在帮助学生掌握英语知识和技能的同时，提高他们的语言运用能力和综合素质。基于此，大学英语课程可以采用任务型教学模式进行课程设计。

　　任务型教学是一种以学生为中心的教育方法，其核心在于将课堂内容与实际情境相结合，在帮助学生掌握英语知识和技能的同时，提高他们的语言运用能力和综合素质。基于此，大学英语教师可以通过调查研究，找出学生感兴趣的话题或实际情境作为教学素材，然后设置相关任务让学生完成。

　　对于商务英语课程而言，教师可以选择商务谈判、商务会议等场景作为教学素材，让学生扮演不同的职业角色进行模拟，按照规定的语言要求进行交流。通过这样的教学方式，学生可以掌握商务英语相关的专业词汇和语法结构，也可以通过模拟真实的商务环境，提高交流沟通的技巧和应变能力，培养他们的商务意识和素质。

　　在任务型教学过程中，教师还可以结合实际情况，引导学生进行案例分析和解决问题的训练，例如：教师可以选取一个实际的商务案例，分组让学生分析并提出具体方案，之后在全班一起进行讨论。这种教学方式既可以让学生掌握相关知识和技能，也可以培养他们的团队协作和创新思维。

　　任务型教学中，教师可以将传统的单向教学转化为双向互动式教学，引导学生积极参与其中，在交流中发现问题并共同解决问题。例如：教师可以组织小组活动，让学生就某个话题展开辩论或合作研究，并通过语言实践和反思来提高学生的语言表达能力、批判性思维和创造力。

　　任务型教学也需要充分考虑学生的个性差异和需求，教师可以通过问卷调查、小组讨论等方式了解学生的兴趣爱好和学习情况，根据实际情况制定符合学生特点的教学目标和计划。

　　基于任务型教学模式的大学英语教学，不仅可以充分利用实际环境和学生兴趣爱好，提升学生的语言运用能力和实践能力，而且还可以促进学生的自主学习和团队合作能力的培养。在这个过程中，教师需要充分发挥自己的专业领域和教学能力，为学生提供更具有实际意义和应用价值的英语教育。

　　任务型教学是一种以学生为中心的教育方法，核心在于将课堂内容与实际情境相结合，在帮助学生掌握英语知识和技能的同时，提高他们的语言运用能力和综合素质。而大学英语教学作为任务型教学的一种具体实践，需要注重教学手段的选择，以更好地促进学生的英语学习和提升他们的实践操作能力。

　　针对听、说、读、写等语言技能方面，教师可以利用多媒体设备和网络资源为学生提供丰富的学习资料和练习机会。例如：通过播放录音或视频，让学生进行听力理解或口语表达练习，或者通过阅读文章或文献，让学生进行阅读理解或写作训练。这样不仅能够丰富教学内容，还可以提高学生对于英语学习的兴趣和积极性。

大学英语教学需要注重学生的互动合作能力的培养。教师可以组织学生进行小组讨论、角色扮演、模拟实验等活动，激发学生的学习热情和主动性，提高学生的语言表达和交流能力。此外，教师还可以通过网络平台开设在线课堂、论坛等，在线交流与互动，增强学习时空的延伸性和互动性，促进英语教育更加立体化地推进。

任务型教学中培养创新思维是非常重要的一个方面。大学英语教师可以鼓励学生在完成任务的过程中，充分发挥自己的想象力和创造力，提出新颖的观点或解决方案，并引导学生进行反思、总结和评价，以不断提高学生的综合素质和创新能力。

基于任务型教学模式的大学英语教学必须注重教学手段的选择，采用多种教学方法和技术手段，为学生提供更富有趣味性和实际应用价值的英语教育。这样，教师可以更好地激发学生学习英语的兴趣和热情，提高学生的语言运用能力和实践操作能力，也能更好地满足社会对于英语人才的需求。

随着互联网和信息技术的不断发展，大学英语教育已经进入了一个新时代。在这个时代里，注重学生自主学习的能力培养是非常重要的，在任务型教学中更是应该加强。任务型教学侧重于提高学生的实践操作能力和创新思维能力，使学生能够将所学知识应用到实际情境中去解决问题，而自主学习则是这一理念的核心支持。

大学英语教师需要引导学生利用多种资源进行自主学习。在现代化的教学环境中，丰富的学习资源可以随时随地在网络上得到。教师可以为学生提供各种学习网络资源和教学平台，如在线课程、视频讲座、电子书等，并通过线上交流、邮件讨论等方式，与学生形成良好的互动和互助氛围。

在任务型教学中，学生需要进行独立完成相关任务的实践，因此，教师可以要求学生以小组形式开展群体探究、模拟演练等活动，而不是单纯地传授知识点并让学生背诵应用。教师可以引导学生充分发挥自己的智慧，从不同角度深入思考、研究和解决实际问题，真正达到知行合一的效果。

在任务型教学中，教师还需要注重学生的反思和评价能力的培养。学生可以在完成任务后，对任务过程进行回顾总结，并针对任务中出现的问题进行思考和讨论。这样一来，学生不仅能够更好地理解所学知识，也可以充分发掘个人的潜力，提高综合素质和创新能力。

大学英语教育必须要充分考虑学生的个性化需求。教师可以通过问卷调查、小组讨论等方式了解学生的兴趣爱好和学习情况，进而制定符合学生特点的教学目标和计划。同时，教师也要引导学生树立正确的学习态度和方法，将知识的积累转化为实践经验和技能的掌握，形成持续学习和提高的意识和习惯。

学生自主学习是当前大学英语教育的重要趋势和发展方向，教师应根据任务型教学模式的要求，引导学生利用多种资源进行自主学习和实践活动，促进学生的思维创新和综合素质的提高。只有这样，才能让大学英语课程更加贴近实际需求，更好地培养出适应未来社会需要的各类英语人才。

任务型教学模式在大学英语教育中被普遍应用，可以充分激发学生的学习兴趣和积极性。然而，在任务型教学过程中，教师需要定期对学生的学习成果进行评估，以更好地把握学生的学习情况并进行针对性的调整和优化。

教师可以通过学生的作业、小组讨论、模拟实验等方式来评估学生在语言技能方面的表现和掌握程度。例如：听力理解和口语表达方面可以采用录音或视频进行评估；阅读理解和写作能力则可以通过文章或短文的题目和内容进行评估。此外，教师还可以给学生设计一些有挑战性的任务，比如演讲、辩论、汇报等，来检验学生在运用所学知识和技能方面的应用能力。

教师可以通过启发式评估方法来评估学生的跨学科综合素质。这种评估方法不仅要考虑学生的英语水平，还要考虑学生的批判性思维、创造性思维、团队协作能力、社会责任感等方面。例如：教师可以采用问卷调查、个案研究、反思性日志等形式，对学生的反应进行分析和综合评价。

教师需要针对评估结果及时开展课程调整和优化。例如：当发现一个任务难度过大或出现知识点不够明确时，教师可以将任务分解成较小的单元，设置必要的语言提示，并给予学生更多的时间来完成任务。此外，教师还可以对某些学生特别强调某项技能，加强训练并提供更多指导。

在任务型教学模式下，教师需要接受学生的实际情况和反馈，定期对学生的学习成果与任务表现进行评估，以便在教学过程中进行优化和调整。这样可以更好地发掘学生的潜力，并在英语教育中得到更好的实践效果。

综上所述，任务型教学模式的大学英语课程设计能够有效地提升学生的语言运用能力和实践操作水平。这种教育理念将学习与实际情境相结合，鼓励学生在合作互动中探究问题，并注重学生的创新思维和综合素质的培养。随着全球化和信息化的发展，社会对于高素质人才的需求越来越迫切。因此，采用任务型教学模式的大学英语课程设计既符合时代需求，也能更好地培养出适应未来社会需要的各类英语人才。

第三节　教材评估标准和流程

一、教材评估标准

教材内容：教材的内容是评价其质量的重要标准之一。在大学英语教学中，教材中所包含的语言知识点的系统性、深度和广度是否适合学生的水平和需要，直接关系到学生的英语学习效果和实际运用能力。

教材的语言知识点的系统性应该是有机衔接的，而不是简单的堆砌。这样才能帮助学生建立系统的语言体系，加深对语言规律以及发展趋势的把握，在日后的学习和实践中有更好的运用。

教材的语言知识点深度应该适合于学生当前的水平，既不能过于简单，也不能过于复杂。过于简单的教材会使学生无法提高自己的语言水平，而过于复杂的教材则会让学生感到困难，导致学习兴趣的下降。

教材的语言知识点的广度也应该符合学生的需求和实际用途。如果教材的语言知识点过于狭窄，只涉及一些基础知识，那么学生很难掌握更广泛、更深入的知识。反之，如果教材知识点过于广泛，就可能使学生对某些非常重要的内容失去了重视。

在大学英语教学中，教材应该包括系统的、深度适合和广度合理的语言知识点，以便为学生提供有效的语言学习支持，并帮助他们在日后的实践运用中达到更好的效果。

教材难易度：教材的难易度是评估教材质量的一个重要标准，在大学英语教育中，教材是否符合不同层次学习者认知规律和发展需求，并能够激发学生兴趣和积极性非常重要。

教材的难易度应该适合不同层次的学生。教材过于简单会使得学生没有挑战感，学习积极性下降，过于困难又会造成学习压力过大，导致学生的学习兴趣和积极性下降。因此，合理确定教材的难易度是非常重要的，教材难度应该有一定的挑战性，同时又不能超出学生当前的学习水平。

教材的难易度应该考虑到学生的认知规律和发展需要。在大学英语教育中，教材的内容应该能够引导学生在思维、语言等方面逐步发展，从而提高他们的英语语言综合能力。具体来讲，教材的难度应该与学生的认知规律和能力发展阶段相对应，包括词汇量、听力、口语、阅读和写作等能力，更好地促进学生成长并提高学习效果。

教材的难易度应该能够激发学生的兴趣和积极性。对于大多数学生来说，他们不会对过于简单或过于困难的内容产生兴趣。因此，教材应该根据学生的兴趣点，提供一定难度但又具有趣味性的学习内容，帮助学生更加深入地领悟语言知识，并且能够在激烈的竞争中保持自信，增强学习动力和成就感。

在大学英语教育中，教材难易度的合理性是非常重要的，教材的难度应该适合不同层次学习者的认知规律和发展需要，能够激发学生兴趣和积极性，从而提高教学效果并促进学生成长。

教材规范化：教材规范化是评估教材质量的一个重要标准，它体现了教材编写的科学性和可操作性。大学英语教材应该遵循教育教学规范，具有如下特点。

（1）教材内容应当是科学合理的，能够循序渐进地展示语言知识，并且符合语言学习者认知规律。同时，教材应当参考国内外学科发展最新成果，保证专业性和前瞻性。

（2）教材结构应当清晰，层次分明，能够体现语言知识的递进关系和系统性。高质量的教材应当能够引导学生建立有效的学习框架，并便于学生在学习过程中对已掌握的知识形成全局意识。

（3）教材图文并茂，布局合理，好的教材应该将文字、图片、图表等多种表现形式进行组合运用，满足学生视觉需求，帮助学生理解和记忆语言知识。

（4）教材还应该保证内容的严谨可靠性，不含有歧义的内容，尽可能的消除错误和瑕疵。优秀的教材不仅能够帮助学生牢固掌握语言知识点，还能提高学习者的综合素质及英语思维方式。

在大学英语教学中，编写规范化和质量优良的教材是提高教育质量和促进学生个人发展的重要保障。因此，教材应当科学合理、结构清晰、图文并茂、严谨可靠、易于理解和掌握，从而为学生的学习和未来就业奠定坚实的基础。

教材实用性：教材实用性衡量了教材是否能够帮助学生在实际场景中运用语言进行交流和沟通，并具有良好的可操作性和可读性。

教材内容应该紧密贴合实际应用场景，让学生能够获得实践经验。在大学英语教育中，教材要紧扣各个领域的实际应用情况，反映出语言知识点在不同场景下的使用。比如，在商务领域中涉及商业信函、商务演讲、商务会议等不同场景的语言运用，教材应该包括相关的实例分析，让学生直接感受到语言应用的实际场景。

教材应该具有良好的操作性和可读性，使得学生能够更好地掌握所学知识点。优秀的教材编写应该遵循清晰简洁、易懂易记、重点突出等原则，同时需要注重布局、排版、字体等方面的细节设计。这样可以让学生更好地理解和掌握语言知识点，并且减少学习效率低下的情况出现。

教材应该注重实际的语言交流能力培养。在大学英语教育中，教材不仅要涉及语言知识点的掌握，还需要强调对口语、听力、阅读和写作等综合语言技能的培养。因此，教材应该按照一定的方法论和步骤，帮助学生提高其语言表达能力，并增加实践中语言运用的机会。

优秀的教材应能够帮助学生在实际场景中运用语言进行交流和沟通，并具有良好的可操作性和可读性，从而提高学习效果和实际应用水平。

教材更新性：教材更新性衡量了教材是否符合当前的教育教学改革和新需求，并具备持续更新和发展的潜力。

教材应当紧跟教育教学改革和时代发展。教育教学改革是一个不断变化的过程，要求教材的内容和形式都能够及时更新和调整。教材应该关注国家新政策、学科前沿发展等方面的变化，对于新兴的研究领域、方法论、观点等进行反映，以确保教材质量一直处于行业领先地位。

教材应该具有开放性和灵活性。众多优秀的教育教学资源应该被吸收和借鉴，因此，教材应该具有开放性，能够不断引入国内外的教材、教学资源和实践案例等，加强教材之间的联系，作为老师在教学中支持的工具。同时，教材也需要具备灵活性，以适应不同层次和类型的学生的学习需求，更好地满足学生的个性化需求。

教材也应该具有持续更新和发展的潜力。教材应该是动态的，能够不断更新和纠错，以保持与时俱进。在大学英语教育中，每年都会有国际英语考试改变内容或形式，教材应该及时跟进并更新相关知识点，以帮助学生更好地为考试做准备。

在大学英语教育中，教材的更新性是非常关键的，优秀的教材应紧跟教育教学改革和时代发展，具有开放性和灵活性，同时也应该具有持续更新和发展的潜力，以使得学生始终能够掌握最新、最先进的语言知识。

二、教材评估流程

策划阶段：确定评估目标、评估指标和标准，制定评估方式和方法。

教材评估是一个复杂的过程，需要进行策划阶段的工作。在策划阶段中，首先要明确评估目标，包括教材的质量和教材的效果等方面；其次，需要确定评估指标和标准，即要评价教材的哪些方面，这些方面应该具备哪些优秀的特点；最后，需要制定评估方式和方法，以便对教材进行全面、科学而有针对性的评估。

在明确评估目标方面，可以根据具体情况选择不同的目标，如提高学生英语水平、培养学生英语交流能力，或者增加教师的教学效率等。在确定评估指标和标准时，需要考虑到教材内容的合理性、难易度、实用性、更新性等多个方面，同时还要注重教材的质量和效果，例如内容是否完整、细节是否合理、学生总体接受度、学习效果等。

在制定评估方式和方法时，需要采用多种手段和技术。例如，可以通过抽样调查、问卷调查、实验研究、专家评估等方法对教材进行评估。这些评估方法可以搜集可靠的数据，从而更好地反映出教材的质量和效果。同时，需要注意评估过程中的公正性、客观性和科学性，以确保评估结果具有说服力，为提高教育教学质量提供有力支持。

在策划阶段中，需要明确评估目标、评估指标和标准，并制定评估方式和方法，以全面、科学、有针对性地评估教材质量和效果。这将为改进教材、提高教学质量和教学效果提供必要的支持和参考。

数据收集阶段：通过文献资料、实地调研和问卷调查等方式，收集教材的基础信息和用户反馈。

在教材评估的数据收集阶段，需要通过多种方式和途径，收集教材的基础信息和用户反馈，以获取更加全面、客观并可靠的数据。

通过大量文献资料的收集来获取教材的基础信息，例如学科前沿发展情况、最新的教育政策及相关法规、各类标准要求等，从中评估教材是否符合当前的教育教学改革和新需求。

实地调研也是非常重要的一种数据收集方式。通过实地去观察、体验教材的使用情况，可以更为直观地了解教材的优点和不足，帮助评估人员提出更具针对性和可行性的意见和建议。

问卷调查也是一种有力的数据收集方式。通过分发问卷，让用户对教材的内容、难度、理解程度、使用效果等方面进行反馈，收集学生、教师、专家等群体的真实反馈，从而更好地把握教材的质量和效果，及时对教材进行调整和改进。

还可以通过网络平台、社交媒体、博客及其他在线资源获取大量的信息。这些信息可以帮助评估人员更及时地了解教材使用情况和反馈，及时做出调整和改进。

在教材评估的数据收集阶段中，需要综合运用多种方式和途径，收集基础信息和用户反馈，以便更全面、客观和真实地了解教材质量和效果，并为改进教材提供有效的数据支持。

数据分析阶段：对收集的数据进行归纳、整理和分析，确定评估结论和建议。

在教材评估的数据收集阶段完成后，需要进行具体的数据分析，对所收集的数据进行归纳、整理和分析，以确定评估结论和建议。

对所收集到的数据进行筛选和整合。这包括数据的分类、归纳和预处理等，以确保数据的可靠性和有效性。根据数据的来源和类型，可以选择不同的方法和工具进行数据筛选和整合。

运用统计分析方法对数据进行分析。通过对数据进行描述性统计、因子分析、主成分分析等多种统计分析方法，可以深入地挖掘数据背后的信息和规律。例如，对于问卷调查收集的数据，可以通过 SPSS 软件对所得数据进行统计分析和图表绘制，就能够更好地反映用户对教材的看法和评价。

针对分析结果提出评估结论和建议。在评估结论中，需要对教材的质量和效果做出客观而准确的评价；在评估建议中，则需要从多个方面提出改进意见，包括适时修订内容、矫正缺陷、增强实用性，从而更好地提高教材质量和教学效果。

数据分析阶段是教材评估过程中非常重要的一个环节。通过对收集到的数据进行归纳、整理和分析，学校能够更好地了解教材质量和效果，并针对数据分析结果提出评估结论和建议，以便有针对性地改进和完善教材，促进教学效果发展。

评估报告阶段：编写评估报告，包括教材优缺点分析、改进建议和推荐使用方案等内容，并向相关部门或机构呈报。

在教材评估的最后一个阶段是编写评估报告，将评估过程和评估结果描述、总结和归纳，包括教材优缺点分析、改进建议和推荐使用方案等内容，并向相关部门或机构呈报。

在评估报告中，需要对教材进行全面而准确地优缺点分析，以便更好地概括教材质量和效果。通过深入分析教材的特点和使用情况，确定它的长处和短处，为改进教材提供有力支持。同时，在评估报告中，还应该提出具体的改进建议，包括如何完善教材内容、调整难度、增强实用性等具体意见，同时也建议针对定位不同的用户群体，可以开发或选择不同版本的教材。

除了以上内容，评估报告中还必须要包含推荐使用方案，这些方案可以根据评估结果和给定条件来制定，例如根据学生的学习需求、教师的教学目标等因素，给出适合各种人群的教材选择建议，以便不断优化教育教学的体系。

在编写评估报告时，需要考虑到针对不同受众阅读的风格和文化传统的差异，并采用相应的语言和格式。这可以帮助读者更好地理解评估结果，并更有效地实施改进措施。

在评估报告阶段，将评估过程和评估结果组织起来撰写评估报告，在此基础上编写出合理的改进建议和推荐使用方案，有利于提高教材的质量，促进学生英语水平的提升。

效果监测阶段：对教材实际应用效果进行长期跟踪和监测，为后续的持续优化提供参考。

在教材评估的效果监测阶段，需要采用长期跟踪和监测的方法，并对教材实际应用效果进行分析、总结和归纳，以为后续的持续优化提供参考。

选取适当的数据指标和监测周期。例如，可以选择学生英语成绩、通过率、课堂表现、讲师反馈等指标作为监测目标，同时还需确定不同的监测周期，以便更好地了解教材的使用情况和效果。

建立合理的数据收集和分析机制。可以采用在线调查、实地观察等方式收集数据，并利用统计分析和数据可视化工具分析收集到的数据。借助先进的数据分析技术，可以在最短时间内发现异常和问题，做出相应的处理。

根据数据分析结果及时调整教材，促进教材质量和效果的持续优化。例如，根据学生反馈加入实际生活场景，增强学习情境感；根据教师反馈更新教材内容，在有效推动教育教学改革的同时创造更多的商业价值。

效果监测阶段对于教材评估来说非常重要。通过长期跟踪和监测教材的实际应用效果，可以及时发现问题并针对性地进行调整和改进，在持续优化中提高教材质量和效果，更好地服务教育教学的需求。

大学英语教材评估是提高教育教学质量的必要措施，同时也体现了对教育教学质量的关注和重视。为确保评估结果的科学性和有效性，评估标准应该是严格规范的。应明确评估的目标、内容和标准，并根据不同阶段的教学需要和实际情况确定合理的评估指标和标准，确保评估结果具有可操作性和实用性。评估过程应该是科学和公正的。评估过程中需要采取多种数据收集方式，包括文献资料、实地调研和问卷调查等方法，通过统计分析和数据可视化工具进行数据处理和结果验证，确保评估过程的科学性和公正性。评估结果要具有实用性。评估结果不仅可以作为改进教材的依据，还可以为教育教学领域的改革和发展提供有力支持，从而推动整个行业的发展。大学英语教材评估需要符合科学、公正、实用的原则，在评估标准、评估过程和评估结果等方面严格掌握，从而推动大学英语教育教学质量的不断提高，为全面建设创新型国家和具有全球竞争力的人才提供有力支持。

第四节　教材的多样化选择和开发

教材是教育教学过程中的重要组成部分，教材多样化选择和开发对于提高教育教学质量，满足不同学生需求、推动教育教学改革和创新等方面具有重要意义。

教材的多样化选择对于适应现代社会的快速变化和多元化需求具有重要意义。在现代教育理念中，"以学生为中心"已成为共识，注重通过提高学生参与度、自主性和创新能力来促进教育教学质量和效果的提升。因此，不同类型、形态、风格的教材可以根据学生的兴趣爱好、学习目标和背景差异来匹配，提供更加符合实际应用场景的学习资源和体验。"以学生为中心"的教材选择可以更好地满足不同学生的个性化需求，激发他们的学习兴趣和动力，更好地实现优质教育教学的目标。教育机构和出版社应结合市场需求和学生特点，积极开发、推广不同类型的教材资源，为培养具有全球视野和国际竞争力的优秀人才提供更全面、更多元化、更具实用性的教学方案和资源。

教材的开发是教育教学创新和高质量发展的关键手段之一。教材开发需要紧密结合教育教学改革，着眼于深入挖掘学科特点和瞄准市场需求，对教育教学过程进行优化和升级。运用现代技术手段如大数据、云计算等工具可以为教材提供更全面和多元化的信息和视角，从而提升教材的实用性和吸引力。同时，开发人员还应善于把巨量数据转换成有价值的知识和洞见，将其整合到教材中，帮助学生更好地理解知识体系和发现自身兴趣爱好。此外，教材开发人员亦应注意教材的可行性，确保教材方案的切实可行和适应不同环境的要求，以提高教材的质量和效益。总之，教材开发的创新能够促进教育教学高质量发展和创新，提升教育教学的效果和质量，对于培养创新型人才和推动社会进步具有重要意义。

教材的多样化选择和开发是推动教育教学质量不断提高、适应现代社会变化和满足个性化需求的重要手段。教育机构和出版社应把握市场和学生需求，结合时代特征和学科特点积极创新，为培养具有创新精神、全球视野和国际竞争力的优秀人才提供更高水平、更多元化的教材资源。

第四章　教学方法与策略

第一节　普通英语教学方法

普通英语教学方法包括教师授课法、学生中心教学法、合作学习法和任务型教学法四个方面。

一、教师授课法

教师授课法是英语教学中最常见、也是最基础的一种方法，其优点在于教师可以灵活调整教学节奏和控制教学进度，让学生更好地跟随。通过讲授知识点、提供例子和示范操作等步骤，教师可以让学生快速入门并加深对英语知识的掌握程度，特别适用于基础薄弱的学生。

教师授课法在英语教学的初期阶段效果显著，可以有效提高学生的语言水平和增强学生的自信心，但过度依赖教师授课的方式可能容易导致缺乏互动和创新性。因此，在实施该方法时，教师应注意为学生提供足够的思维空间和机会，鼓励学生主动思考和交流，引导他们从不同角度去探究英语知识，帮助学生形成独立思考能力。

教师授课法也需要根据学生不同的学习特点进行改进和完善，如针对学生的听力、口语、阅读、写作等方面开展不同的教学策略，多引入互动和体验式学习环节，以便更好地促进学生的英语水平提高和培养其综合语言运用能力。

在英语教学过程中采用教师授课法需要注重平衡，结合学生情况和任务要求等因素进行调整，以发挥教师授课法在英语教学过程中的积极作用。

二、学生中心教学法

学生中心教学法是一种以学生为中心、以学生为主导的英语教学方法，强调学生的主动性和参与性，注重发挥学生的积极性和创造力。该方法适用于教学目标明确、专业性强的情况，因为它可以更好地激发学生对学科知识的兴趣和热情，提高学生自主和创造性思维水平。

在学生中心教学法中，教师更多的担任着指导者和引导者的角色，通过掌握学生的学习特点和需求，进行有针对性的教学设计，同时注重师生交流互动，鼓励学生合作讨论、自我思考和发现问题的能力。这种方法使得学生更加主动参与到教学过程中，从而增强了他们的学习积极性和效果，提高了学生的自信心和表达能力。

学生中心教学法也需要教师不断完善和改进，例如要依据学生不同的语言输入和处理能力，设计各种多样性的任务来激发学生的探究精神和创造力；另外，在评价学生的学习成果时，需要采用多元化和客观性的评价方式，注重发掘学生的潜能和个性特点，从而更好地提高教学效果和质量。

在英语教学过程中，使用学生中心教学法可以大大提高学生的学习兴趣和效果。教师应根据学科特点和学生背景等因素的差异，灵活运用不同的教学方法和策略，最终实现优质教育目标并为学生的未来发展打下坚实的基础。

三、合作学习法

合作学习法是一种英语教学方法，通过将学生分组进行协作式学习，鼓励学生相互帮助、共同完成任务，从而实现较好的教育效果。合作学习法高度强调师生互动和同学间互学互助，能够更加有效地促进学生的学习兴趣和参与度，提高学生在英语学习过程中的表现。

在合作学习中，学生们面对共同的任务，需要集中自己的智慧和力量一起解决问题，从而培养了学生的协作精神和团队合作能力，并且学生可以从彼此之间学到新知识，接受不同的角度和思考方式，提高学生的综合语言运用能力和解决实际问题的能力。

采用合作学习法还有一个优点就是能够让学生更快地适应多元化的社会环境。在合作学习中，学生可以与来自不同背景、文化等方面的同学交流合作，学习到各种不同的观点和想法，有助于学生跨越文化的障碍，提高学生的跨文化认知水平。

尽管合作学习法具有显著的优点，但是在教学过程中也会面临一些挑战。例如需要规划好合作小组的构成和分组方式、平衡个体学生之间的差异，以及解决因沟通障碍带来的交流不畅等问题。

采用合作学习法对英语教学效果至关重要。教师应结合自身课程设置和目标设定、学生群体特点等多方面因素，灵活选用不同的教学方法和策略，在实际教学中发挥其积极作用。

四、任务型教学法

任务型教学法是一种以任务为中心、以实际应用为导向的英语教学方法，其主要特点是通过完成具有实际意义和现实需求的任务，激发学生的学习兴趣和动力。在任务型教学法中，学生需要全面地运用所学的英语知识来完成与生活密切相关的任务，这样能够更好地培养学生的独立思考和综合运用能力。

任务型教学法的核心理念是探究式学习，即让学生在任务的实践中不断发现问题、积累经验，并从中获取新的知识和技能，解决实际问题。这种方法可以帮助学生更好地理解英语知识的实际应用场景，增强他们对英语学习的自信心和兴趣，同时还能提高他们的实际语言应用能力。

任务型教学法在英语教学方面具有多重优点。这种方法能够使学生更深入地了解所学内容，加深对英语知识的理解和记忆。在任务完成的过程中，学生需要进行持续性的语言实践，逐渐培养自己关于语言使用的灵活性和准确性。这种方法能够提高学生的合作能力和社交技能，使他们更好地适应未来的工作和生活中的多元化环境。

与传统教学相比，任务型教学法需要注重教师的任务设计和评估方法，以激发学生的兴趣和动机，使其完成任务时掌握和运用英语知识和技能。因此，教师应该根据不同阶段的学生需求、任务难度等因素进行细致设计，并通过多种评估方法来全面评价学生的表现。

任务型教学法是一种富有创造性的英语教学方法，能够更好地激发学生的学习热情和主动性，让学生在实践应用中深入地掌握英语知识和技能。

第二节　听力教学方法

一、打破障碍

打破障碍是英语听力教学中的一种常用方法。英语作为一门外语，常常涉及学生在词汇、文化背景等方面的知识差异，因此在听力训练中很容易被一些生僻词汇和不熟悉的语言搭配所迷惑。

为了帮助学生克服这样的困难，教师可以通过以下几个方面来打破障碍。

（1）提供相关背景知识。在听力训练之前，教师可以向学生介绍与听力材料相关的历史、文化、人物、事件等背景知识，从而使学生更好地理解听力内容。

（2）讲解和解释生词、短语和口音等。当学生在听力训练中遇到生词或者某些短语不理解时，教师应该及时给予解释。另外，针对普通话和英式英语等口音的差异，教师也应该进行引导和解释，以便学生更好地理解听力内容。

（3）在听力训练过程中，教师可以加强提问环节，帮助学生通过主动思考和发问来解决问题。这种方法不仅可以帮助学生理解英语听力内容，也可以培养学生独立思考和解决问题的能力。

打破障碍是英语听力教学过程中一项非常重要的策略。通过提供相关背景知识、讲解与解释、加强提问等多种手段，将极大地帮助学生打破困境，更好地理解和应用英语听力技巧。

二、反复听

反复听是提高英语听力技巧的一种有效方法，因为它可以帮助学生更加深刻地理解和记忆听力材料。在实践中，教师可以采取以下措施来引导学生反复听。

（1）选择适合的听力材料。针对不同年龄、不同水平、不同兴趣爱好的学生，教师应该选用适合的听力材料，以便让学生更容易理解和感受到语言的魅力。

（2）设置听力任务。在第一遍的听力过程完成后，可以根据学生的实际情况制定相应任务，例如，要求学生关注听力材料的时间顺序、人物关系、事件发展等方面，从而更好地把握听力内容。

（3）让学生多次听同一段材料。教师可以分别引导学生从语音、语调、语法和词汇几个方面多次听同一段材料，让学生更加深刻地记住重要信息，并渐进地提升自己的听力技巧。

在英语听力教学中，反复听是一个十分重要的环节。它不仅能够帮助学生更深入地理解知识，还能培养学生对语言的自然感知能力，提高他们的听力水平和对外语世界的适应能力。教师需要根据学生需求和实际情况巧妙地运用反复听这一策略，以取得最好的教学效果。

三、增加输入量

增加输入量是英语听力教学中的一种重要方法。在实践中，教师应该为学生提供各类英语听力资源，以便学生能够通过不断的输入来掌握更多的听力技巧和知识。

教师可以让学生接触到大量的有声读物、英语新闻、英语电影等学习资源，这些资源既可以在课堂上使用，也可以在家中自主地学习。特别是英语新闻，它可以帮助学生在日常生活中对英文世界有一个全方位的了解，并且跟进最新的时事动态。

教师还可以通过开展听力竞赛、进行小组合作等形式，刺激学生的学习兴趣，让他们融入真正的英语环境中。例如，随堂测试中添加听力题目，鼓励学生通过音频材料了解答案。

教师还可以设计有针对性的听力任务，例如听取英语口语讲座、演讲、新闻报道，或者参加英语研讨会等，从而设置更加直接有效的听力环境，让学生更好地掌握英语听力技巧。

在英语听力教学中，增加输入量是非常重要的一环。通过提供各类英语听力资源，鼓励学生积极参与到听力练习和竞赛等活动中来，以及设置更加直接有效的听力任务，可以帮助学生深入地理解英语听力技巧和知识。教师需要根据学生的需求和实际情况科学地运用这些方法，以达到理想的教学效果。

四、调整训练内容

调整训练内容是英语听力教学中的一种非常重要的方法。不同的学生有着不同的听力需求和注意力集中时间，因此，教师需要根据他们的实际情况来合理地调整听力训练课程。

一方面，教师可以分阶段、分步骤地设计听力训练内容，以保证学生在听力过程中掌握到足够的知识点。例如，在初级阶段，可以通过半分钟或者一分钟左右的小段落听力练习，重点围绕基础单词、短语和简单句式展开，让学生能够逐步掌握语音、语调等基本听力技巧；在高级阶段，可以增加听力难度，安排更复杂的听力材料，让学生逐渐提高听力水平。

另一方面，教师还可以利用现代化技术手段，例如通过多媒体设备播放听力材料，并对其进行分段处理和循环播放等，以便让学生能够更好地吸收知识点，提高听力效果。同时，通过对听力材料的重复听、对关键词汇、句子结构等有针对性的讲解，帮助学生进一步理解听力内容。

在英语听力教学中，调整训练内容是非常重要的。教师需要根据学生的需求和实际情况来灵活地设计、安排听力课程，以便让学生更好地掌握听力技巧和知识，提高整体听力水平。

第三节 口语教学方法

一、模仿法

模仿法是英语口语教学中非常常见的一种方法。该方法主要是通过引导学生模仿标准的英语口音短语或句子来提高他们的口语表达能力和自信心。

在实践中，在课堂上可以通过多媒体设备播放标准、地道的英语音频，并要求学生跟读，并不断纠正他们的发音、语调、语速等问题，以便让他们更好地掌握正确的发音方式。此外，也可以给学生一些练习时间，让他们自己录制自己的发音，并进行对比分析，从而找出自己存在的问题，加以改进。

需要注意的是，教师在指导学生使用模仿法时，应该基于学生的实际水平和需求，将难度设置在适当的范围内，避免因难度过大或过小而导致学生产生挫败感或无所作为的情况。

模仿法能够帮助学生掌握正确的口语发音技巧，提高他们的口语表达能力和自信心。教师需要在实践中灵活运用该方法，并结合其他口语教学方法，以达到更好的教学效果。

二、错误纠正法

错误纠正法是英语口语教学中非常重要的一种方法。当学生在口语练习中产生错误时，教师应该及时指出，并向学生提供正确的表达方式，以便让他们能够尽快纠正错误。

具体来说，在单词发音方面，教师可以通过播放标准的英语发音材料让学生多听、多模仿，并及时纠正他们的发音问题。此外，针对学生的发音短板，教师也可以利用音标等相关知识进行有针对性的教学，引导学生逐渐掌握正确的发音方式。

除了单词发音，口音、语调也是需要注意的关键点。例如，有些学生的口音过于重，影响了英语口语的流利度，教师应该告知这些学生应该更加注重减轻口音，增强交际效果。又如，语调的上升和下降也很重要，学生出现连读和重读单词的情况，教师也应该及时指出并纠正。

错误纠正法是英语口语教学中必不可少的一环，能够帮助学生及时发现和纠正自己的口语问题，提高口语表达能力。教师需要在实践中大力运用该方法，根据学生的需求和实际情况及时给予指导和帮助，提高学生的口语水平。

三、角色扮演法

角色扮演法主要是通过设定不同情景和角色，让学生在模拟不同的情境中进行口语练习。这种方法能够使学生融入到真实的情景中去，更自然地进行口语练习。

例如，在旅游、购物、点餐等日常生活场景下，教师可以把学生分成不同的角色（如游客、售货员、服务员等），并让他们分别扮演不同的角色，进行自然的口语交流。这可以让学生更好地理解并运用相关单词、短语和句子结构，并提高他们的口语表达能力和流利度。

在上述过程中，教师也应该注意给予学生必要的指导和建议，尤其是在学生表达不清晰或使用错误语法时，教师应该及时指出问题，并帮助学生纠正错误。

角色扮演法是英语口语教学中一种非常有益的方法。通过设置具体的情景和角色，让学生融入真实的英语环境中去，进行口语练习，能够帮助学生更好地掌握英语口语技巧和知识，提高口语表达能力。教师需要在实践中灵活运用该方法，并结合其他口语教学方法，以达到更好的教学效果。

四、对话练习法

对话练习法采用带着问题的对话来进行英语口语练习，能够帮助学生增强自信心并提高流利程度。

具体而言，在课堂上，老师可以设计一些日常会话场景，如问路、约会、购物等常见情境，并要求学生分组进行对话。这种对话练习方式可以让学生更好地掌握实际应用中所需的英语表达方式和技巧，并通过不断练习来提高其口语流利度和自信心。

在对话练习过程中，教师也应该逐步加大难度，将单词、短语、句子结构等逐渐融入对话中，使口语练习更趋于真实性。在学生出现错误时，教师应该及时指出并给予必要的纠正和建议。

除了课堂对话练习外，学生还可以利用网络资源或 App 等在线工具进行对话练习，以提升其口语水平。例如，有些网站或 App 可以提供在线演示、录音功能，让学生基于有声教材或线上文本练习对话。

对话练习法是英语口语教学中非常有效的一种方法，能够帮助学生在实际应用中更好地掌握英语表达方式和技巧，并提高其口语流利度和自信心。教师需要在实践中灵活运用该方法，并结合其他口语教学方法，以达到更好的教学效果。

以上四种口语教学方法是英语口语教学中最为有效的方法。在实际运用时，教师应该根据学生的语言水平、实际需求以及课堂环境等因素进行选择。无论采取哪种方法，教师都应该积极鼓励学生开口说英语，勇于表达自己，同时及时纠正他们的错误，并提供必要的帮助和支持。

第四节　阅读教学方法

一、略读和粗读

略读和粗读是英语阅读教学中非常基础的方法，也是最为实用和有效的两种方法。

在略读方面，该方法强调的是对整体内容的把握，着重于快速了解文章大意和主题思想。例如，在初次接触一篇文章时，通过快速浏览全文，可以获取文章的大致结构、主要内容和主旨意图等信息。这种方法非常适合于学生初次接触一篇新文章时使用，可以帮助他们快速建立对文章的整体印象。

而在粗读方面，该方法则是在略读基础上，进一步加深理解，获取更多的信息。例如，在学生已经了解了文章的大概情况之后，可以通过更加仔细地阅读每个段落或句子来掌握更多的内容和细节。这种方法有助于提高学生的阅读能力，训练他们的注意力和细致性，并提高其对文章内容的深刻理解。

需要注意的是，略读和粗读两者相辅相成，不能单独使用。只通过略读很难完整地掌握文章的内容，只通过粗读则会导致时间浪费和缺少整体把握。因此，在实际教学中，建议教师将略读和粗读结合起来，根据不同的教学目标和文章特点灵活运用，以达到更好的效果。

略读和粗读是英语阅读教学中最为基础和实用的两种方法，能够帮助学生更好地掌握文章的主旨要义，并提高他们的阅读水平。教师需要在实践中灵活运用这些方法，并根据学生的需求和实际情况进行调整和改进。

二、细节把握

在英语阅读教学中，细节把握是在略读和粗读后进行的，目的是帮助学生更加深入地理解文章，并针对文章中的细节进行分析和思考。

在阅读完整篇文章后，学生需要回过头来仔细品味每个段落、每个句子，关注文章中的具体细节，如人物形象、情感描写、时间地点等信息。通过深入分析这些细节，可以更好地理解文章的主旨意图以及作者想要表达的观点。

在实际教学中，细节把握法能够有效地提高学生的注意力、细致性和阅读能力，有助于帮助学生更好地理解文章内容并加深其对英语语言的认识。同时，这种方法也培养了学生的批判性思维和分析能力，为他们今后的学习和工作打下基础。

细节把握需要一定的时间和耐心，不能急于求成或草率行事。同时，教师应该根据学生的实际水平和需求，在具体实践中进行必要的指导和引导，帮助学生正确掌握该方法，以获得更好的阅读效果。

细节把握在英语阅读教学中有助于提高学生的阅读能力和深度理解能力。教师应该善于灵活运用该方法，并配合其他教学方法，创造出适合学生需求的教学环境和氛围。

三、词汇及语言结构的理解

在英语阅读教学中，词汇及语言结构的理解是非常重要的。随着学生英语水平的提高，他们会遇到越来越多的生词和复杂句子，因此需要有能力正确理解这些单词和语言结构。

例如，在阅读过程中，当学生遇到难懂的单词或句子时，教师可以引导他们通过上下文理解等方法获得正确的答案。这种方式不仅可以帮助学生扩充自己的词汇量，还能够提升他们的阅读理解能力。

在实际教学中，教师应该根据学生的实际情况，采用不同的教学方法，以便学生更好地掌握并运用所学的词汇和语言结构。例如，可以使用词汇表、在线翻译工具等辅助工具，让学生更好地理解和记忆生词；同时也应该让学生学习如何正确处理语言结构问题，如了解主谓宾结构，体会形式和意义之间的联系等。

理解词汇和语言结构对于提高学生的阅读理解能力和英语水平非常重要，这需要教师采用不同的教学方法，根据学生的实际需求和情况进行调整和改进，以确保阅读教学效果更好。教师应该教授学生如何运用上下文等技巧来理解难懂的单词或句子，并培养学生独立解决问题的能力，同时也应教给学生如何正确处理语言结构问题，如理解主谓宾结构，了解形式和意义之间的联系等。在实际教学中，教师应灵活运用不同的教学方法，以帮助学生更好地掌握所学的词汇和语言结构，并逐步提高他们的阅读理解能力和英语水平。

四、内容分析

在英语阅读教学中，内容分析法通过对文章内容进行深入的分析和探讨，可以帮助学生更好地理解文章主题、作者的思想以及文化背景等信息，从而提高其阅读能力和综合素质。

内容分析法需要学生对文章进行深入的思考和分析。例如，学生可以思考文章中的主题思想、人物形象描写、情感表达等方面，并尝试回答一些问题，如"作者的目的是什么？"或"整篇文章的主题是什么？"等。这种方法不仅有利于学生加深对文章的理解，还可以帮助他们培养批判性思维和综合分析能力。

教师应该根据学生的实际水平和需求，采取不同的教学方法，如小组讨论、辩论比赛等方式，让学生积极参与并运用所学知识进行交流和探讨。同时也应该让学生学会正确处理不同文化背景下的信息，逐渐适应跨文化交际的需求。

在英语阅读教学中，内容分析法是一种非常重要的教学方法。它不仅能够帮助学生更好地理解文章，还可以培养学生的批判性思维和综合分析能力，为他们今后的学习和工作打下基础。教师应该善于灵活运用该方法，并根据学生的需求和实际情况进行调整和改进。

第五节 写作教学方法

一、认真阅读范文

在英语写作教学中，通过阅读和分析优秀的范文，可以帮助学生了解什么是好的写作风格和技巧，从而提高他们的写作水平。

教师可以给学生一些好的范文，让他们在认真阅读的基础上，深入分析其语言表达、结构和内容等方面的特点和亮点，同时也要注意发现其缺点和不足之处。这样可以让学生在学习范文的过程中，逐渐形成自己的写作理念和思考方式，并掌握更多的写作技巧和方法。

教师应该根据学生的实际情况和需求，选择合适的范文，并灵活运用不同的教学方法，如小组讨论、辩论比赛等，以帮助学生更好地掌握所学知识并提升写作能力。

在英语写作教学中，认真阅读范文是一种非常重要和实用的教学方法。它能够帮助学生更好地了解何为好的写作风格和技巧，启发他们开展写作思维和创作能力，同时也培养他们的阅读能力和接受新知识的能力，为今后的学习和工作打下坚实基础。

二、动手模仿

通过模仿好的范文和样本，可以帮助学生掌握一些基本的写作结构和句子表达方式，逐渐培养他们的写作能力。

教师可以先给学生提供一些优秀的范文或样本，让他们在仔细阅读的基础上，分析其结构和特点，并尝试使用类似的句式、词汇、表达方式等来写作。这样可以让学生在接触到好的写作例子的同时，逐渐形成自己的写作风格和思考方式，提高写作水平。

模仿并不等于抄袭，学生需要在模仿中发挥自己的想象力和创造力，将所学知识和自己的语言表达能力相结合，写出具有个人特色的文章。同时，教师也要注重对学生的引导和监督，避免抄袭现象的发生。

在实践中，教师应该采用灵活的教学方法和技巧，如小组讨论、辩论比赛等，以激发学生的兴趣和积极性，提高他们的学习效果。同时，教师也应该注意调整教学策略和内容，以适应不同学生的实际情况和需求。

在英语写作教学中，动手模仿可以帮助学生掌握基本写作技巧和方法，提高语言表达能力，并培养他们的创造力和深层次思维能力。

三、修改与反馈

修改与反馈是英语写作教学中至关重要的一环。它可以通过老师或同学的审阅和建议，帮助学生了解自己写作的不足之处，并加以改进。通过多次修改和反馈，学生可以逐渐提升自己的写作水平，并培养批判性思维。

教师可以采用多种方式来进行修改与反馈，如个人写作指导、小组讨论、同学互评等。其中，个人写作指导是最直接有效的方法，通过针对不同学生的写作问题，给予专业的指导和反馈，帮助学生更好地发现并解决自己的问题。此外，教师还应该鼓励学生间进行交流、分享和辩论，以促进彼此的成长和提高。

正确的修改和反馈方法需要注重细节处理和巧妙运用，避免伤害到学生的自尊心和积极性。同时也要注意把握好调整的度，在保证学习效果的同时，避免过于苛求和束缚学生的创作空间。

修改与反馈是英语写作教学中不可或缺的一环。它可以帮助学生发现和解决自己写作中的问题，逐渐提升自身的写作能力，并培养批判性思维。同时，教师也需要根据不同的实际情况，采用适当的方法和策略，保证教学效果的最大化。

四、发挥自己的想象力

在英语写作教学中，鼓励学生发挥自己的想象和创造力，写出独特和富有创意的文章。

教师可以给学生提供一些引导性话题或图画，让他们根据自己的理解和想象写出相应的文章。在此过程中，鼓励学生使用丰富、准确的词汇，灵活运用各种句式和表达方式，以表现出自己独特的写作风格和个人文化素养。

在鼓励学生发挥想象力的同时，也要注重平衡，避免过度干扰学生的思维和创作空间。教师可以适当引导和提示学生，但不应直接规定或限制学生的创作内容和形式。

在英语写作教学中，发挥自己的想象力可以激发学生的兴趣和积极性，培养他们的创造性、思考性和批判性思维，从而帮助他们更好地提高英语写作水平。同时，教师也需要根据不同的实际情况和需求，采用灵活的教学方法和技巧，以达到最佳的教学效果。

第六节　评价成果方法

一、综合测试

综合测试是通过对学生进行多方面的评测，包括语言表达能力、结构编排能力、文化背景理解能力等方面，对学生在英语写作方面的总体水平进行评价。

综合测试可以帮助老师全面了解学生的英语写作能力，判断他们是否掌握了必要的英语写作技能和知识。具体而言，通过对学生的英语写作进行评测，可以发现他们写作中存在的问题和不足，比如单词用法错误、语法错误、缺乏表达连贯性等。这些问题可以帮助老师分析学生的写作能力和技巧，并为制定针对性教学计划提供参考。

在综合测试中，还应当注意到学生在写作过程中所应用到的文化背景或文学常识。因为文化差异可能会导致误解或者不恰当的表达，因此要关注学生在此方面的表现，以便及时纠正。

综合测试仅仅是对学生英语写作能力的一个综合测验，不能完整地反映学生在英语写作方面的水平和优劣。因此，教师还应该结合其他教学方法和手段，如评估学生的语言技能水平、具体针对性评价等，以更全面、准确地评估学生的英语写作能力。

二、评估学生的语言技能水平

通过对学生在写作过程中所应用到的语言技能进行评测，如词汇量、语法正确性、语言流畅度等方面，来分析学生的英语语言水平和写作能力的进步情况。

评估学生的词汇量可以通过选择适当的单词测试或阅读素材进行，例如通过要求学生使用特定的单词或表达方式来完成文章，检测他们是否掌握了足够的词汇，从而判断他们在词汇量方面的水平。

评估学生的语法正确性可以通过针对学生常犯的语法错误进行分类和总结，并对其进行相应的指导和纠正。同时还可以引导学生学习基础的语法知识，并在实践中加深记忆。

评估学生的语言流畅度可以通过检查学生的句式和语言风格是否符合英文表达的习惯，以及文章中是否存在重复、不连贯等问题，帮助学生在口语和书写方面逐渐提高自己的表达能力。

在评估学生的语言技能水平的过程中，需要综合考虑不同学生的个人特点和实际情况，并灵活运用各种教学手段和方法，以达到更好的教学效果。

在英语写作教学中，评估学生的语言技能水平可以帮助教师更全面地了解学生的英语写作能力和水平，并为下一步教学提供参考和指导。

三、具体针对性评价

具体针对性评价是英语写作教学中非常重要的一环。它给学生提供详细的反馈报告，帮助他们了解自己在英语写作方面的优劣，从而做出更有针对性的改进。同时，针对性评价还能够在掌握学生整体情况的同时，更好地发掘个别考生的优势和短处，为后续的教学提供更精准的指导。

在具体的评价过程中，老师需要耐心地阅读每个学生的作品，并且注重发掘其中的不足之处，如词汇量、语法错误、逻辑缺陷等。在针对性评价时，老师应该提供具体的例子和建议，鼓励学生积极借鉴和改进。

为了使得评价更加具体和有效，教师可以采用各种技巧和方法。比如说，通过引领学生使用不同的写作方法和技巧，以及实践和模拟考试题型，鼓励学生完成自己的创作，对其进行优化和改进。通过这些方法，让学生真正理解到自己的不足之处以及如何去提高自己的写作水平。

具体针对性评价是英语写作教学中非常关键的环节。通过反馈报告帮助学生了解自己的不足之处，在教学过程中更加注重个体差异和需求，从而为学生提供更加有针对性的指导和支持，帮助他们尽快提高自己的英语写作水平和能力。

评价英语写作成果的方法需要根据实际情况和需求灵活运用，以满足不同学生群体和教学目标，更有利于学生在英语写作方面获得更佳成果。这意味着评价方法需要根据具体情况来选择合适的评测指标，包括综合测试、评估学生的语言技能水平和具体针对性评价等多种手段。在评价过程中，要注意关注每个学生的个人特点和需求，以便制定个性化的学习计划和教学方案，并且通过反馈报告帮助学生发现自己在英语写作方面的不足之处，并加以改进和提高。总之，灵活运用多种评价方法，既有益于学生全面提高英语写作能力，也有利于教师更好地掌握学生的学情，为下一步的教学工作做出更准确有效的安排。

第七节　应用技术手段辅助教学

一、利用网络资源

利用网络资源可以帮助英语写作教学更具效率和实用性。网络上有大量的英语写作素材，如范文、文章等，老师可以通过引导学生阅读这些素材进行技巧学习、模仿创作。学生在模仿这些优秀的范文时，可以更好地掌握英文表达风格，并且从中发现自己的缺陷和不足，推动自身的写作水平提升。

除了优秀的素材，网络上还有许多辅助工具可以帮助学生更好地掌握英语写作技能，如在线翻译、语法检测等。在线翻译可以帮助学生快速了解单词和句子的意思，尤其是对于那些初学者和词汇量较弱的学生来说，非常有帮助。而语法检测则可以帮助学生检查文章中的语法错误和不规范表达，及时纠正并避免类似错误再次出现。

还可以借助在线英语讨论区或写作社区为学生提供更广阔的交流平台。通过参与这些讨论区和社区，学生可以融入到一个英语学习的团队中，与其他学生进行交流、分享自己的经验和体会，并接受他人的反馈和建议。在这个过程中，学生不仅可以表达自己的意见和看法，还能够提高自己的听说读写能力。

利用网络资源引导学生阅读优秀的范文素材和使用在线辅助工具等，可以帮助学生更好地掌握英语写作技巧和技能。同时，也能够为学生提供丰富的学习资料和交流机会，激励他们在英语写作方面不断突破自我。

二、利用多媒体技术

利用多媒体技术可以提高英语写作教学的互动性和趣味性，同时也能更加直观生动地呈现教学内容。以下是具体细节。

（1）老师可以利用投影仪或电视机播放图片和视频，引导学生在视觉上感受所学内容。通过展示有代表性的图片和视频素材，学生可以更深入地了解所学的主题和知识点，并且因视觉刺激而进一步激发兴趣。例如，在生动的图片或视频中引导学生记忆某些词汇，让他们不再枯燥地死记硬背。

（2）老师还可以利用演示文稿软件制作PPT，把所讲的英语写作知识点进行逐个介绍。通过使用PPT，可以将知识点更加详细地列举、分类、解释和展示，让学生更好地理解、掌握和运用所学的知识点。此外，PPT还可以添加一些动画和音效元素，使得教学更加生动有趣。

（3）老师还可以使用多媒体设备展示所学文章和范文，让学生在听、说、读、写等四方面进行英语写作的应用实践。这种方法可以更好地帮助学生加强英语阅读理解和表达能力，形成英语思维习惯，并且从优秀的范文中吸取营养。

利用多媒体技术来进行英语写作教学，可以更加鲜活、图片化、直观地呈现知识点，激发学生学习的兴趣和热情，同时也更容易掌握知识点并加以实践。

三、利用智能化设备

利用智能化设备可以提升英语写作教学的灵活性和效率，同时也能够增加学生的自主学习和探索精神。

利用智能化设备帮助学生查询词汇、查找背景资料等方面。例如，在进行英语写作时，学生可以使用在线词典或翻译软件进行单词翻译和句子理解。同时，也可以使用搜索引擎或在线图书馆查找相关背景资料来丰富文章内容。

使用智能化设备可以帮助学生更加方便地进行英语写作练习。例如，老师可以在平板电脑上下载一些适合学生的英文字母练习APP，让学生随时进行英文字母练习。同时，还可以为学生下载一些优秀的写作工具和应用程序，如语法检测系统、拼写检测软件等，以满足学生在写作中的实际需求。

使用智能化设备还可以促进学生与老师和同学之间的互动。例如，学生可以在电子邮件中发送作业、论文等，并与老师进行线上交流和讨论。此外，还可以利用社交媒体或在线论坛等平台，与其他学生进行英语写作方面的交流和分享。这种交流形式有助于学生更好地发现自己的不足之处，并且获得他人的反馈和指导。

利用智能化设备可以让学生更加轻松地进行英语写作教学，帮助学生更好地掌握知识技能并加以实践。同时，智能化设备还可以支持学生进行自主学习和互动交流，提升学生的学习效率和动力，帮助他们在英语写作方面取得更好的成果。

四、利用在线合作平台

利用在线合作平台可以提高英语写作教学的实用性和互动性，同时也有助于鼓励学生形成良好的合作精神和团队意识。

在线论坛或者虚拟班级等平台可以为学生提供广阔的交流平台，各种学习资源、策略与经验都可在此分享，让学生从中获得新知识和灵感。通过参与这些交流平台，学生可以与其他学生一起成长和进步，并且受到他人的启发和指导。同时，在这个过程中学生还能培养更加独立、创造性和批判性思维能力，为未来的写作和学习打下坚实基础。在线合作平台还可以帮助学生建立起有效的英语写作合作与互动模式，具有很大的实用性。例如，在虚拟班级中，老师可以组织学生进行小组作业、讨论等活动，让学生们在交流中了解彼此、接触新的想法和知识，进而提升写作能力。同时，通过评估小组合作表现，也能够帮助学生更好地认识自己的优缺点，并指导他们如何加强反馈，以及修改写作。利用在线合作平台还可以激发学生的合作精神和团队意识。在虚拟班级中，学生可以通过与其他组员的互动，建立起团队协作的经验和信心，进而更好地实现目标。此外，通过分享自己的写作经验、批评并指导他人等活动，学生也可以提高自身的领导能力、表达能力，同时提高察觉问题与解决问题的能力。利用在线合作平台来进行英语写作教学，有助于提升学生的学习效率和实用性，同时也能够培养学生良好的合作精神和团队意识。这种方法不仅强调了知识技能的掌握，还能帮助学生发展自己的职业素质和社交技能，做好未来的人生规划和准备。

应用技术手段辅助英语写作教学可以让学习变得更加高效、便捷和有趣，同时也推动了现代教育的发展和创新。不过需要注意的是，在使用技术手段时，要根据实际情况进行选择，避免盲目追求尝鲜或夸大其功效。同时，也要注意对学生进行指导和引导，确保技术工具能够真正为学习服务，而非扰乱学习秩序。

第五章　评价与反馈

第一节　教学评价理论的演变

教学评价是教育教学过程中重要的环节之一，其理论的演变经历了从考试成绩导向到多元化、综合化的方向。具体来说，教学评价理论的演变大致可以分为以下几个阶段。

一、考试成绩为主导的测量导向阶段

在教学中，考试成绩往往作为一个重要的评价标准被广泛应用。在测量导向阶段，考试成绩是学生表现优劣的主要指标，教师和学生都会将其视为衡量成功与否的唯一标准。在这个时候，评价方法主要采用标准化的考试和测试方式进行定量评估。然而，在注重学生知识和技能掌握情况的同时，却容易忽略学生其他方面的综合素质和实际表现。对于一些综合素质较弱但具有特长的学生来说，他们的分数可能并不能完全反映他们的潜力和发展潜力。同样地，相对专业知识比较弱但具有实践经验的学生也很难在这种考试中得到好的成绩。而且，在过多关注分数的前提下，学生往往忽略了学习的过程以及锻炼自己的能力，把重点放在应付考试上。这种应付考试的做法非常不利于学生未来的发展。因此，应该更加注重学生的发展和学习过程，而不仅仅是分数。为了克服这些困难，教育界开始更加注重学生全面发展和实践能力的培养。

在这个阶段，评价方法也更加注重多样性和灵活性。除了传统考试，还会采用观察记录、小组讨论等方式进行评价。同时，也会更加关注学生的学习态度、实践能力等方面的表现，并鼓励学生在不同方面得到提升。这样一来，就有助于促进学生的全面发展和综合素质提高，并有利于形成独具特色的人才培养模式。

我们应该充分认识到测量导向阶段的缺陷，从而更好地借鉴历史经验，发挥教学评价的作用，以期更好地落实教育目标和价值观，为学生的发展和成长提供更多有效的支持和帮助。

二、内涵导向阶段

内涵导向阶段旨在促进学生全面发展和实践能力的培养。这个阶段人们更加关注学生综合素质和实际表现，采用多种方式进行评价。

在教学评价上，人们开始更多地关注学生的实际表现，如学习态度、实践能力等方面。这些方面是传统考试所难以直接考核的内容，而且与学生成长的过程密切相关。因此，在内涵导向阶段，教师通过观察、交流、记录等多种方式来评价学生的实际表现，以求更准确了解学生的发展状况。

评价方法也更加注重多样性和灵活性。除了传统的考试、测量方法外，人们开始采用更加富有特色的评价方式，例如小组讨论、项目评估等方式进行评价。这些评价方式可以很好地评估学生的实际表现，并使学生更好地理解和掌握所学知识和技能。

在这个阶段，教育界也关注到了学生的自主性和主体性，鼓励学生采用自己的方式和角度来评价自己的学习状况。这种评价方式可以促进学生积极性的提高，激发他们的主动性，并且能够让学生更好地探究和发现自己的问题。

在内涵导向阶段，评价方法多样化、灵活性强，可以很好地评估学生实际表现和综合素质。而且鼓励学生参与其中并采用自主评价方式，这也有利于培养学生的自我管理和自我调节能力。

三、评价目标多元化阶段

评价目标多元化阶段旨在更加全面、综合地评估学生的学习状况和综合素质。这个阶段的教学评价不再只关注学生的知识和技能，而是更加注重全面发展和社会责任感等多方面的目标。

在教学评价中，人们开始更加重视学生的社会责任感，如公民意识、道德素养等方面的表现。这些方面不能单纯通过传统考试等方式得到准确评价，在评价方法上也逐渐向多元化方向发展。

在评价目标多元化阶段，教师、学校也开始将评价范围拓宽到学生的综合素质和实际表现。除了学术成就，他们也开始重视学生其他方面的表现，如创造力、批判性思维、领导力等。

同时，评价方法也更加注重综合性和可操作性。除了传统的考试、测量方式外，人们开始采用更加各样化、具体化的多元化评价方式。例如问题解决、小组合作、实践活动等方式来评价学生不同方面的表现。这些评价方式可以更加精准地反映学生实际状况，能够使学生更好地发挥他们的优势和潜力。

评价目标多元化阶段也鼓励学生参与其中，并采用自主评价方式来评价自己的学习状况。这种评价方式可以促进学生的自主性、创造性和探究精神的发展，让学生更加积极主动地参与到学习和评价中来。

评价目标多元化阶段是教学评价发展过程中的一次飞跃，推动了评价方法从单一简单的测量导向逐步转向更加全面、综合及多样化的方向。这些改变有利于更好地反映学生的实际表现、促进学生的全面发展和多元化培养，提高评价的有效性和可操作性，更好地服务于教学改革与发展。

第四个阶段是系统化、科学化的评价方法体系的建立，这个阶段教育界开始探索出一套系统化、科学化的评价方法体系，旨在真正实现全面、多元化的评价。

在这个阶段，评价方法已经从传统的考试、测量等扩展到多种新的方式，如问题解决、创新思维等。这些更加富有特色的评价方式可以反映学生的实际表现和素质，有助于全方位评估学生的能力和潜力。同时，评价方法也更加注重综合性和可操作性。采取多元化方式使得学生更好地理解和适应教学内容，从而具有更强的可操作性和关联性。

在该阶段，评价过程中还注重了学生参与其中的重要性。学生作为评价的对象之一，其主导地位得到充分保障，学生参与评价的意识也日益增强。通过学生自主评价、互动评价，学生可以更好地理解自己的强项和需改进之处，以便更加有效地改善自身。

系统化、科学化的评价方法体系的建立是教育评价理论发展的重要历程。这个阶段的评价方法体系不仅对学生的全面发展和综合素质提升有着积极的作用，同时也提高了教育教学工作者对于教育目标的认识以及教学内容和形式的设计。在建立这样一个系统化、科学化的评价方法体系之后，未来的教育教学将会更加注重多元化和良性互动，为学生的未来发展奠定更加坚实的基础。教学评价理论的演变从单一的测量导向到多元化、综合化的方向，反映了教育目标和价值观不断深入，以及教育评价工作不断前进与改进的趋势。

第二节 评价方式、方法与工具

评价方式、方法与工具是指在教育评价中应用的各种方法和测量工具。这些方法和工具可以帮助教师和学校更好地了解学生的学习状况、能力水平和发展潜力，为学生提供更科学、全面的评价。

一、评价方式

评价方式是用于衡量学生综合素质和实际表现的不同方式，通过使用多种不同方式来评价学生，可以更全面地了解其学习情况和能力水平。常见的评价方式包括考试测验、调查问卷、观察记录、小组讨论、项目评估等。

考试测验是最常见的评价方式之一，主要测试学生掌握的知识内容及其应用能力。虽然考试测验在某些方面很有效，但它并不能全面反映学生的能力水平，因为它无法衡量学生的实际表现，例如逻辑思维、团队合作、沟通能力等。

调查问卷是另一种常见的评价方式，在教育领域中被广泛运用。通过问卷调查，可以对学生的态度、行为和不同方面的能力等进行评价，并帮助教师更好地了解学生的个性特点及学习动机等关键信息。

观察记录则是一种更加直接的评价方式，教师们以自己的眼睛和耳朵去记录学生的表现和行为。通过这种方式，教师们可以更加准确地发现学生的优点和弱点，从而实现更加有效的教学。

小组讨论是一种更加具有互动性和启发性的评价方式。在小组讨论中，学生可以与同伴就特定问题展开讨论，这有利于培养学生的批判思维和沟通能力，并推动他们全面的发展。

项目评估则是评价方式的另一个重要方面。通过对学生的项目进行评估，可以更好地了解学生的实际表现和能力水平。此外，项目评估还可以激励学生参与到各种活动和实践中来，以提高他们的能力和技能水平。

评价方式的多样性和灵活性为教育评价工作者提供了更多的选择和空间，以更全面、有效地了解学生的真实情况，促进其学习和成长。因此，在教育活动中，应该鼓励多元化的评价方式，以满足不同类型学生的需求，并为师生共同发展提供更好的支持。

二、评价方法

评价方法是指在教育评价中采用的具体测量方法，包括标准化测试、非标准化测试、自我评价和他评等。这些评价方法有着各自独特的优劣势，并应该结合具体情况选取最适合的评价方法来达到最佳的评价效果。

标准化测试是一种广泛运用的评价方法，通常使用标准化试卷或问卷，以多项选择和客观题为主要评判方式。它具有准确度高、结果可比性强的优点，能够直接反映学生的知识水平及其学习成果。但是，标准化测试也存在许多缺点，例如对学生综合素质的评价不足、过分依赖考试成绩等。

非标准化测试则是另一种重要的评价方法，通常使用开放式题目、实际问题研究、小组讨论等交互式、开放式题目的形式。它具有更强的灵活性和个性化，能够更加全面地评估学生的学习情况和能力水平，但其评价结果更偏向于主观性和鉴别性，对评委员的专业素养和经验要求较高。

自我评价和他评则是评价方法中的重要方面之一。学生可以通过自我评价来了解自己的强项和需要改进的地方，从而更好地调整自己的学习方法和策略。同时，他评也具有很强的参考性，能够帮助教师全面了解学生的学习状况和特点，以更好地开展个性化教学。

不同的评价方法各有优缺点，教育评价者应该根据实际情况选取最适合的评价方法来达到最佳的评价效果。此外，在进行评估时还应该注意多元化的评价方法与工具，强调综合性和科学性，以满足学生发展的多样性需求，促进其全面发展和成长。

三、评价工具

评价工具是指在教育评价中所采用的各种测量工具，例如问卷调查、测验、观察记录表、实验等。这些工具可以直接反映学生在不同方面的能力和表现，为教育评价者提供更准确、科学的数据支持，同时也能够帮助教师更好地了解学生的学习状况和需求。

问卷调查是一种常见的评价工具，通过编制适当的问卷、调查表或调查回执表，来征集学生对于教学过程和课程的看法和意见。此外，教师还可以通过问卷调查来获取学生的个人情况和学习情况，从而进行因材施教。

测验也是另一种常见的评价工具，可以衡量学生在特定领域内的知识掌握情况以及能力水平。通过抽样的方式，测验还能够验证整体的学习效果，并为教育评价者提供可靠的数据基础。

观察记录表则是一种针对具体行为的评价工具。通过观察记录学生在实际情境中的表现和动作，来了解其兴趣、爱好和动机等，以更好地进行教学设计和调整。

实验也是评价工具中的一种，通过科学实验方法，进行数据收集和分析，来验证学生的实际表现和能力水平。实验不仅可以帮助教师了解学生的实际表现，还可以激发学生的探究欲望和创造性思维。

评价工具的多样性和灵活性为教育评价提供了强大的支持，让教师和学生能够更好地了解各自的状况和需要，促进其全面发展和成长。因此，在进行评估时应该按照实际情况选取适当的评价工具，并充分考虑其有效性和可行性，以保证评价结果的科学和准确。

评价方式、方法与工具是教育评价中非常关键的元素，能够帮助教师全面了解学生表现和发展情况，同时也有利于学生自我认知和自我反思，促进其全面发展和成长。

第三节　反馈机制与实践

反馈机制是指学生和教师在教育过程中互相交流、提供和接受信息的方式。一个良好的反馈机制可以促进学校内外各方面的沟通，使得教育者对学生的实际情况有更深入的了解，帮助教师提高教学质量，激发学生的学习热情和动力。在教学实践中，合理的反馈机制能够发挥巨大的作用。

一、反馈机制可以提高教学效果

反馈机制是指在教学过程中，学生和教师之间或者学生和家长之间进行交流和互动，以获取掌握学生学习情况的信息、及时纠正学习过程中出现的错误、并调整教学策略，从而提高教学效果。

反馈机制可以提高教学效果的原因有很多。及时、准确地给予学生反馈，有利于学生及时发现和纠正自己的错误，强化记忆深度，提高观察能力。这对学生的学习效率和成绩提升非常有益。

其次，反馈机制可以帮助教师了解学生的评估结果并调整教学策略。教师通过收集学生的反馈信息，能够更全面、准确了解学生的学习特点和需求，因此可以针对不同学生的优劣不同，采取灵活的教育教学策略，大幅提升教学效果。

最后，反馈机制还可以促进家校沟通，让家长积极参与到孩子的学习过程中，建立良好的互动关系，共同努力把孩子的学习效果做到最好，实现家校共同关注孩子的学习成长，共同协力提高教育水平。

在具体实践中，反馈机制应该从课堂、考试和项目等方面展开。教师可以采用口头或书面的方式对学生进行即时反馈，或通过作业、模拟测试等方式，及时掌握学生的学习情况；也可以利用一些专门的软件或平台，收集学生的反馈意见，并进行分析统计。同时，还应该鼓励学生在家长的协助下积极参与到学习过程中来，使学生、教师和家长形成良性互动关系，共同促进学校的发展与改进。

总之，反馈机制是教学过程中非常重要的环节，能够帮助我们更好地评估学生的学习成效，提高教育教学质量，切实推进教育事业的发展。

二、反馈机制可以激发学生的学习动力和自信心

反馈机制可以激发学生的学习动力和自信心。当学生知道自己的表现和进步情况时，他们会感到更加自信和动力十足，从而更积极地参与学习。

首先，反馈机制能够帮助学生了解自己在学习过程中是否存在问题，及时纠正错误，改善学习方法和策略。当学生发现自己出现错误并及时进行了纠正后，往往会感到满意和高兴，从而激发起其积极学习的动力和热情。

其次，反馈机制能够及时地告诉学生自己所取得的成绩、表现和进步情况，给学生带来满足感和成就感，增强学生的自信心和自豪感，从而激发学生更大的学习动力和热情。当学生对自己的成绩感到满意和自信时，就会更加努力地学习，不断向前进步。

最后，反馈机制能够让学生实时了解课堂内容，掌握学习进度，做好学习规划，有针对性地制定自己的学习计划。当学生深入了解学习内容，有针对性地进行学习和复习时，也会更加自信和动力十足，从而加强自身的学习动力和

热情。

在教学实践中，要建立有效的反馈机制，需要注重以下方面：第一，反馈必须及时、准确，反馈内容应该具有指导性，帮助学生找出错误并快速改正；第二，反馈应该具有积极性，正确引导学生树立正确的学习态度和价值观；第三，反馈应该更多关注学生个体的实际情况，采取差异化的方式来进行评价和反馈。

反馈机制是促进学生学习动力和自信心的一个非常重要的环节。学生只有在充满自信、充满斗志的状态下，才能更好地投身于学习，提高自己的学习成绩和水平。

三、反馈机制也可以促进学校内外沟通和协同

反馈机制可以促进学校内外沟通和协同。通过对课堂反馈和学生成绩的共享，学生、家长和教师之间可以更加密切地沟通和协同，形成合力，共同努力提高教育质量。

反馈机制能够让学生、家长和教师了解彼此的需求和意见，增进沟通。学生在学习过程中有很多方面的需求，包括课程内容、学习方法和考试策略等等，这些需求需要得到及时满足才能保证他们的学习效果和心理健康。而家长作为学生的主要监护人，也需要及时了解孩子的学习状况并给予必要支持和指导。教师则需要了解学生的学习进展和问题，及时调整教学计划和方法，并与家长进行沟通，以便更好地开展教育教学工作。

反馈机制还能够让学校内部各个部门协同配合，实现资源共享。例如，学生作业评分、学生成绩管理、学生情况汇总等等，都需要各个部门的协同配合。建立反馈机制能够让各个部门之间形成更加紧密的联系，共同推进教育教学质量的提高。

反馈机制能够增强学生和家长对学校的信任和认可度，促进教育事业的发展。当学生和家长感受到学校员工的关心和支持时，就会对学校的教育水平和管理方式有更多信任和认可，从而加强对学校的归属感和认同感，积极参与到学校活动中来，为学校的发展贡献自己的力量。

反馈机制是教育教学工作的重要组成部分，它不仅能够提高学习效果、激发学生的学习动力和自信心，还能够促进学校内外的沟通和协同，增强学生和家长对学校的信任和认可度，推动教育事业的健康发展。我们应该注重建立有

效的反馈机制，同时不断完善和优化，以满足学生、家长和教师日益增长的需求，不断提升教育教学的质量和水平。

要建立有效的反馈机制，需要依靠各种不同的实践措施，例如设立反馈管道、设置课堂反馈环节、建立班级群体反馈等。应该鼓励学生及时向教师提出问题和建议，并通过多种方式给予学生反馈，如在课堂上口头评价、布置作业等。同时，也应该让家长参与到学生的评价过程中来，加强学校与社区之间的沟通。

建立良好的反馈机制是促进学校发展和学生全面成长的重要手段。教育者应该注重对学生进行适当的评估和反馈，使每位学生都能够发挥潜力并取得良好的学习成果。

第四节　学生自主评价与反思

学生自主评价与反思是指学生根据自己的学习情况，进行评价和反思，并通过分析自身的优缺点，找出问题所在，制定下一步的学习计划，从而提高学习效果和成绩。学生自主评价与反思在教育教学过程中具有很重要的意义。

（1）学生自主评价与反思可以帮助学生更好地了解自己的学习状况，发现自身的优劣势。

利用这种方式，学生可以更好地了解自己的学习状况，掌握自身的优劣势。通过对自己的学习成绩和行为进行分析，学生可以准确地了解自己的学习状态，并发现自身的不足之处。

学生自主评价与反思能够帮助学生深入了解自己在学习中所面临的问题。通过定期对自己的学习表现进行评价和反思，学生可以更加清楚地认识到自己在学习方面存在的问题和困难。这样有助于学生及时找出存在的问题并进行针对性的调整和完善，以提高学习效果和成绩。

学生自主评价与反思能够让学生更加客观地认识自己的学习能力。学生经常会因为各种原因而对自己的能力产生误判或自我贬低。但是通过自主评价和反思，学生可以克服这些偏见，更客观地认识自己的学习能力，从而制定出更加科学合理的学习策略。

学生自主评价与反思能够帮助学生建立自我管理的意识。通过反思过程，学生可以更加系统地了解自己的学习情况，并发现存在的问题和不足之处。在制定下一步的学习计划时，学生需要根据自己的实际情况、目标和能力，采取相应的措施进行调整和改进。这种自我管理的意识，有利于激发学生的自我动力，增强学生的学习兴趣，提高学习效果和成绩。

学生自主评价与反思是一种有效的学习方法，它能够帮助学生深入了解自身的学习状态，发现存在的问题和困难，制定出科学合理的学习策略进行调整和改进。同时，它也可以增强学生的自我管理的意识，培养积极向上的学习态度和优秀品质，从而提高学生的学习效果和成绩。

（2）学生自主评价与反思可以帮助学生建立自我管理的意识，培养积极向上的学习态度。

学生自主评价与反思不仅可以帮助学生深入了解自己的学习状况，还可以促进学生建立自我管理的意识和积极向上的学习态度。

学生自主评价与反思能够帮助学生理性地面对自身的学习问题。通过定期对自己的学习表现进行评价和反思，学生可以更加理智地认识到自己在学习方面存在的问题和困难，并有意识地去寻找适合自己的解决之道。这样有助于学生克服自身的心理障碍，增强自信心和应对问题的能力。

学生自主评价与反思能够激发学生更大的学习兴趣和动机。当学生成功地完成自我评价和反思的过程后，他们会感受到学习的成就感和满足感，从而产生更加浓厚的学习兴趣和动机。这样的积极向上的态度使学生更加努力地学习，更有效地掌握知识和技能。

学生自主评价与反思能够帮助学生建立有效的自我管理机制。当学生能够深入了解自己的学习状况并制定出相应的学习计划后，他们就能更好地进行自我管理。此时，学生可以根据自身的实际情况、目标和能力，安排合埋的时间和精力，增加学习效率，并逐渐形成有效的学习管理机制。

学生自主评价与反思不仅帮助学生克服学习中的问题和困难，还可以培养学生积极向上的学习态度和自我管理的意识，从而提高学生的学习效果和成绩。教育教学工作者可以在课堂中引导和鼓励学生参加自主评价和反思的活动，要求学生及时记录、总结和调整自己的学习状态，以此激发学生的自我学习意识和长期学习动力。

（3）学生自主评价与反思可以促进学生的成长。

学生自主评价与反思可以帮助学生深入了解自己的优劣势，从而促进学生的成长和发展。

通过自主评价和反思，学生可以发现自身的优劣势。这对于制定下一步的学习计划至关重要。学生可以根据自己的优势和长处选择相应的课程或专业，并在学习过程中更加倾向于挑战自己不足之处。此外，该过程可以帮助学生克服自我局限性，向新领域扩展自己的视野。

在评价和反思过程中，学生不仅可以发现自己的不足之处，还可以利用自己的长处去克服缺点。通过对自身问题的深入分析和思考，学生能够制定出更加科学合理的调整方案，提升自身的学习能力，以更好地应对未来的学习挑战。

学生逐渐养成自我评价和反思的习惯，可以有助于形成自信心、独立性、批判性思维等良好品质，并促进学生的成长和发展。学生可以逐渐从被动的学习方式转变为主动的、自我管理的状态，在不断的实践和反思中提高自身的能力和素质。

学生自主评价与反思可以帮助学生发现自身的优劣势，利用长处去克服缺点，并逐渐形成自己的品质和能力。因此，教育教学工作者应该引导学生在日常的学习中积极参与自主评价和反思活动，培养他们主动学习、自我管理的意识，以此推动学生成长和发展。

教育教学实践中，需要通过多种方式鼓励学生进行自主评价与反思。例如，在平常的课程中，可以要求学生每次完成任务后进行自我评价和反思，记录下对应的具体措施以及特别值得注意的事项；也可以定期组织学生开展小结和总结活动，让学生系统地对自己的学习情况进行评价和反思；还可以建立互相交流和帮助的机制，鼓励学生互相指导和帮助，共同进步。

学生自主评价和反思是提高学习效果和成绩的重要手段，它可以帮助学生了解自己的学习状况，并通过反思和调整，提高自身的学习能力。同时，它还可以培养学生的独立性、自信心和批判性思维，在促进学生成长方面具有重要作用。

第六章　教师专业素养与发展

第一节　大学英语教师基本素养

一、语言能力以及语法、词汇和语音知识

教师的语言能力以及语法、词汇和语音知识是其专业素养中非常重要的一部分，以下是相关内容。

1.语言能力

大学英语教师的语言能力是其开展教学工作的基础和关键，它不仅包括听说读写四项技能，而且涵盖了对语言的领悟、理解和运用。

优秀的听力和口语能力能够帮助教师更好地进行英语教学。教师需要具备良好的听力能力，以便更清晰地听取学生的发音和理解学生的表达。同时，教师还需要流利地掌握英语口语，为学生提供一个真实、自然的口语环境，并引导学生正确地发音和运用口语技巧。

阅读和写作是大学英语教师必备的技能之一。教师需要具备阅读英文材料、理解并分析文本的能力，同时还需要熟练地编写英文教案、讲义、试题等各种教学资料。这样才能有效地为学生传授知识和技能。

除此之外，教师还需要熟悉英语语法、词汇和语音等知识。英语语法、词汇和语音是构成英语语言体系的重要组成部分，教师需要深入了解这些知识点，并能够有条理、详细地讲解它们，以便学生能够更好地掌握英语语法规则和词汇应用。

大学英语教师需要具备优秀的英语语言能力，并不断提高自身的语言水平和修养。通过持续的语言学习和实践，教师可以更好地完成教学工作，提高教学质量，为学生打好英语学习的基础。

2.语法知识

语法知识在英语教学中占据着至关重要的地位,尤其是在语言学习的初期。大学英语教师需要熟练掌握英语语法规则,将其系统地传授给学生。

针对基本句型结构、时态、语态等语法规则,在讲解过程中,教师需要采用寓教于乐的方式,通过互动游戏等形式,引导学生发展自己的语言思维,并鼓励他们多加实践和回答问题,从而更好地理解课堂内容。

在解读语法规则的同时,教师还必须要能够清晰地解释这些规则。教师应该以简明有力的语言为学生解读难点和复杂的语法规则,并适当引用经典语言学著作中的案例进行演示,使学生更好地掌握这些语法特点。

教师应该根据不同年级和层次的学生,灵活调整课程设计与授课材料。对于基础较差的学生,应该采取生动、直观、有趣的教学方法,逐渐提高他们的语言学习能力。而对于较为高级的学生,教师要注重提升他们的语言思维能力,培养感性抽象思维和逻辑推理能力。

教师应该通过课堂、作业和考试等手段,为学生提供足够的练习机会。语言学习需要不断重复和实践,只有通过更多的练习,学生才能真正掌握语法规则,并在实践中灵活运用。

语法知识是大学英语教师必备的专业素质之一。教师需要熟悉英语的基本句型结构、时态、语态等语法规律,并善于将这些知识点融入教学中,以帮助学生更好地掌握语法规则,提高语言水平。

3.词汇知识

词汇知识是学生掌握英语语言技能的基础。大学英语教师需要掌握足够的英语词汇,并熟练运用各种应用场景下的单词、词组和习惯用语等,以便更好地进行英语教学。

教师需要了解如何引导学生有效地学习词汇。为了帮助学生掌握更多的英语词汇,教师可以通过讲授常见单词的拼写、音标和词义等内容,创设丰富多样的语境,让学生深入理解词汇含义和使用方法。此外,教师还可以采用背诵、分类、联想等方法来帮助学生记忆单词,并鼓励他们自主学习和不断积累。

教师需要实践有效的词汇教学方法。这包括普遍适用的纯粹和平衡的词汇教学法(Pure and Balanced Approach),以及指导性词汇教学法(Guided Vocabulary Instructional Approach)等多种方法。对于不同年级、层次和学生特点,教师应该选择适合的教学方法和教材,特别是在英语阅读和写作过程中,教师需要要求学生广泛涉猎不同类型的文本，并注重学生如何运用词汇准确表达思想。

教师还需注意词汇教学与实际语言应用之间的联系。在日常课堂教学中，教师应该注重让学生关注真实场景中的英语所应用到的各种单词、短语和习惯用语，让学生了解各种情境下英语词汇的并遵循一定的使用规范。同时也可以通过讲解其他相关文化背景知识来更好地强化学生对英语词汇的理解。

词汇知识对于大学英语教师来说至关重要。提高词汇量和掌握各种应用场景下的单词、词组和习惯用语等，有助于教师更好地完成英语教学任务。教师需要不断创新课堂教学方式和方法，提高教学效果，为学生打下坚实的英语语言基础。

4.语音知识

语音知识在英语教学中是不可或缺的。掌握正确的语音规则和发音技巧，有助于大学英语教师更加清晰地发音，为学生提供一个良好的听力环境。

教师需要熟悉英语的音素、音节和音变等相关知识，并能够准确地发出各种音标。可以通过课堂讲解、示范发音、练习和纠正学生错误发音等方式，帮助学生掌握基本的语音要素。

教师还需要注重英语口音的发音和运用。英语口音众多，包括美式口音、英式口音、澳式口音等多种类型，因此教师应该了解不同种类的英语口音，将其运用到教学中，以满足学生的需求。

除此之外，教师还应该注重发音技巧的辅导，引导学生进行有效的语音练习。为此，教师可以采用各种方式来帮助学生练习发音，例如模仿录音、对话演练、朗读练习、歌唱比赛等等。同时，还需要定期检查学生的发音，及时纠正错误，并鼓励学生保持长期坚持练习的习惯。

掌握正确的语音技巧不仅有助于提高自身的发音能力，还可以为学生提供一个清晰、流畅的听力环境。采用有效的语音教学方法和辅导学生进行语音练习，有利于学生更好地掌握英语口音，打下良好的英语发音基础。语言能力以及语法、词汇和语音知识是大学英语教师专业素养中不可或缺的一部分。教师需要持续加强自身的语言修养和语言学习能力，不断地更新自己的教学方法和技巧，以满足学生和时代对英语教育的需求。

二、教育教学理论知识

教育教学理论是关于教育和教学的概念、原则和方法的探讨，它旨在帮助人们更好地理解和实践教育活动。其中包括了许多重要的理论：行为主义、认知心理学、社会文化理论、建构主义等等。

1.行为主义理论

行为主义理论的核心是强调行为与环境之间的关系，即行为是对环境刺激做出的反应。在教育教学方面，行为主义理论认为学生的行为可以通过奖励和惩罚来加强或削弱，从而达到改变他们的行为的目的。这种教学方法在课堂管理、纪律管理以及基本技能学习等方面非常有效。例如，在课堂管理中，老师可以用奖励和惩罚的方式来激励学生积极参与课堂活动，遵守纪律规定和安排；在纪律管理方面，老师可以通过奖励表扬优秀表现和良好品行的学生，同时惩戒违纪行为，借此引导学生遵守纪律规范。另外，行为主义理论也适用于基础技能学习，例如语言、数学、书写等。通过奖励正确的答案、正确的技能操作，以及及时地纠正错误，可以提高学生的学习兴趣和主动性，促进学习效果。

虽然行为主义理论在一些教学场景下被广泛应用，但同时也存在着一些局限性，例如过于强调外部奖励和惩罚机制可能会削弱学生内在的学习动机和个性化发展。因此，在实践中需要根据不同的学生特点和教学目标合理应用行为主义理论的方法，并结合其他教育教学理论开展全面的教学活动。

2.认知心理学理论

认知心理学理论认为，学习是一个基于感知、认知、思维和记忆的过程，它强调首先要让学生去发现问题、探索问题，然后再去解决问题。因此，教师应给予学生足够的时间和机会，在创造性、开放性、自主性的环境中去思考、探索、发现知识。

教师可以通过多样化的教学方式来激发学生的思维活动和兴趣。例如，采用互动式教学、翻转课堂等方式，让学生在参与课堂讨论、小组合作、课堂任务完成等过程中，积极地思考、探索、交流并反思；还可以采用案例教学、实验教学等形式，让学生有机会自主探究知识，以及将学习内容与实际情境相结合，增强学生的感性认识。

教师还可以通过引导学生运用各种学习策略和技巧来促进其学习效果。例如，教授有效的阅读和写作技能、管理时间和注意力的方法，以及如何记忆、复习、总结知识等。

认知心理学理论注重培养学生的思维能力和自主学习能力，是提高教育教学质量的一种有效方式。教师应根据不同的学生需求和学科特点，选择合适的教学策略和方式，激发学生自主学习的积极性，促进其全面发展。

3.社会文化理论

社会文化理论首要的观点是人类的学习和发展是一种社会性过程，孩子们的学习和发展不能从孤立的个体中脱离出来，而只能是基于他们与周围环境之间的互动而产生。这种互动不仅来自于成年人的教育，更主要的是通过社会文化环境、家庭和同伴关系等影响学习和发展的因素。因为接触到的多元文化背景，很容易产生文化冲突，进而承受心理压力和挫折感。

在教育教学方面，社会文化理论注重教师必须重视多样性和文化差异，善于运用不同的策略和技巧，以满足学生的需求和背景。例如在课堂设计和教学中，可以采用多元文化的资料、活动和任务，让学生能够参与到身边丰富的文化经历中去，领悟别处的风土人情，并探究其中的内涵。

社会文化理论还强调了社交化对学生学习和发展的重要性，组织学生开展合作式学习、小组互助等多种形式的合作交流，让学生建立积极的同伴关系，共同分享和学习他人经验，提高自我认知和发展能力。

社会文化理论为我们带来了全新的教育视野，在多元文化背景下，需要以更开放、包容、多样的态度去理解和实践教育教学方案，这样有助于培养有着更高质量和更广泛意义的人才。

4.建构主义理论

建构主义理论认为，学生是建构自己的知识，而不是简单地接受教师灌输的知识。在这种理论下，人们不是被动地从外部世界中接收信息，而是依赖于他们已有的信仰、经验和知识，去建构对新事物的理解和认知。

在建构主义教学中，教师通常担当为学生提供资源和支持的角色。教师会鼓励学生积极参与探究性学习、主动寻求知识，并以问题为导向开展学习活动，使学生在构建自己的认知框架中变得更加自主和独立。

在具体的实践上，建构主义教学可以采用多种策略和方法。例如，通过引导学生进行探究性学习、让学生在小组合作中交流思想、运用多媒体教学资源等，让学生按照自己的兴趣和需求去发现和解决问题。

建构主义理论也注重了学生的反馈和评估。在学生的学习过程中，教师应该及时给予学生反馈，以促进其理解和学习效果。对学生的学习成果进行评估，可以帮助他们更好地理解和调整自己的认知过程。

建构主义教学强调了学生的自主探究和独立思考，并且注重了学生的反馈和评估，这些方法有助于促进学生自主学习、发展创造性思维和培养个人意识形态。

这些教育教学理论为我们提供了丰富的思想和策略，可以帮助我们更好地满足不同学生的需求和背景。通过行为主义教学，我们可以采用奖励和惩罚机制，来调整学生的行为，提高课堂纪律；在认知心理学中，我们可以引导学生掌握知识和技能，注重学习过程中的思维和反思；在社会文化理论中，我们可以创造积极、多元的环境，鼓励学生与他人合作和交流；而建构主义理论则注重学生的自主发现和独立思考。这些教育教学理论可以互相补充和结合，从而通过灵活选取和应用适当的教学方法，以达到更好的教育教学效果。对于教师而言，需要关注每个学生的特点和需求，因此选择合适的理论和教学方法，以提高教学质量并促进学生全面发展。

三、文化素养

文化素养对于其执教能力的提高和学生文化素质的培养具有重要意义。

（1）大学英语教师需要有较高的英语语言水平和专业知识，这是其进行有效教学的基础。良好的英语语言水平可以保证教师在教学中表达准确、清晰，在帮助学生纠正英语语言错误时也能即时发现问题并及时纠正。同时，大学英语教师要有全面的专业知识，了解英语语言的起源、演变、文化内涵等各个方面，并结合具体课程设置选用相应的教材、活动和任务，为学生提供更加实用和多样化的学习资源。

除此之外，大学英语教师还需要具备良好的人文素养。人文素养是指教师的人格修养、文化素质以及心理健康等方面的素质。一个有人文素养的老师能够对课程内容进行更深层次、更广视野的思考，并能将自己所理解的人文价值融入教学中，从而成为学生成长方面的引导者和榜样。

跨文化交际能力也是大学英语教师必须具备的素质之一。因为英语是一种全球性的语言，学习英语往往不仅需要掌握语言知识，还需要了解英语国家的文化、历史、社会习惯等，并能够将这些背景信息结合到教学中去。同时，跨文化交际能力可以让教师更好地理解和尊重不同文化背景的学生，为学生提供多元的学习环境。

大学英语教师需要具备良好的英语语言水平和专业知识，并且应该注重人文素养和跨文化交际能力的培养。只有兼具这些素质的教师才能真正地对学生进行有效指导，引领他们逐渐成长为具有全球视野、跨文化素质的人才。

（2）大学英语教师应该熟悉英语国家的历史、文化和社会习惯，并且了解其语言和文化之间的联系，这将有助于更好地将这些文化内涵融入教学中去。具体而言，教师可以通过引用或展示英语国家的文化作品、风俗习惯等多种方式，帮助学生深入了解英语国家的文化背景和精神内涵。

同时，大学英语教师也需要注重跨文化教学，在教学过程中引导学生了解和尊重不同文化的差异。例如，让学生了解其他国家和地区的文化、价值观念、社会习惯等，以拓宽他们的视野，提高他们的跨文化交际能力和意识。

学习其他国家和地区的文化也是大学英语教师个人发展的必要方面。了解其他文化可以拓展自己的思维深度和广度，增强自身的人文素养及综合素质。在实践中，可以通过阅读、旅游、与外籍教师交流等各种方式，对多元文化进行深入探究和了解。

通过了解和尊重不同文化背景，引导和促进学生全面发展，同时也可以提升自身的人文素养及综合素质。

（3）大学英语教师除了要注重传授英语语言和文化知识，还应该注重人文关怀和情感体验的培养。通过注重学生的心理健康和心灵成长，提升学生的自我认知、自我价值和对他人的尊重和理解。

在教学中，大学英语教师可以运用多媒体等手段，将一些具有深度和思想性的文本作为教材，引导学生去品味、理解其中蕴含的情感和思想内涵，从而表达出个人独特的看法和感受。同时，也可以采用不同的讲授方式，建立学生与教师之间的信任关系，营造一个积极、和谐的学习氛围。

此外，大学英语教师还可以通过组织社会实践、开展志愿服务等途径，帮助学生增强对他人的尊重和关爱，促进其心灵成长和道德素质的发展。例如可以参观当地的慈善机构、与志愿者们交流互动，了解他们所做的事情及其背后的意义，从而引导学生形成健康向上的心态。

大学英语教师应该注重人文关怀和情感体验，帮助学生通过语言学习促进心灵成长，增强对他人的尊重与理解，并提高自我价值观的认识。这样的教学方法将有助于学生全面成长，培养健康向上的人格，让他们在未来的工作和生活中更好地融入社会、与人交往、解决问题。

大学英语教师的文化素养包括语言技能、专业知识、跨文化交际能力、人文素养、情感体验等多个方面。这些素养的提高，不仅有助于教师自身成长和发展，更重要的是有利于学生成长和提升学生的文化素质。

四、教学管理能力

教学管理是指教师对课堂、学生和教学资源的全面管理和控制能力。作为一名优秀的教师，必须具备出色的教学管理能力，这包括以下几个方面。

1.课堂管理能力

大学英语教师作为一名课堂管理者，需要具备良好的课堂管理技能。课堂管理是确保教学有效性和高效性的关键所在，而运用各种方法进行课堂管理则是保证教学质量的重要途径之一。

大学英语教师需要制定完整的教学计划，根据课程设置、学生特点和学科特点等因素，合理安排课程内容、时间和难度，保证授课进度和深度的把握，从而提高学生的学习积极性和参与感。

大学英语教师还需要熟练地掌握教学方法，采用多种多样的教学方式和手段，如讲授、讨论、小组活动、角色扮演、多媒体互动等，以满足不同学生的学习需求，增强学生的兴趣和参与度。

大学英语教师也需要了解和掌握一些课堂管理的基本技巧，如目光交流、语言措辞、行为示范等，在课堂上用行动和语言引导学生，建立起良好的课堂氛围和信任关系，保证教学质量的提高。

大学英语教师还需要注重课堂反馈和评估，及时了解学生在课堂上的表现和需求，并根据不同情况进行调整和改进，从而实现教与学的良性互动，提升课堂效果和教学效率。

大学英语教师需要不断提升自身的课堂管理能力，并不断探索新的教学方法和手段，以更好地引导学生，提高教学效果和质量。

2.学生管理能力

除了在课堂上进行教学，大学英语教师还需要关心每个学生的身心健康、心理状态和生活状况等方面，开展针对性的教育活动，促进学生成长。这需要大学英语教师具备一定的学生管理能力。

大学英语教师应该了解学生的基本情况和需求，例如家庭背景、兴趣爱好、个人特点、学习习惯等，从而更好地把握学生的特点和需求，为他们提供更加个性化的教育服务。

大学英语教师需要关注学生的身心健康状况，关注学生的情绪变化和行为表现，及时与学校相关部门联系，给予必要的支持和帮助，例如提供咨询服务、安排心理辅导等。

大学英语教师可以通过班会、学生交流会、志愿服务等各种方式与学生交流互动，了解学生在生活中遇到的问题和困难，开展针对性的教育活动，从而促进学生的成长和发展。

大学英语教师还需积极参与学生的评估和反馈，及时了解学生的学业表现和成绩，对于学习上的不足进行针对性的指导和帮助，从而提高他们的学习兴趣和学习效果。

大学英语教师需要关注学生的身心健康、心理状态和生活状况等，通过各种方式与学生交流互动，开展针对性的教育活动，促进学生成长。在以教育为本位的工作中，技能和技巧同等重要，只有掌握好学生管理技巧，在教学中营造良好的环境，才能为学生提供更好的教育服务。

3.资源管理能力

大学英语教师作为教学资源的管理者，需要具备合理规划和利用教育资源的能力，并注重教学效果的评估和反馈，以提升教学质量和效率。

大学英语教师需要对教材有着深入的了解和掌握，选择最适宜的教材，根据不同的课程内容、教学目标和学生特点进行合理的安排和使用，以达到尽可能高的教学效果。

大学英语教师可以充分利用多媒体设备等现代化教学工具，如 PPT、音视频、网络资源等，在课堂上进行互动式教学，使得课程内容更加生动有趣，吸引学生注意力，增强学习的效果。

大学英语教师还需要关注教学效果的评估和反馈。在每个学期结束时，可以进行小结，并通过问卷调查等方式收集学生的反馈意见，了解学生对课程和教学活动的感受和建议，从而及时改进和优化教学方案和资源安排，提升教学质量和效率。

大学英语教师还可积极参与学科建设，了解新的教学资源和法规政策，不断更新教学理念和方法，提供更加开放、丰富的教育资源，以满足学生在学习过程中的需求。

大学英语教师需要合理规划和利用教学资源，如教材、多媒体设备等，并注重教学效果的评估和反馈，以提升教学质量和效率。只有拥有这样的资源管理能力，才能够为学生提供更好的教育服务，让他们在学习中取得更好的成绩和体验。

4.团队管理能力

大学英语教师通常是一个教学团队的成员，拥有良好的团队管理能力，是至关重要的。大学英语教师在团队中不仅要发挥自己的作用，还需要与其他教师协调与沟通，以达成团队目标和提升整个团队的教学水平。

大学英语教师需要有领导能力，能够为团队成员设定明确的教学目标，并定期评估团队的进展。他们需要制定教学工作计划，确定各个成员的任务分配，监督完成情况，确保教学工作按照预期进行。

大学英语教师还应该具备沟通、合作和协调能力。在团队内部，要积极参与讨论、交流和分享，避免意见分歧和矛盾，寻找共同点，形成统一的教学方案和体系，提高教学效果和质量。

大学英语教师也应该注重学习和知识更新。教学团队可以组织相关的学术交流会议、研讨会等，共同探讨新的教育理念和方法，在实践中积累经验，提高教学水平和职业素养。

大学英语教师还需加强与学校管理层的沟通与协调，向学校管理层反映教学资源、设施、人员等方面的需求，并提出建设性意见，促进教学工作的发展和提高整个团队的教育教学水平。

大学英语教师需要具备良好的团队管理能力。在团队中，他们需要发挥自身的主动性和领导能力，与团队成员密切合作，形成有效的分工协作模式，共同提高教学水平和质量，为学生提供更好的教育服务。

教学管理能力是大学英语教师必须具备的重要素质。只有通过合理规划、有效管理、精准评估等措施来提高自身的教学管理能力，才能够为学生提供更好的教育教学服务，让他们在学习中取得更好的成绩和体验。

第二节　现代教育技术在大学英语教学中的应用

一、现代教育技术的特点和意义

现代教育技术是指通过计算机、互联网等现代信息技术手段对教育教学进行支持和改进的技术。其特点和意义如下。

1.个性化

现代教育技术的一个重要特点就是实现了个性化学习。传统教育方式同质化，往往只能为大多数人提供相同的教学方案和资源，而现代教育技术可以根据不同学生的学习需求和特点，为每个学生提供个性化的教学方案和教育资源，帮助学生更好地完成教育目标。

在现代教育技术中，通过大数据分析、智能算法等手段，可以对学生进行全面的分析和评估，包括学习兴趣、优缺点、阅读习惯、学科素养等，了解他们的潜能和需求。然后针对不同的学生，制定相应的学习计划，包括选用不同难度等级的教材、提供个性化的练习题库、录制个性化的视频讲解等，帮助学生克服个体差异的阻碍，更好地进行学习。

个性化学习的好处是显而易见的。首先，它可以满足每个学生的学习需求，充分发挥每名学生的潜能，实现教育目标的最大化。其次，个性化学习可以提高学生的学习动机和兴趣，让每位学生在良好的心态下学习，更能够获取到知识，并对所学习内容加深理解。最后，个性化学习为教师和家长提供了更多有效的数据分析工具，以便更准确地跟踪每个学生的学习进度和结果，及时调整教学计划。

现代教育技术中实现的个性化学习是传统教育模式中所缺乏的改进方式之一。未来，随着科技的不断发展和教育理念的改变，个性化学习模式势必会得到更广泛的应用和推广，为每一名学生提供更为优质的教育服务。

2.多样化

现代教育技术的另一个重要特点是多样化。传统教育方式单一，往往只采用课堂讲授等比较传统的教学方式进行教学，而现代教育技术可以采用多种教学方式和手段，如游戏化、虚拟现实等，从而激发学生的学习兴趣和参与度，提高教学效果和质量。

现代教育技术中的多样化教学方式和手段是应用了现代技术的优势，通过视觉、听觉等多种方式对学生进行刺激和引导，在学生的多个感官上产生更为生动、有趣的学习体验。例如，游戏化教学通过游戏化内容，将学生融入游戏之中，帮助学生渐进式地学习、思考，并在激励机制的作用下，进一步激发学生的参与度。使用虚拟现实等技术则可以创造出逼真的三维场景，让学生身临其境，提高他们的学习兴趣和内在动机，增强学习成效和质量。

多样化教学方式和手段的好处同样明显。它能够激发学生的学习兴趣和参与度，提高教学效果和质量。多样化教学方式和手段可以根据不同的学生群体和个体需求进行个性化设计和选择，并在不断尝试、借鉴中获取到更多的可行性教学方法和技巧。

多样化教学方式和手段是现代教育技术的一个重要创新点，它不仅可以提高学生的学习兴趣和参与度，而且可以根据不同的学习需求和特点为学生提供更加全面、个性化的教育资源。未来，随着科技的进一步发展和教育理念的变革，多样化教学方式和手段势必会成为主流，创造出一个更加多元化和灵活的教育环境。

3.互动性

现代教育技术的第三个重要特点是互动性。传统的教学方式，往往是单向的知识传授，师生之间的交流和沟通并不充分，而现代教育技术则可以通过网络平台和移动设备等实现互动式教学，并在师生之间搭建起更为紧密的联系。这种互动式教学，不仅可以提高教学效率和反馈速度，也能够满足学生对于参与式学习的期许。

利用现代教育技术实现互动式教学，有多种方式和手段。线上课程交流平台可以把师生联系到一起，学生可以随时与老师沟通交流、提问答疑，同时老师也可以及时地回答学生的问题、关注学生的学习情况。基于移动设备的互动式教学，如利用智能手机或平板电脑等设备进行在线考试、调查和测试，既方便了学生，又能够提供准确的数据信息，以便教师及时反馈和改进教学内容。

互动式教学具有极高的教育价值。学生可以从中深入了解课程的知识点，发掘自己的优势和潜能，同时师生之间的密切互动也有助于加强师生之间的紧密联系，建立起一种更为良好、自然的教学关系。在互动式教学的过程中，老师能够及时获取到学生对于自己讲述内容的反响，从而调整自己的教学策略和方法，改善教学质量和效果。

通过现代教育技术实现互动式教学是一种愈趋流行的趋势。未来，更加互动式和开放性的教学模式将会逐渐实现和推广，这将为教育行业带来重大的变革，提升整体的教育水平和质量。

4.经济性

现代教育技术的另一个重要特点是经济性。在传统的教学模式下，需要耗费大量的人力、物力和财力资源去达成教育目标，而现代教育技术则能够通过利用信息化技术、网络平台等手段来降低相应的投入成本，同时提高教育教学效益和效率。

现代教育技术可以有效地利用教育资源，实现数字化、在线化和分享化等优势。利用现代教育技术，教育资源可以得到充分的利用。例如，教师可以充分利用网络资源和在线课程平台等，从而将自己的教育资源发送到全球范围内的学生，并且节省他们以往花费在出版物上的费用。通过在线授课等方式，可以减少原本需要用于教室租赁、教员交通等成本，有利于学校降低运营成本。现代教育技术可以整合资源，使得硬件、软件等资源得到了更充分的利用，提高了教学使用效率。最后，在线评估及反馈也可以有效优化学校的课堂运营和管理，从而最大限度地实现教育资源的利用和节约。

经济性对教育领域的影响是深远的。它可以帮助学校提高运营效率、减少浪费，从而在相同的教学条件下完成更多的工作；同时也有助于降低教育成本，使得更多人可以接受优质的教育。整体来说，现代教育技术为教育行业带来的升级，有助于促进教育产业链上的多方面合作，促进教育生态圈的发展。

不可否认的是，现代教育技术也存在一些局限性，例如需要大量的前期投入以及针对各种情况的应答机制等。因此，在实施现代教育技术的过程中，需要科学规划、合理利用和精心管理，为教育事业的长远发展提供持续的动力与保障。

5.时空的突破

传统的教学模式往往受到时间和空间上的限制，而现代教育技术则可以通过互联网、移动设备等手段进行随时随地的学习和教学，打破了传统教育的时空限制，提高了资源利用率和便捷性。

随着现代教育技术的发展，学生们不再需要在固定的时间和地点上接受教育，而是可以利用网络平台、在线课程和移动设备等工具进行随时随地的学习。

例如，学生可以通过智能手机或平板电脑，在公交车、火车、飞机等各种场合下进行学习，从而最大限度地利用碎片时间。同时，现代教育技术也使得异地教学变为可能，学生无须到远离家乡的城市去读书，可以在家门口享受同样优质的教育资源。对于老师而言，现代教育技术也可以实现远程授课、网络直播等方式，从而充分发挥他们的专业素养和教学经验，服务更多的学生。

时空的突破带来了教育行业的巨大变革。它不仅使得学生们具有更多的自主选择和掌握时间的能力，也大大降低了教育的成本和门槛，提高了教育资源的利用率和效益。同时，时空的突破也为学生和老师之间的交流创造出更为广泛和便捷的机会，进一步增强了教育教学的互动性和精准度。

时空的突破打开了教育界的新视野，为教育发展与创新提供了更加广阔的空间和更高效的途径。未来，随着科技的不断更新和应用的不断拓展，教育也将会迎来更加全面和深入地变革，实现更加精细化和个性化的教育目标。

现代教育技术在教育领域中具有重要的意义。它不仅可以实现个性化、多样化和互动式教学，而且能够有效降低教育资源的浪费，并通过时空的突破提升学习效果。同时，随着现代科技的加速发展，未来的教育模式也将会更加全面地融入现代教育技术，实现更为高效和智能化的教育教学模式。

二、多媒体教学法的运用

在大学英语教学中，多媒体教学法的运用可以帮助学生更好地学习英语语言知识和文化背景，提高他们的英语听说读写能力。具体包括以下几个方面。

1.利用 PPT 展示课程内容

PPT 以其图文并茂、直观简洁的特点，在讲授语言、文化等方面课程时，为教师和学生提供了一个完美的教学平台。

PPT 具有丰富的表现形式和信息传播方式。教师可以通过添加图片、动态元素、音效等多种设计元素，打造出更生动、有趣、直观的课件，使得学生更容易理解和记忆所学内容。同时，PPT 也可以将相关的知识内容进行分类整合，比如对于词汇、语法等知识点的详细介绍及解析，或者对于不同时期或文化背景下的文学作品、历史事件等进行展示和阐释。

PPT 可以有效提高教学效率和互动性。教师可以利用 PPT 来组织和规划授课内容，在讲授紧凑而流畅的同时，也能够吸引和保持学生的注意力。同时，PPT 还可以转移到教学主题的深度分析和讨论环节，使得学生能够更加积极参与到探究中来，提高他们的学习效果和创新能力。

PPT 是一种方便易用、经济实惠的教学工具。与传统教学相比，使用 PPT 不仅避免了因人类口误等原因导致课堂效果下降的情况出现，而且也使得教师可以在大量的支持文本、图像、音频信息的基础上，便捷地展示更加复杂和深层次的知识点。此外，PPT 可以灵活使用，在正式授课之前有足够的时间和机会进行调整和改进，以切实满足不同层面的教学需求。

利用 PPT 展示课程内容，是一种高效、实用、有效的教学手段。教师应该根据具体的授课主题和面向对象等要素，精心设计和制作各项教学资源，并针对性地运用 PPT，为学生打造出一个更加开放、互动和创意的英语学习环境。

2.使用视频与音频资料

为了提高教学效果，教师可以使用各种多媒体教学工具和手段，其中包括视频与音频资料的运用。这种方法不仅能够让学生更加深入地了解英语语言知识和文化背景，还可以促进他们的听说读写能力的提升。

一方面，通过选取与当下世界热点话题相关的新闻节目或英语电影片段等视频资料，教师可以让学生直接接触、感受外语社会中真实的语言环境。学生在观看的同时，也能够更加深入地理解当时的文化背景、社会环境，以及人物个性等，有助于开阔视野、增强对于外语语言的兴趣。

另一方面，音频资料则更多涉及听力技巧和掌握。利用音频资料的同时，教师可以授予学生大量实践应用所需的语言材料。例如，教师可以让学生倾听有着不同连播速率和语调的录音，有机会进行模仿和改正，从而形成自己的语言习惯和口音。

此外，使用视频与音频资料还可以增强教学内容的趣味性和互动性。在课堂上，教师可以利用相关影片、电视剧及音频材料等，让学生透过运作画面、剪辑等手段，一起创作出属于线上教学平台中的"微电影"。这样，在看着突发滑稽情节同时，也能让学生不断地加入到对于知识点的分析研究之中，提高他们的学习效果和实践操作能力。

使用视频与音频资料是大学英语教学中常常使用的多媒体教学工具之一。教师应根据各种不同的授课目标以及学生需要，选择合适的资源进行开展授课，既要尊重学生的思考和学习节奏，又要抓住学生的注意力和兴趣点，从而更好地提升教学质量与教学体验。

3.线上网络学习平台

随着互联网技术的快速发展，线上网络学习平台已成为大学英语教学中不可或缺的一部分。这种方式可以极大地提高教学效率和学生参与度，在时间、进度以及方式等方面具备了很多优势。

线上网络学习平台提供了更为灵活和自由的学习空间。学生可以在任何时间、任何地点方便地访问线上课程，无须受到时间和地域的限制，这对于工作繁忙、交通路程较远的学生来说尤为重要。此外，学生还可以根据自己的学习进度和计划，自主安排学习时间，并在独立完成相关任务后进行反思和总结，有利于提升学习自觉性和自我管理能力。

线上网络学习平台具有良好的互动性和资源丰富性。教师可以在线上平台上发布学习材料、讨论话题、小组合作项目、批改作业等等，促进学生之间的交流和互动，从而营造出一个积极向上、创新开放的学习氛围。同时，线上网络学习平台也提供了丰富的学习资源和题型模拟练习等，可以协助学生更好地掌握语言知识和技能，并对于自己的学习情况进行自我评估和调整。

线上网络学习平台是一种方便易用、经济实惠的教学方式。学生不需要到校园、租借教材就可以轻松愉快的完成学业，同时也节约了往返校园所需的时间和费用。因此，线上网络学习平台在提高教育效果的同时，也满足了学生多元化、个性化的学习需求，促进了我国现代化教育的发展与普及。

利用线上网络学习平台来辅助大学英语教学，不仅创新了教育教学模式，还为广大学子提供了更为优质、灵活且富有人文关怀的学习平台。当然，教师在开展线上教学时也要注意课程设置、互动交流等方面的问题，真正做到线上教学与传统教学相互补充、共同发展，达到最优的教育效果。

4.语言学习软件

随着计算机技术的普及和网络技术的发展，各种语言学习软件在大学英语教育中被广泛地应用。这些软件以其丰富的语言材料、多种互动形式和便捷易用的特点，为学生提供了更加灵活、创新的英语学习方式。

语言学习软件通常会提供丰富而实用的语言学习资源，如单词表、语法习题、听力训练等，让学生可以通过数字化形式去接受知识。比如一些像 Duolingo 之类的 APP，就能根据自己的水平选取对应难度，采用游戏化的方法让学生自然而然地掌握语言知识和使用技巧，有趣又简单易上手。这些软件不仅使得学习的过程更加科学化、系统化，还可以减少教师与学生之间的沟通成本，增加学生自主学习的积极性。

语言学习软件还具有灵活多样的互动模式。它们可以结合电影、电视节目、流行歌曲等文化、娱乐元素的设计，更好地吸引学生的注意力。同时，这些软件往往也会设立在线小组、教师指导等模式，让学生在友好的环境上与同伴和教师进行交流和互动。这种形式可以使学生更好地进行语言练习和口语表达，增强了对于外语语言知识的应用能力。

语言学习软件是一种便捷易用、安全可靠的教学工具。许多线上平台提供多种智能设备适配，允许在线离线学习，在一定程度上保护了学生的学习隐私和资料安全。而且，通过一个统一的平台或者软件，学生可以轻松获取跨学科的、包含多种信息资源的学习资源，扩展自己的视野和知识面。

语言学习软件是大学英语教学中一种非常重要的辅助工具。它们不仅为学生提供了更加灵活、创新的英语学习方式，也为教师提高教育教学质量和效果提供了有力的支持和帮助。在设计和使用时，应选取恰当的软件，并注意任务和教育目标的统筹协调和互补，使得软件与人文关怀、语言教学理念相辅相成，从而更好地为学生提供良好的教育体验。

在大学英语教学中，多媒体教学法的运用可以为学生提供更全面、直观的学习资源，帮助他们更好地理解课程内容，并在实践中提高英语语言应用能力。因此，教师应根据具体教学要求和学生需求，灵活应用各种多媒体教学工具和手段，促进学生积极参与、深入思考和创新实践。

三、网络教学法的运用

随着信息技术的发展，网络教学法已成为大学英语教学中不可或缺的一部分。网络教学可以极大地提高教学效率和学生参与度，在时间、空间、进度等方面具备了很多优势。下面将从课程设计、教学资源选取和教学方法三个方面探讨网络教学法在大学英语教学中的运用。

1.课程设计

在网络教学中，课程设计是十分重要的，它的好坏直接影响到整个课程的效果。网络教学课程的设计应该基于教学目标和学生特点进行选择，而这些因素都通过对学生需求的研究来确定。

教师应该明确教学目标，根据所选课题的实际情况、教学大纲的指导方针，制定具体的教学计划。在编写教材的过程中，要根据教学目标和知识点的不同难度，分类设置不同的单元、话题和练习等内容，使得整个课程具有完整性和序列性，让学生逐步掌握和理解英语知识和技能。

在设计在线教学平台和给学生布置作业时，还需考虑学生的学习兴趣和背景水平、学习习惯和能力状况，以及各种行业和领域的新发展，得出相应的教学内容和支撑资源，提供安排合理的时间表，充分体现学生自主学习的思想。

还需加强针对性的设计，聚焦于学生的问题领域，设立留言板和在线交流板块，使得学生可以随时反馈问题，充分发挥网络教学自身的互动性。学习内容的难度也要具有差异性。对于不同层次的学生设置不同的知识点难度和帮助方案，提供个性化辅导和选择性补充材料，让学生能够以自己的速度、时间和方式进行有效的自我掌握和提高。

在教学过程中，要重视在线监测和评估机制的建立，让学生反馈教学情况和效果，加强个人化的培育。这样，不断完善和改进网络教学法，教学质量就会越来越高，课程实际应用也更加广泛和成功。

网络教学课程的设计是一个复杂而烦琐的过程，需要根据目标群体和社会需求的不断变化与创新来进行调整，才能为学生提供真正优质的英语在线学习平台和课堂体验。同时，教师在这个过程中要注重开放、包容、灵活和互联的思考，始终坚持人本主义和个性化的教育理念，让学生习惯主动思考和探究，走向自我实现和交际的新境界。

2.教学资源选取

实现网络教学，除了有优秀的教师和教学设计，还需要选择合适的教学资源。

教师应该根据自己的教学内容和教学目标，选择合适的教学资源供学生参考和借鉴。例如，在英语学习中，学生需要大量的听力材料来提高自己的口语表达能力。因此，教师可以选择各种在线听力材料，如BBC新闻、美剧等，这些材料不仅质量较高，而且非常丰富，可以满足不同学生的需求。此外，在某些科目中，如数学和物理等，学生需要大量的练习题来提高自己的解题能力，因此教师可以选择一些在线练习题库，以便学生进行反复练习，并及时纠正自己的错误。

教师在选择教学资源时，还需要考虑教学资源的质量和可靠性。网络上的教学资源非常丰富，但是其中也存在着很多不合格的资源，如错误的知识点、陈旧的资料等。因此，教师需要选择那些质量较高、内容准确、适合学生的教学资源，并及时更新和修订教学资料，以保持其有效性。

教师在进行网络教学实践时，还需要选择适合自己的在线工具和网络平台。例如，在进行线上课堂教学时，可以选择一些常用的视频会议工具，如 Zoom、Skype 等，这些工具不仅能够实现远程视频传输，而且还支持屏幕分享、聊天等多种功能，方便教学互动和学生提问。同时，教师还应该积极收集学生反馈意见，了解学生的需求和建议，从而进一步推进网络教学的不断改进和优化。

教师在进行网络教学时，应该根据教学内容的需要，选择合适的教学资源，并考虑教学资源的质量和可靠性，选择适合自己的在线工具和网络平台，并及时收集学生反馈意见，不断改进和提升网络教学的质量和效果。

3.教学方法

网络教学是一种新兴的教育形式，与传统的面对面授课相比，网络教学更具有灵活性和互动性。然而，要实现网络教学的目标，关键也在于选用适合的教学方法。

游戏式学习是一种很受学生欢迎的教学方法。它通过将学习内容制成游戏的形式，让学生在轻松愉快的氛围中进行交互式学习。例如，在英语学习中，我们可以使用一些在线语言学习应用程序，如 Duolingo、Memrise 等，这些应用程序采用了游戏化教学，让学生在愉快的游戏中学习英语单词和语法知识，并激发他们对英语学习的兴趣和热情。

讨论式学习是一种非常适合网络教学的教学方法。通过在线讨论，学生可以分享自己的看法和经验，扩展自己的思路和视野，并且帮助彼此解决问题和困惑。例如，在文学和历史学科的教学中，教师可以引导学生通过线上讨论探讨文学作品或历史事件，让学生在不断交流和碰撞中提升自己的思辨能力和分析能力。

网络教学还可以通过听力朗读、写作练习等形式，进行更多元化的互动。例如，学生可以通过听力材料或在线语音课堂来提高自己的口语表达能力，而写作练习则可以帮助学生锻炼自己的写作技能和思考水平。

不仅如此，在进行网络教学时，教师还需要注意照顾和关怀学生的心理情况和实际困难，给予及时指导和支持。例如，对于那些远程授课很少接触老师的学生，老师可以定期与他们沟通，了解他们的学习进度和困难，并针对性地为其提供帮助。同时，老师还应该注重鼓励学生，提高他们在自主学习中的信心和积极性。

在网络教学中，选用适合的教学方法是非常重要的。游戏式学习、讨论式学习、听力朗读、写作练习等形式，都是可以试验的方式。同时，也要注意照顾和关注学生的心理情况和实际困难，给予及时指导和支持。通过这些努力，我们可以让网络教学更加高效、具有深度，从而提升学生的学习效果和体验。网络教学法在大学英语教学中是一种非常重要的教学手段。它可以促进课程的开放性、柔性化和多样性，满足学生个性化、自主化学习的需求，提高学生交流与表达能力，同时也对于教师的教学能力、创造力和素养提出了更高的要求。因此，在网络教学中，教师应该注重教育教学质量的提升，并创造更为良好的学习氛围，以开放、包容、互助的态度引领学生不断勇于探索和尝试。

四、智能化教学资源的开发和利用

智能化教学资源是指通过计算机、人工智能等技术手段开发的教育软件和模拟器，可以帮助学生更加高效地进行英语学习，提升其学习成果。因此，如何开发和利用智能化教学资源，成了大学英语教学的重要课题。

一方面，我们可以通过在线学习平台或自主开发教育软件来推广智能化教学资源。例如，在大学英语听力教学中，常常会使用 TED 视频或 BBC 新闻等真实语境材料。而通过在线学习平台，学生可以随时随地访问这些教学资源，不仅可以在课堂上拓展知识，还可以在个人时间内进行反复练习和巩固。同时，我们也可以根据学生的不同需求开发具有不同功能的教育软件，如口语练习软件、听力测试软件等。

另一方面，智能化教学资源也可以与传统的教学方法相结合，创造出更加丰富的教学方式。例如，我们可以使用人工智能技术，根据学生的英语水平以及学习进度，自动推荐适合该学生的课程和教材，帮助他们更快地提高英语水平。同时，通过虚拟现实技术，我们还可以开发出英语学习的模拟情景，让学生在真实的英语环境中进行学习和交流。这些创新性的教学方式，不仅可以激发学生的兴趣和热情，也能够提高他们的学习效果和体验。

在开发和利用智能化教学资源的过程中，我们也应该关注其应用的具体场景和学生的需求。只有将智能化教学资源与具体的大学英语课程相结合，才能更好地为学生提供有效的学习支持和帮助。

开发和利用智能化教学资源是未来大学英语教学的重要趋势。通过在线学习平台、教育软件、人工智能等技术手段，我们可以更加灵活自如地开展英语教学，并能够创造出更丰富多彩的教学方式。与此同时，我们也应该关注学生的实际需求，尽可能地为其提供个性化学习支持和帮助。

第三节 大学英语教师专业发展

一、学科教育理论体系的构建

大学英语教师专业发展，是指在不断的学习与实践中，提升自己的教学水平和教育理念，从而为学生提供更加优质的教学体验和学习支持。而学科教育理论体系的构建，则是以构建系统的、内在一致的、适用于大学英语教学的理论框架为目标，旨在提高教师的实践能力和教学效果，满足学生的学习需求和培养目标。

大学英语教师可以通过增加自我学习、反思和实践的机会，来提高其专业发展水平。例如，教师可以参加各种学术研讨会、培训班、公开课等活动，共同探讨如何更好地教授英语知识和技能。同时，教师还需要反思自己的教学方式和方法，不断调整并改进自己的教学策略，以适应不同学生和教学环境的需求。

对于大学英语教师来说，学科教育理论体系的构建也非常重要。这是因为，学科教育理论可以帮助教师更好地理解学科知识和教育规律，提高其在英语教学中的思考和应用能力。例如，在听力教学中，教师可以借鉴认知负荷理论、多元智能理论等教育理论，以提高学生听力实际效果。

为了更好地推进大学英语教师的专业发展，我们还需要构建系统的、内在一致的、适用于英语教学的学科教育理论体系。这一理论体系应该包括英语语言知识体系、英语教学方法论、学习心理学和教育评价等方面，并注重实践与理论相结合。例如，在教学方法论方面，我们可以依据现代英语教学方法论，以讨论式教学、任务型教学、情境教学等为主要教学方式，来促进教师的教学创新。

大学英语教师的专业发展需要不断学习、反思和实践。同时，学科教育理论体系的构建也是提高教师教学水平和教育质量的重要手段。只有通过持续努力和探索，才能不断优化大学英语教育体系，为学生提供更加优质的教育服务。

二、课程体系的优化

大学英语教师专业发展的课程体系应当是包括多个层面和方面，以提高教师的教育水平、教育技能、职业素养和综合素质。以下是一些优化大学英语教师专业发展课程体系的建议。

1.加强基础知识和教育理论的讲授

为了提高大学英语教师的教育水平和教育技能，一个重要的举措是通过课程体系来加强基础知识和教育理论的讲授。这将有助于为英语教师提供全面的知识支持，并提升其实际操作能力和教学经验。

英语教育学是指研究英语教学与学习的原则、方法和关键问题的综合学科。在大学英语教师的专业发展中，英语教育学的重点内容包括教学法、教学评价、教材编写等方面的理论研究和实践探索。由于英语教学涉及面广、影响大，因此，对于大学英语教师来说，掌握英语教育学的相关知识至关重要。

教育心理学也是大学英语教师专业发展中不可或缺的一部分。教育心理学的研究对象是学生的智力、人格、情感等方面的变化规律，同时还探究教育活动在这些方面的作用机理。针对英语教学，教师需要了解学生成长的过程及其规律，以更好地制定教学计划和方案，并通过个性化教育和差异化管理提升教学效果。

语言学也是大学英语教师必须掌握的基础知识。语言学全面研究语言的各种方面，如语音、语法、语义、词汇等，在语言教学中起到举足轻重的作用。了解语言学理论可以帮助英语教师更好地理解英语语言的特点与问题，并能够针对不同程度的学生实施有针对性的教学策略。

加强基础知识和教育理论的讲授是构建优质的大学英语教师专业发展的一个必要环节。通过这一举措，可以为英语教师提供全面的知识支持，增强其实际操作能力和教学经验。同时，还可以推动英语教育学、教育心理学以及语言学等相关学科的进一步发展，提高大学英语教师的教育水平和教育素养。

2.引入实践教学环节

为了提高大学英语教师的实际操作能力和教学经验，需要在课程体系中加入实践教学环节。实践教学目的是让英语教师通过教学设计、课堂演示、反思与评价等环节，深入实践当中，进一步提升其教育技能与素养。

教学设计是实践教学中重要的一环，英语教师必须具备良好的教学设计能力。教学设计涉及教学目标、教学方法、教学内容等方面的全面规划。而对于大学英语教师来说，谋划合理、精细的教学设计是培养学生英语语言技能和综合素质的关键。因此，为了提升英语教师的教学设计能力，课程体系中应包括相关的教学设计课程和实践教学环节。

课堂演示是另一个重要的实践教学环节。通过课堂演示，英语教师可以真实地感受到教学过程中可能出现的问题，并探索解决方案。在课堂演示中，不仅能够增强英语教师的教学技能，而且可以培养其观察能力、沟通能力和协作意识等综合素质。

反思与评价是实践教学的重要环节。通过对自己教学过程的反思和评价，英语教师可以了解自身的优势和不足，并以此为基础改进教学方法和策略。在这一过程中，需要英语教师拥有批判性思维，不断反问和探索可能的教学方案。通过持续的反思评价，大学英语教师能够提高自身的教学水平和职业素养。

引入实践教学环节是优化大学英语教师专业发展的一个重要环节。实践教学可以帮助英语教师增强教育技能、提高职业素养和实际操作能力。特别是针对教学设计、课堂演示和反思评价等方面，需要在课程体系中加强相关学习内容，提高英语教师应对教学问题的能力和综合素质。

3.提高信息技术运用能力

随着信息技术的不断发展，现代教育技术手段被广泛应用在大学英语教学中。为了提高大学英语教师的信息技术运用能力，需要在课程体系中加入一定比例的信息技术课程，并提供实践机会，让英语教师深入了解、熟练掌握各种教育技术工具和平台。

大学英语教师应该学习利用多媒体等新型技术手段进行教学。如今，多媒体教学已经成为英语教学中的常规方式。大学英语教师通过学习如何利用多媒体工具和平台，可以更好地呈现教材内容，增强学生的视听感受，提升教学效果。

大学英语教师应该熟悉网络教育工具的使用。网络教育已经成为当前英语教学的一种主流形式，这也需要英语教师熟练掌握各类网络教育工具的使用。通过学习如何使用在线课堂、远程授课、网络直播等工具来进行教学，可以让英语教师更好地掌握现代教育技术的运用。

大学英语教师也应该具备课程管理与信息化素养。随着信息技术的飞速发展和广泛应用，已经形成了一套完整的课程管理模式和信息化学习平台。在这个过程中，大学英语教师需要熟悉学校课程管理系统、网络评测系统等信息化学习工具，以此将教学管理与信息化有机结合起来，提高教学效率和教育质量。

通过加强信息技术课程学习，深入了解并掌握各种教育技术工具和平台，培养英语教师信息化素养，可以让英语教师更好地利用现代教育技术手段进行教学，为学生提供更丰富多彩的教育体验和教学资源。

4.培养与职业相关的技能和素质

在课程中注重英语教师的职业素养培养，如沟通技巧、集体协作能力、自我管理能力等方面的培养，可以提高英语教师的综合素质，增强其适应教育工作的能力。

沟通技巧是一个英语教师必须具备的职业素养之一。教学过程中，与学生、家长、同事之间的沟通无论是口头还是书面都是非常重要的。英语教师需要掌握不同情况下的沟通技巧，例如如何在让学生理解的同时避免引起不必要的争执。此外，英语教师还需要熟悉电子邮件等现代通讯方式，在日常教育实践中建立有效的沟通渠道，更好地推进教学工作。

集体协作能力也是一项关键的职业素养。在大学英语教育中，教师经常需要参与多人合作完成各种任务，如编写教材、策划课程等。在这个过程中，英语教师需要具备优秀的团队合作精神，能够协调各方面需求，快速解决问题，并提出创新性的教学方案。

自我管理能力也是英语教师必须具备的一项职业素养。自我管理能力包括对自己时间、工作、情绪等方面进行有效的管理和调整。良好的自我管理能力可以帮助英语教师更好地平衡工作与生活，缓解心理压力，从而更加专注于教学任务的完成。

通过注重职业素养的培养，如沟通技巧、集体协作能力、自我管理能力等方面的培养，可以提升英语教师的综合素质，增强其适应教育工作的能力。同时，这也推动了英语教育行业的进步和经验总结，为英语教育行业发展提供了有力的支持和推动。

5.强化评估和反馈机制

在课程中加强评估和反馈机制建设，为英语教师提供实时的教学评估和反馈，可以帮助其不断改进自身的教学水平和教育服务能力。

加强评估机制建设，是提高大学英语教师教学质量的关键环节。评估机制包括学生反馈、同行评审等多个方面，通过这些评估手段，英语教师能够了解学生和同事对其教学工作的评价，从而针对问题进行调整和改进，在实际情况中提高教学效果。同时，也可以增加英语教师对自己的认知和信心，激发其教学热情和创造性。

强化反馈机制的建设，有助于提高英语教师的教育服务能力。反馈机制包括双向反馈与个别反馈两个方面。通过双向反馈，英语教师可以及时获得学生和家长的反馈意见，了解自己的不足之处；通过个别反馈，英语教师可以更好地根据学生的特点进行教学设计，为学生提供更加针对性的教育服务。优质的反馈机制可以促进英语教师的自我成长和发展，提高其教育服务能力和专业素养。

评估和反馈机制需要在课程中得到重视，并结合教务管理体系建设，落实相关政策和规定。同时，评估和反馈机制也需要不断完善和改进，以适应不同情况下的需求。

英语教育行业不断加强与各方面的沟通和协调，建立科学、客观、公正的教学评估机制和反馈机制，为英语教师提供切实可行的帮助和支持，推动英语教育事业不断发展和进步。

这些优化建议旨在保持课程设置的科学性、系统性与实用性，并为英语教师专业发展提供有效的教学支持和保障。

三、实践教学的探索和创新

在大学英语教师的专业发展中，实践教学的探索和创新是极其重要的。通过创新教育教学方法和手段，可以提高大学英语教师的教学质量和水平，促进学生的全面发展和个性化发展。

开展实践教学可以提高学生的综合能力和实践能力，让学生从课本外的真实环境中获得知识和经验。因此，大学英语教师应该积极开展实践教学，并注重与企业、社会等机构的合作。教师可以利用文化节、英语角、社区论坛等方式创建各种活动平台，让学生参加到实践活动中来，增强课程内容的针对性和实用性。

适合现代人看法和学习的多样化教学模式也成了英语教育领域的一项重要特点。传统的课堂讲授已不能满足学生和社会的需求，因此，大学英语教师需要持续探索和创新教育教学方法和手段。例如，可以采用 PBL（问题驱动型学习）模式、Flip classroom 翻转课堂模式、Blended learning 混合式教学模式等，使学生通过自主探究和解决问题来提高知识的吸收能力与实际应用能力。

在创新教育教学中，英语教师也应该利用现代科技手段进行开发。例如，可以采用在线教学平台、MOOC（大规模开放在线课程）等途径，为全球范围内的学生提供英语学习机会，拓宽了大学英语教育的传播范围和形式。

通过创新教育教学方法和手段，可以提高大学英语教师的教学质量和水平，促进学生的全面发展和个性化发展。在这个过程中，英语教育行业需要注重与各方面的沟通和协调，建立科学、客观、公正的教学评估机制和反馈机制，推动英语教育事业不断发展和进步。

四、科研工作的深入开展

通过开展科学研究，可以提高教师自身的学术水平和研究能力，同时也有助于推动英语教育行业的发展和进步。

在大学英语教育中，科研工作是促进教育改革和教学质量提升的关键因素之一。英语教师应该通过参加各种学术研讨会、论文发表等方式来增强自己的学术素养，不断更新教学理念和方法，并将这些新成果运用到自己的教学中去。此外，开展科研工作也可以促进英语教育行业的创新，在原有的基础上进行改进，为学生提供更加优质的教育服务。

开展科研工作需要注意与实际教学相结合，注重教研活动的成果转化，以更好地服务于学生和社会。英语教师应该对自己的研究方向和目标进行明确和规划，把握教学研究的重点和难点，紧密结合自己的教学实践，不断探究和发展英语教育的前沿问题。

在开展科研工作过程中，还需要注重团队协作和资源共享。尤其是在大型课题、重大项目等研究中，需要加强与同行之间的联系和合作，促进知识和经验的交流和分享，提高研究效率和成果质量。同时，也需要加强与产业界、社会机构等方面的合作，借助多方力量进行跨领域合作研究，推动教育行业的整体发展。

科研工作的深入开展是大学英语教师专业发展的一个重要方向。英语教师应该注重把握学术前沿，将科研活动与教学实践相结合，加强团队合作和资源共享，从而在教学工作中提升自己的教学水平和教育服务能力，为英语教育事业的发展做出更加积极的贡献。

第四节　大学英语教师培养模式的构建

通过构建适合现代社会需求的培养模式，可以提高教师的教育服务水平和能力，促进学生的全面发展和个性化发展。在构建大学英语教师培养模式时，需要注意教育的本质和目标。大学英语教育应该注重培养学生的听、说、读、写等多种语言技能，以及跨文化交际与人文素养等方面的能力。还需要注重实际教学经验的积累和提高，在教学实践中，英语教师需要不断总结和反思自己的教学过程和获得的经验，不断改进和完善教学方法和手段。此外也需要加强教师对学科知识的深入了解和研究，以便更好地指导学生，提高教师的专业水平和能力。

在构建大学英语教师培养模式时，也需要结合现代科技手段进行开发。例如，可以采用在线教学平台、MOOC（大规模开放在线课程）等途径，为全球范围内的学生提供英语学习机会，拓宽了大学英语教育的传播范围和形式。此外，英语教师还应该通过各类网络资源平台获取国内外先进的教学理念、创新的教学模式等方面的信息和技术支持，以提升自己的教学水平和服务能力。

一、人才培养目标的制定与实现

人才培养目标的制定与实现是一个复杂的过程，需要注重多方面的因素。在大学英语教育中，人才培养目标的制定和实现是非常关键的。以下为您提供一些建议。

1.根据社会需求和行业发展趋势制定人才培养目标

大学英语教育要适应市场需求、适应新形势下的外语人才培养，将人才培养目标紧密结合行业发展趋势和社会需求，制定能满足社会、市场和企业需求的人才培养目标。

2.注重学生个性化的能力培养

不同的学生拥有不同的专业背景、学习基础、兴趣爱好和个性特点等，因此在制定人才培养目标时也要注重学生本身的特点和潜力，注重培养学生的创新思维、团队协作和实践能力等。

3.实施全员参与的培养模式

人才培养需要全员参与，包括教师、学生和校外实践机构等。只有形成良好的合作机制，才能实现人才培养目标的有效实施。

4.引进先进的教学模式和技术手段

大学英语教育需要不断创新教学模式，注重利用现代化教育技术手段，提供更优质、高效的教育服务，帮助学生快速掌握知识。

5.建立完善的评价机制

评价是人才培养过程中的一个至关重要的部分。在制定人才培养目标时，也要同时建立科学的评价机制，通过多维度评估，确保评价准确可靠，并能及时纠正和改进教育教学方式，保证人才培养目标的实现。

制定和实现人才培养目标是大学英语教育中极其重要的一环。只有注重行业趋势、学生个性化发展、全员参与配合，以及引入先进教学手段等方面来落实人才培养目标，才能最大限度地满足社会和市场需求，为行业发展做出积极贡献。

二、课程设置的结构、安排和科学性

一份科学合理、高效实用的英语课程安排，必须具备以下几个方面。

1.结构合理

整个课程的结构应该清晰明了、有序分层。比如，根据学生英语水平的不同，评定不同的入门级、初级、中级、高级等不同等级的课程内容，而且需要根据时间进度和学科分类规划出教学内容和教学目标，并注重各个部分之间的联系和内在的逻辑关系。

例如，在大学英语课程设计中，可以将课程分为基础课程与提高课程两部分。基础课程通常涉及英语语音、语法、单词、阅读、写作等基础知识，旨在帮助学生打好英语基础。而提高课程则更加注重课程的实际运用，包括听说读写技巧的提高、跨文化交际能力的培养、批判性思维的发展等方面的知识。

在每个层次的课程安排中，还需要针对学生的特点和需求，选择适当的教材、教具和教学方法，以确保教学效果。

2.内容全面

英语课程内容应该全面涵盖英语听、说、读、写、翻译等多个方面的技能。学生可以通过阅读经典英文文化作品，增长阅读能力和跨文化沟通能力，了解不同国家和地区的文化背景及其影响,从而更好地理解和把握英语原文的信息。同时,在英语口语表达和沟通交流方面,开展英语角活动是非常有益的。通过英语演讲活动,学生可以提高他们的口头表达和说服能力,还可以帮助他们更好地体会和运用英语中的音节、语调等特点。

此外,针对翻译能力进行专项训练也是非常重要的。翻译不仅可以帮助学生更好地理解英语原文,还可以提高他们的英语写作和口语表达能力。因此,在课程安排中,应该注重翻译训练的专项指导,积极引导学生掌握正确的翻译方法和技巧。

3.安排合理

英语课程的安排应该考虑到学生业余时间和其他科目的协调性。比如,可以采用白天上课、晚上自习的形式,学生就可以利用早上和中午之间的时间进行英语课程学习,利用下午和晚上的时间进行其他科目的学习、课外活动或者自主复习等,从而达到一个良好的学习效果。

同时,在安排不同科目之间的时间间隔和课时分配时,也需要进行合理安排,避免学生因为学习压力过大而无法集中精力。例如,可以把难度较大或比较枯燥的科目设置在一天的前半段,而将相对轻松、有趣的科目安排在后半段。这样有利于缓解学生的学习压力,并且能够保证他们的学习效果

4.教学实践

除了学科内部的课程内容设置,还需注重与实际生活结合,切实帮助学生提高跨文化交际能力和实际运用能力。如外出游学、志愿服务、互换访问等方式,为学生提供丰富多彩的学习机会。通过组织国内或国外的游学活动,学生可以接触不同的文化和语言环境,从而更好地体验和感受英语语言和英语文化的魅力,并加深对英语的认识和理解。

在校园内开展各类实践活动也是非常必要的。例如,可以组织英语角、辩论比赛、演讲比赛等各种形式的英语活动,帮助学生锻炼口语表达和沟通交流能力,同时增强学生对英语语言和文化的认知。

还可以通过志愿服务等活动来培养学生的社会责任感和公民意识,通过跨文化交流等实践活动来提高学生的跨文化交际能力和实际运用能力。

一份科学合理、高效实用的大学英语课程安排,必须对学生的实际情况和需求,遵循学生主动学习和教师指导教学相结合的原则,使之成为一个开放性、系统性和可持续发展的教育体系,以达到真正有效地促进学生英语水平的提高。

三、教师队伍建设的完善

教师队伍建设的完善是英语课程设计和教学质量提升的重要保障，一个高素质的教师队伍对于英语课程设计和教学有着至关重要的作用。

1.一个高素质的教师队伍是保障优质教学的关键

在招聘教师时，需要注重对候选人的资历和能力进行评估，并优先考虑具备英语专业背景和丰富教学经验的申请人。在聘任后，还应该为教师提供培训、进修等机会，使其不断提高自身的专业知识和教学水平，并适应现代教育技术的发展趋势。

针对英语教学领域的特点，可以通过制定和实施一系列的教学标准和评估体系等措施来促进教师的专业成长和能力提升。例如，加强教师的职业道德建设、制定适宜的教学计划、规范教学标准等。

提高英语教师的专业水平和教学能力是优化英语课程设计和提升教学质量至关重要的一环。教育机构应该从招聘、培训、评估等多个方面来加强师资队伍建设，为英语教育提供优质的师资资源。

2.需要通过有效的管理和激励机制，吸引和留住高素质的教师

可以采取一些措施，如加强师德师风建设，提高薪酬待遇，实行聘任制度等，从而激励教师更好地投入到教学工作中，提高教学效果和教学质量。

（1）加强师德师风建设。这是培养高素质教师队伍的基础，通过加强教师职业道德教育、严格管理机制以及提供良好的工作环境等方式，增强教师的职业责任感和使命感，从而更好地投入到教学工作中。

（2）提高薪酬待遇。薪酬待遇是吸引和留住高素质教师的重要因素之一。应该根据教师的专业背景、教学经验、教学质量等因素进行合理的薪酬评估，并给予相应的激励和奖励。

（3）实行聘任制度。这种制度将会促进教师队伍稳定和教学质量提升，每位教师都能得到公正评价和发展空间。同时，聘任制度还为教师提供了长期的稳定就业机会，从而增强他们的归属感和责任感。

（4）提供良好的职业发展通道。教师可以通过继续教育、进修、研究生等途径提高自身专业水平，并逐步晋升为高级教师、教研组长、学科带头人等职位。这些职业发展通道将会激励教师积极投入到教学工作中，从而提高教学效果和教学质量。

3.建立健全的教研团队和反馈机制，以不断完善和改进课程设计和教学方法

教师可以根据自身的教学经验和教学效果，通过共享经验和交流，优化课程设置和教学方案，提高教学质量和效果。

（1）建立教研团队可以促进教师之间的交流和合作。通过组织教研活动、讨论课程设计和教学方法等，教师可以从中获得更多积极的教学经验和教育理念，并且更好地发挥协同作用以提高教学质量。

（2）建立反馈机制可以让教师及时获得课堂教学效果和学生反馈信息。教师可以根据学生的反馈意见和建议来优化课程设置和教学方案，进而提高教学质量和效果。

（3）合理利用现代教育技术手段，如教学管理软件、在线课程与学习资源等，可以更加有效地收集和分析反馈信息，并给予针对性的辅导和指导，达到事半功倍的效果。

建立健全的教研团队和反馈机制对于提高课程设计和教学方法至关重要。通过充分的交流和反馈，教师可以不断完善和改进自身的专业知识和教学技能，提高教育质量和效果。同时，现代教育技术的应用也将更好地促进反馈机制的有效运行和优化，为英语教育注入新的动力和活力。

4.建立与学生家长的沟通渠道，定期对教学质量进行评估，并及时反馈意见和建议，以便不断改进和完善英语课程设计和教学质量

与家长建立良好的沟通渠道能够增强家校联合，让家长更清楚地了解教学内容、教学方法和教学效果等，并及时获得反馈信息。同时，教师也可以借此机会了解学生在校内外的实际情况，从而更好地针对学生的需求和兴趣开展教学工作。

定期对教学质量进行评估可以发现问题和不足，并及时采取措施加以改进。评估可以通过组织学生进行测验、考试和问卷调查等方式来收集教学效果数据，并分析数据来判断是否达到预期的效果。同时，还可以通过家长会议等形式直接听取学生和家长对教学质量的反馈，以便更加准确地了解学生需要改进的方向，加以优化和提高。

及时反馈意见和建议是评估工作的重要环节。教师应该在评估后及时汇总和总结结果，并向学生和家长公开反馈意见和建议。同时，也要积极采纳和处理反馈信息，及时改进教学方法和调整课程设置，以便更好地促进教学工作的质量和效果。

建立与学生家长的沟通渠道和定期对教学质量进行评估是优化英语课程设计和提高教学质量的重要措施，可以帮助教师更好地了解学生需求，反馈教学效果，加以完善和改进。

一个高素质的教师队伍是实现英语课程设计和教学质量提升的基础。需要通过招聘、培训、管理和激励机制等多个方面来加强师资队伍建设，从而为学生提供优质的英语教学服务。

第七章　大学英语教学的质量保障

在大学英语教学中，实践教学环节是不可或缺的，因为它可以提高学生的英语应用能力和实际交流能力，为学生未来的职业发展打好基础。

第一节　教学质量保障制度的概述

教学质量保障制度是指为了保证教育教学的质量，从各个方面制定相关规章制度、完善教学管理体系，并在实践中加以落实和执行。其主要目标是确保教学质量、提高教学水平，以满足学生的学习需要和教育目标，有助于推动学校的整体发展。以下是教学质量保障制度的概述。

一、规章制度

规章制度是教学质量保障制度的重要组成部分，是对校内教师、学生和管理人员行为进行规范和约束的一系列文件和条例。制订规章制度不仅可以规范教育教学活动，减少教学中的不确定性，还可以促进学校管理与服务水平的提升。以下是规章制度的主要内容。

1.课程设置与安排

课程设置应符合国家教育部的相关规定，制定学期教学计划和课程表，并安排负责任的教师授课。

（1）课程设置。大学英语课程主要包括听、说、读、写和翻译等方面，需根据学生级别、英语能力水平以及学习目标等设计符合学生需求的课程设置，并在教学过程中采取多种形式的教学方式，如课堂讲授、小组讨论、角色扮演、听力练习等。

（2）教师配备。大学英语教学需要具有相应教育背景和口语表达能力的高水平英语教师进行授课。同时，教师也需要持有相关的英语教学资格证书和证明文件，以保证英语教学质量。

（3）学期教学计划。制定学期教学计划，按时安排开课时间、上课数量、实践课程、考试时间等细节，并且要充分考虑学生的其他课程、活动和工作等安排。

（4）课程表安排。根据学期教学计划，制定详细的课程表，包括每门课程的上课时间、地点、教师授课时间、授课内容等信息。如有需要，还可以加入一些自主学习或辅导时间，让学生以更为合理的时间利用学习资源。

（5）联合教学：为了满足不同学生的需求、提高英语教学效果，大学英语课程可以与国内外高等教育机构开展联合教学等形式，建立多元化的英语教育资源。

2.教学考核制度

建立教学考勤制度、课程考核制度和成绩管理制度等，确保教学活动的正常秩序和执行标准。

教学考核制度主要包括以下几个方面。

（1）教学考勤制度。建立学生考勤制度，对每一次上课的学生情况进行统计，确保学生按时按量参加教学活动。

（2）课程考核制度。制定明确的考核标准，确保课程的考核内容与教学内容相匹配，并由负责该门课程的教师进行考核。

（3）成绩管理制度。建立学生成绩管理制度，确保学生成绩的真实性、客观性和可比性，采用多种形式的考试方式，如作业、测试、期末考试等。

（4）反馈机制。建立及时反馈机制，及时向学生反馈考试成绩和考核结果，让学生们能够及时掌握自己的学习进展，根据情况做出调整。

（5）督导考核机制。设立教学督导机构，并定期进行教学质量督导和考核，监督教学活动的正常执行，并随时根据情况进行调整和改进。

3.学生管理制度

学生管理制度是高等教育机构对学生日常行为进行规范和约束的一系列制度措施，主要包括学生考勤制度、学籍管理制度、学风管理制度和奖惩制度等。以下是这几个方面的具体内容。

（1）学生考勤制度。建立学生考勤制度，对学生的课堂出勤情况进行统计和记录。并设立考勤办公室，负责考勤工作的监管和管理。

（2）学籍管理制度。建立完善的学籍管理制度，确保学生个人信息的准确性和有效性。同时，学校需要定期对学生进行学籍审核和更新，及时纠正和处理违规或虚假信息。

（3）学风管理制度。建立学风管理制度，强调学生的文明礼仪、自律自信、互相尊重等，提倡积极向上的学习态度和生活方式，以树立良好的校园文化氛围。

（4）奖惩制度。建立合理的奖惩制度，以激励学生积极参与各项校园活动和社会实践，同时发挥奖励和惩罚的作用，纠正学生的不良行为，维护良好的校园秩序。

学生管理制度是高等教育机构重要的管理手段和保障措施。建立合理的学生管理制度，对于保证学生的学习和生活秩序，提高教育质量和办学水平具有至关重要的意义。同时，需要加强制度执行力度，各项制度落实到位，并采取有效的监督机制，以保障制度的顺利实施。

4.教学督导制度

教学督导制度主要包括设立教学督导机构、明确督导次数和内容、加强对教师和课堂的监督和指导等方面。

（1）设立教学督导机构。高等教育机构应建立专门的教学督导机构，并配备专业的教学督导人员，负责对学校各类教学活动的督导与评估工作。

（2）明确督导次数和内容。教学督导机构应该明确每个学期的督导次数和督导内容，既要兼顾学校整体教学水平的提高，又要有针对性地检查教师及课程的质量水平。

（3）加强对教师和课堂的监督和指导。教学督导机构应该采用多种方式对教师和课堂进行监督和指导，如讲座、听课、评课、教案审阅等，评估教师的授课效果、教学方法和教学态度等方面。

（4）提高教学质量并及时发现问题进行调整：教学督导应该及时记录、分析并反馈问题，对于发现的问题要及时提出改进措施，并在后续监督中跟踪检查，确保问题得到彻底解决。

教学督导制度是高等教育机构保障和提升教学质量的重要手段之一。通过建立规范的教学督导工作制度、加强对师资队伍和教学过程的监督和指导，可以全面提高教育教学质量、推动学校教育事业的健康快速发展。

5.信息公开制度

信息公开制度是建立在信息公开权利基础之上，为提高教学透明度、保障师生合法权益的一种制度安排。对于高等教育机构而言，制定信息公开制度非常重要。

（1）制订信息公开条例。高等教育机构应该制订教学活动、课程安排和成绩管理等方面的信息公开条例，规范信息公开的程序和内容，并建立健全的信息公开机制。

（2）鼓励广泛的信息交流平台。应鼓励师生和社会公众在校园信息化系统、网络平台或其他人群广泛的沟通渠道上进行教学信息交流，充分利用现代科技手段，提高教学透明度和效率。

（3）加强教师和学生信息意识。加强教师和学生的信息公开意识，对于因工作需要需要接触有关客户的信息不得外传，同时保护学生个人隐私不被泄露。

（4）建立监督机制。高等教育机构应该建立健全的信息公开监督机制，及时处理反馈和投诉，以确保信息公开的真实性、准确性和完整性。

信息公开制度的建立对于高等教育机构的管理和规范非常重要。它可以增强学校的透明度，保障教育教学的质量和师生的合法权益，同时提高学校的公信力和社会形象。

规章制度是教育教学活动中不可或缺的管理手段，在保障教学质量、规范教育教学活动和规避风险方面具有重要作用。制订和实施科学合理的规章制度有利于维护教育教学秩序和正常运转，为师生创造一个稳定、公正、优质的学习环境，并能推动学校管理与服务水平的不断提升。

二、教学管理体系

大学英语教学管理体系包括了课程设置、教材使用、教师培训和评估、学生学习和考试评价等方面的制度安排。以下是这些方面的具体内容。

1.课程设置

大学英语课程应该根据不同的学习目标和现实需求划分不同的教育阶段，如初级、中级和高级等，以满足不同层次学生的需求。

2.教材使用

要求采用符合国家教学要求的教材，同时可以根据教学需要进行适当调整和补充。同时，开发多媒体教材和网络教材，充分利用各种教学资源，提高教学质量和效率。

3.教师培训和评估

大学英语教师需要接受必要的教学培训和考核，不断提高自己的教学水平和教育教学素养。对于优秀的教师可以给予表彰和奖励，鼓励他们持续改进，提高教学质量。

4.学生学习和考试评价

要建立科学、客观、公正的学生考试评价制度，兼顾考查学生英语语言水平、应用能力和交流能力等所有方面，确保评价结果具有可靠性和有效性。同时，要鼓励学生参加英语演讲、辩论、翻译比赛等活动，提高其英语运用能力和综合素养。

大学英语教学管理体系是为了规范教育教学活动的进行，提高教学效果和服务质量而建立的一套完整的制度安排。各项制度的顺利实施需要引导师生对教学过程的认识和参与，营造良好的教学氛围，最终达到提高教育教学质量和办学水平的目的。

三、进行评估、监控和反馈

对教学过程和教育教学效果进行评估和监控，并及时反馈意见和建议，以便及时改进教学质量。主要包含以下几个方面。

（1）教学评估。

通过对于教学目标、教学方法、教学效果等多方面的评估，可以及时发现教学中存在的问题并采取相应的改善措施。同时，需要建立规范的评估制度和评估指标，并定期进行教学评估，确保教学质量达到国家和地方要求的标准。

（2）教师监控。

通过对教师授课方式、教学效果等方面的监控，可以及时发现存在的问题，引导教师更好地开展教学工作；同时也是激励教师继续加强教学能力和人文素养的重要手段。

（3）学生反馈。

鼓励学生对于教学过程和效果进行反馈，收集学生的意见和建议，及时改进教学活动，同时也能让学生参与到教学质量保障的过程中来。

（4）进行评估、监控和反馈。

教学质量保障制度包括评估、监控和反馈三个方面，需要做好评估的指标体系、监控方式和反馈机制，全面提高教学质量和服务质量。

教学质量保障制度是为了提高教学质量和服务质量而建立的管理制度。通过多种手段对教学过程和效果进行评估、监控和反馈，可以及时发现存在的问题并加以解决，不断优化教学体系和提高教学质量。同时，需要强化制度执行力度，跟踪制度落实情况，确保各项制度得到有效实施。

四、提高教师素质。

注重培养和提高教师的专业知识、教学能力、教育理论和教育教学沟通能力等方面素质，以更好地指导学生。

1.制定全面的培训计划

学校应该制定针对不同层次教师的培训计划，包括基础知识、教学技能和职业素养的提高。这些计划可以来自学校内部或外部机构，在选择讲师时也需要进行审慎筛选。

2.推行教学研究与实践

鼓励教师积极参与教学研究与实践，通过多元化的教育活动，把理论融入实践中，从而更好地发现问题并解决问题，同时推动教学方法的创新和提高。

3.提供良好的教学环境支持

学校可以为教师提供各种优质资源，例如为其提供研究空间、教学设备等。此外，还可以建立教师企业家式管理模式，引导教师自主选择最佳教学方式和教学内容，为教师提供足够的时间和空间去思考和改进教学方法和教材，提高教学水平。

4.加强教师考核机制

以教学能力和教育教学素养为核心的教师考核机制可以激励教师自身成长。通过对教学水平、学术研究和社会服务等方面进行评估，及时发现不足之处，促进进一步提升教师素质。

五、重视教师和学生的参与度

注重教师和学生的积极参与和合作，通过课堂讨论、研究小组、教学观摩等方式，鼓励教师和学生建立更紧密的互动关系。

1.教师参与度

教师是教学活动的核心，他们的参与度决定了整个教学过程的质量和效果。因此，为了加强教师参与度，需要给予他们充分的资源和支持，例如提供教材、多媒体设备等，还可以组织各种培训和交流活动，让他们更好地掌握最新的教学技能和知识，提高教学水平。

2.学生参与度

学生是教学过程中最直接的受益者，其参与度不仅影响到学习效果，同时也对教师的教学产生很大的影响。因此，鼓励学生积极参与课堂活动和其他学习资源的利用，使他们在自身学习的同时能够增强自主性和创造力，发挥自我潜能，提高学习效果。

3.教学管理中注重教师和学生参与

教学管理者需要注重教师和学生在教学管理中的积极参与，加强双方之间的沟通和合作，根据双方意见调整教学工作的方向和重点。在教学过程中，管理者还要注重监督、检查和反馈，及时发现问题并及时解决。

教学质量保障制度是一个全面、多层次、灵活的管理体系，涵盖了规章制度、教学管理体系、评估监控反馈、提高教师素质和重视教师和学生的参与度等多个方面。只有在这种保证机制下，才能更有效地推动教育教学水平的稳步提升，并为加强学校发展奠定坚实的基础。

第二节　管理体系、标准和指标

教育教学管理体系、标准和指标是一套规范和衡量教学工作发展的制度和工具，其主要目的是提高教育教学质量和效果，保障师生的合法权益。以下是这些方面的有关内容。

一、教育教学管理体系

教育教学管理体系是一个完整的制度框架，它包括教育教学工作的各个环节，例如课程设置、教材使用、教师培训和考核、学生评价等方面，以确保教育教学活动顺利开展并得到有效实施。以下是涉及教育教学管理体系的主要内容。

1.教学组织

教学组织是教育教学体系中的一个核心环节，需要通过合理的组织结构、课时安排、教师资源配置和学生选课制度等规范来确保教学工作的正常开展。在建立教学组织结构时，需要考虑学校实际情况、各科目学时比例以及课程设置等因素，并遵循教育部门的相关要求。同时，在教师资源配置上，需要合理搭配不同年龄段、资历和专业背景的教师，使其能够充分发挥各自的特长。学生选课制度方面，应该为学生提供多种选择，使其有更大的自主权，同时也要确保学生选课的公平性和科学性。

2.课程设置

课程设置是教育教学管理中的重要组成部分。在确定课程设置时，需要根据教育部门下发的指示和学校实际情况，综合考虑各个因素，科学、有效地设定和调整教学计划。这样可以保证课程内容的科学性和实用性，满足不同学生的需求，为学生提供更加丰富、多样和有价值的知识和技能。此外，在课程设置方面，还应该注意不断优化和更新课程内容和形式，以适应社会的发展和变化，提高教学效果，产生最大化的效益。

3.教材使用

为了维护教育教学质量，需要认真选择和严格审定教材。在选择教材时，应该考虑到教材内容与课程设置的匹配度、教材的实用性和适应性等因素。同时，在使用教材的过程中，还应该规范教师的授课方式，减轻学生的负担，使每个学生都能得到平等的待遇。此外，要注重教材的更新换代，及时采纳新知识、新思想、新方法，促进教学效果的提升。

4.师资队伍

为了提高教师的教育教学能力，促进其专业发展，需要注重教师队伍的稳定化。在招聘方面，应该严格把关，提高教师准入门槛，筛选真正有能力、有责任心和热爱教育事业的人才。同时，在培训方面，应该着重培养教师的教育教学能力，引导教师逐步形成问题导向型的教育教学理念，增强其职业素养和人文素养，提高其综合素质。此外，在评定方面，还应该根据教师的实际表现制定科学有效的评价体系，鼓励教师积极参加各种专业评比活动，提高教师的竞争力。

5.学生成绩管理

通过学生成绩的公正、透明、客观评价，可以反映出教育教学成果，获得持续改进和优化教学过程的信息和反馈。在学生成绩管理方面，应该严格按照国家规定及学校相关制度进行管理，保持学生成绩的公正和客观性。针对有些学生可能会在考试中作弊的情况，需要采取相应的防范措施，确保考试的真实性和可信度。同时，在统计和评价学生成绩的过程中，还应该注重发现学生存在的问题和困难，及时帮助学生解决学习上的难题，提供更好的教学服务。

6.教学质量监控

建立科学有效的质量管理体系，可以对学校的教学质量进行全方位的、系统化的监控，确保教育教学工作的持续改进和提高教学效益。在建立教学质量监控体系时，需要结合学校的实际情况，建立科学的目标体系和指标体系，制定相应的监测方法和评价标准，以便及时收集、分析和反馈教学质量信息。同时，在教学质量监控方面，还应该注重对学生的学习情况、教师的教学质量和教育教学资源的利用情况等各个方面进行监督和评估。

7.管理创新

在不断完善已有管理制度的基础上，可以推广国际先进教育教学理念和技术，不断开拓教学新领域，促进就业能力培养和自主创新精神的培育。其中，推动信息技术与教育教学深度融合，开展网络课程、远程教育等教学模式创新，将有效提升教学效果和学生学习体验。此外，还应该推进多元化师资队伍建设，引入新思想、新人才，拓宽师资来源，让更多具备实战经验的人士加入到教育教学管理工作中来。

二、标准和指标

在教育教学管理工作中，需要制定一系列标准和指标，包括教育教学服务质量标准、教育教学管理水平评估指标等，在实际工作中进行应用。这些标准和指标旨在规范教育教学工作的方向、目标、方法和成果等各个方面，使其合理化、规范化、科学化，并可对教育教学工作的质量和效果进行评价和监控，反馈信息，促进教育教学质量的不断提高和优化。此外，为了适应不同时期和不同地区的需求和特点，需要不断完善和更新标准和指标体系。只有通过标准和指标的科学应用，才能够更好地推动教育教学工作的发展，提高教育质量和水平。

三、指标的建立和管理

在建立指标时，需要依据教育教学工作的实际情况、国家相关政策和标准，结合学校自身特点和目标，综合考虑多方面因素，以保证指标科学、全面、具体、可操作性强。管理指标需做到以下几点。

1.选择合适的评价标准和指标

在选择评价标准和指标时，需要从以下几个方面考虑。

（1）教育教学的目标和使命。评价标准和指标应该与学校教育教学目标和愿景相契合，有利于帮助教育机构实现其发展愿景。

（2）国家相关政策和标准。教育教学质量评价体系应该符合国家相关政策和标准，以确保其权威性和可靠性。

（3）学校自身特点和目标。教育机构的自身特点以及所处环境、学生群体等因素也应该被考虑进去。

（4）评价标准和指标的科学性与可操作性。评价标准和指标应该有明确的定义和操作方法，并且可以被测量和验证，以便进行数据分析和定量评估。

（5）合理利用先进技术工具。学校可以充分利用先进的信息技术工具和软件，如数据分析和可视化软件等，来更准确地收集和解读数据。

通过以上几方面因素的考虑，可以建立起一个科学、全面、具体、可操作性强的评价体系，为学校教育教学工作提供可行性支持。

2.协调各项资源，并形成一个完整评估体系

在协调资源时，需要牢记教育教学质量评价所需的各个方面的资源，包括人员资金、技术设备、物质资源等，并根据教育教学质量评价的实际需求进行统筹安排。

为了形成一个完整评估体系，需要将相关的评价标准和指标结合起来，考虑其相互关系，构建出一个能够全面、系统地反映出教育教学质量的评估体系。评估体系应该既有横向的，也有纵向的联系，可以检测到教育教学活动中的薄弱点、优势点和发展方向，为提高教育教学质量提供指引。

与此同时，需要确保评估体系的完整性和可操作性，依照评价标准和指标的分类和层次构建评价框架，同时制定具体的操作规程和流程，从而更好地推进教育教学质量的不断提高和优化。

3.确定评价周期和评价时间

评价周期应该是有规律的，可以根据学期、学年或任课周期等进行安排。对于不同层次或类型的教育教学活动，评价周期也应相应地进行调整。

在确定评价时间时，需要充分考虑教育教学过程中的不同阶段和特点，针对不同的评价目标和指标进行评估。比如，在期末考试之前，可对学生的学习

情况和教师的教学质量进行评价；在学期结束后，可对整个学期的教育教学工作进行总结和评估。同时，还需要充分考虑评价所需的数据收集和分析时间，并依照实际需求确定具体的评价时间节点。

定期的质量评估和监控可以帮助教育机构更好地了解教育教学质量的现状和变化趋势，及时发现问题并采取相应措施进行改进。只有合理安排评价周期和评价时间，并按照规定进行执行，才能够更好地推进教育教学质量的不断提高和优化。

4.建立符合实际情况的考核流程和方法

在建立考核流程和方法时，需要根据教育教学活动的具体特点和目标，结合评价标准和指标，制定合理的考核流程和方法。

具体来说，应该根据评价的对象、内容和目的，确定适当的数据收集方式和分析方法，包括课堂观察、学生问卷调查、教师自我评估、学生作业评估、期末考试成绩等多种数据来源。同时，还应该根据评价需要，设定评价等级或得分范围，并对不同得分区间的表现进行分类解读和具体标注，以便对评价结果进行有针对性的分析和提出相应的改进意见。

在考核流程的制定中，还应该注意流程的规范和有效性。这包括明确考核的时间和地点，确定考核实施人员的职责和工作任务，确保数据的真实可靠和统计分析的科学性等方面。

只有通过合理建立考核流程和方法，才能够更有效地了解教育教学质量的现状和变化趋势，及时发现问题并采取相应措施进行改进。

5.及时跟进、监督和反馈评价结果

及时跟进、监督和反馈评价结果是指标管理的最后一步。在教育教学质量评价结束后，应及时对评价结果进行分析和归纳，并将结果向相关人员反馈。

一方面，需要对评价结果进行全面、深入的分析和解读，找出问题所在，分析原因并提出针对性强的解决措施，为下一次评价工作提供参考。另一方面，也要通过多种方式及时向教师、学生、家长等相关人员通报评价结果，使其了解教育教学质量的实际情况；同时，还应该向学校领导和教育行政部门汇报评价结果，以便紧密结合实际情况制定有针对性的改进策略和政策支持。

除了及时反馈评价结果，还需要进行有效的监督和跟进。这包括收集和整理各项改进措施的实施情况，对执行情况进行监管和督促，及时发现问题并采取相应的整改措施。

建立及管理教育教学指标需要考虑多个方面的因素，例如教学目标、学生需求、教学资源、教师水平、学生成绩等等。需要确保指标的公正、有效和可操作性，并严格执行评估制度，及时发现不足之处并采取相应措施加以补救。

四、管理体系的落实

在建立评价标准和指标，制定评价周期和时间，建立考核流程和方法以及进行结果反馈后，需要对整个教育教学质量评价管理体系全面、有效地进行监督，确保其得到落实并产生效果。

在管理体系的落实过程中，应该注重以下几个方面。

1.资源投入

为了保证评价工作的完成，需要充分投入人力、物力、财力等资源，将教育教学质量评价纳入学校运营和管理的日常工作中。

在人力投入方面，学校可以通过明确职责、制定考核标准、设立专门岗位等措施，加强教师、管理人员及相关工作人员对教育教学质量评价工作的支持和参与，形成合作共赢的格局。

在物力投入方面，学校应该按照教育教学质量评价工作的实际需求，提供足够的场地、设备、工具、文献等物质条件，并确保其正常运转和维护。

在财力投入方面，也需要做出相应的预算规划和安排，包括评价指标的设计、数据收集和处理、信息系统建设和运营、培训和交流活动等方面，确保评价工作能够顺利开展。

只有在充分投入人力、物力、财力等资源的基础上，才能够推进教育教学质量评价工作的开展，更好地提高学校教育水平和质量，从而为学生成长提供更好的教育保障。

2.内部协调

在评价工作中，涉及多个相关部门和人员的协同配合，需要通过建立有效的协调机制和工作流程，确保信息畅通、任务落实。

首先，需要建立相应的管理制度和规章制度，明确各部门和人员的职责分工、工作流程和信息共享方式，以便对评价工作进行有效监管和管理。

其次，需要加强内部沟通和协作，开展定期会议和座谈会等活动，加强交流和互动，协商解决评价中出现的问题，并及时调整工作计划和时间表。

此外，还需要运用现代信息技术手段，建立可靠的信息系统平台，加强数据的收集、分析和共享，便于各个支持部门及时获取有关信息，为后续评价工作的推进提供基础和保障。

只有通过内部协调的有效推进，才能够更好地发挥学校各部门和人员的特长和优势，形成协同创新的局面，从而达到教育教学质量评价工作的高效开展和优质完成的目标。

3.外部对接

通过与相关政府部门、社会组织、行业机构建立紧密联系，可以形成有力的支持网络，为教育教学质量评价提供必要的资源和资金支持，推动对教育教学质量进行改进和提升。

首先，需要积极与政府部门、学术机构等相关机构建立合作关系，借助其丰富的人才资源和资金投入，开展联合研究、共同开发和项目合作等活动，实现资源共享和信息流通。

其次，需要利用社会组织和媒体平台，加强宣传推广，提高广大公众对于教育教学质量评价的认识和了解程度，便于得到广泛支持和帮助。

还需要积极参与行业领域内的学术活动、职业培训等交流活动，不断吸收新知识、新技能，提高自身的专业能力和水平。

在外部对接的积极推进下，才能够更好地发挥社会、政府等多方资源的优势和特点，形成支持教育教学质量评价工作的广泛合力，从而实现教育教学质量的不断提升和优化。

4.持续改进

只有不断完善和优化评价管理体系，才能够保障其长期有效运行，实现教育教学质量的不断提高和优化。

在持续改进方面，首先需要开展满意度调查和经验总结等活动，借鉴其他学校和相关机构的经验和成功做法，及时发现问题和不足，为后续的改进提供参考和依据。

其次，需要建立定期检查和自我评估机制，对评价管理体系进行全面、深入的审查和分析，及时发现并解决存在的问题和缺陷，强调对于教育教学质量评价工作的持续关注和投入。

还需要加强人才培养和知识更新，加强员工队伍建设，提升其理论素质和实践能力，推动评价管理工作的持续创新和发展。

通过持续改进的实践探索和努力提高，才能够更好地推动评价管理体系的优化和升级，从而为教育教学质量的不断提高和进步奠定稳固的基础和保障。

教育教学管理体系的建立不只是一项工作，它需要全体教师和学生的共同努力才能达到预期效果。学校管理部门要强化日常监管，促进管理体系的有效实施和持续改进，同时也要注重与教职工和学生成员之间的沟通和协调。

教育教学管理体系、标准和指标是确保教育教学质量的有力保障。通过建立科学、合理的制度框架，制定出可行的标准和指标，加强管理体系的落实和实施等方式，可以更好地推动教育教学工作的发展，提高工作水平和效果。

第三节　质量监控与改进机制

大学英语教学的质量保障中，质量监控与改进机制是非常重要的一环。它可以评估和监控教学过程，发现问题并及时对其进行改进，以此来提升教育教学质量。

大学英语教学的质量监控与改进可以从以下三个方面展开。

1.课程内容和教学方法的监控

在大学英语教学中，课程内容和教学方法的监控是非常重要的一环。教师可以通过多种方式了解学生对于课程内容和教学方法的反馈和建议，并及时调整和优化教学内容和方式。

教师可以通过观察学生在课堂上的表现来了解其对于课程内容和教学方法的接受程度。例如，教师可以注意学生听讲的情况、课堂互动的频率、作业完成情况等方面的表现，从而判断学生是否对课程内容和教学方法感兴趣或能够跟上教学进度。

教师也可以通过调查和问卷调查等形式收集学生对于课程内容和教学方法的反馈和建议。通过了解学生的意见和需求，教师可以更加针对性地进行教学设计和改进。此外，还可以针对学生的反馈信息，与同事交流并汲取教学经验，不断更新教学理念和方法，以适应学生的需求。

教师可以参加专业培训课程，了解最新的教育教学理念和方法，以提高自身教学能力。同时，教师也可以在教学实践中不断尝试新的教学方式和方法，以求不断创新和提高教学质量。

2.考核方式和成绩普及率的监控

在大学英语教学中，考核方式和成绩普及率的监控是非常重要的一环。教师需要针对所设计的考核方式，及时搜集学生的成绩，并进行整理和分析。

教师需要定期进行考试和测验，并记录每位学生的成绩。通过及时搜集学生成绩信息，教师可以比较充分地了解每个学生的考试表现和语言水平。同时，教师也可以在总结考试结果的基础上，评估课程效果，调整教学内容、方法和考核方式等，以便将课程设置得更加科学和合理。

关注成绩普及率也是教师必须关注的问题之一。成绩的分布应该尽可能地均衡，避免出现成绩集中在前几名的情况，这样才能够比较公正地反映学生的实际水平。当成绩分布不均衡时，教师还应该设法优化考核方式，使得成绩普及率更加合理，达到公正评价学生的效果。

教师还可以利用成绩信息来了解不同类型学生的表现情况。例如，教师可以分析高、中、低水平学生的考试成绩，了解这些学生在课程学习中存在的问题和困难，并针对性地进行教学设计和辅导，以提高学生的英语水平。

3.学生满意度的监控

在大学英语教学中，了解学生对教学质量、课程内容、教学方法等方面的意见和建议也是非常重要的一环。教师需要定期进行匿名问卷调查，以了解学生们对教学的看法和反馈，从而进行必要的改进措施。

教师应该制定好问卷调查的时间表和执行计划，并选定适当的调查工具。调查工具可以是书面或电子化的形式，根据实际情况进行选择。

在实施问卷调查过程中，教师需要向学生详细说明调查目的和流程，并保证学生信息的保密性和匿名性。这样可以让学生放心地对自己的看法和反馈进行表达，从而更加准确地了解他们对教学的看法和需求。

教师应根据收集到的学生反馈和建议，及时针对性地进行改进措施。例如，在课程内容方面，可以增加有趣和实用性强的素材；在教学方法方面，可以采用多种教学手段以满足不同学生的需求。

第四节 大学英语课程认证与评估

大学英语课程认证与评估是指对大学英语课程的质量、教学策略、教学成果进行系统、全面、客观的评估和认定。此举旨在提高大学英语教学的质量，促进教学方式、方法、效果等方面的持续改进和创新。

大学英语课程认证与评估应该注重以下几个方面。

一、认证和评估的依据

应该根据相应的国家法规和标准来制定大学英语课程认证和评估标准，包括教师执教能力、教材选择和编写、教学效果评价等方面的内容。

大学英语课程认证与评估应该依据以下几个方面来制定相关的标准和依据。

1.国家法规

应当遵循国家教育部门颁布的大学英语课程相关标准和规范，确保认证和评估过程具有可操作性、可行性和可靠性。

2.行业组织的认定标准

应参考国际上通用的英语能力标准，如欧洲共同语言参考框架（CEFR），并结合国内高校实际情况，制定相应的大学英语课程认证和评估标准。

3.教师和学生的需求和期望

教师应当关注学生的学习兴趣、学习需求和学习效果，呼应学生的期望，提高课程的针对性和吸引力。而学生则应该通过反馈和调查等方式表达自己的感受和建议，促进大学英语课程的持续改进和优化。

4.教学策略和教材选择

大学英语课程认证和评估应重视评估所涉及的教学策略和教材选择，评估教学内容的科学性、实用性、系统性和前瞻性，以确保教学方法和手段与时俱进。

在制定大学英语课程认证和评估的依据时，应综合考虑以上因素，并结合现实具体情况和实践经验确定评价目标、指标和标准。这样才能确保认证和评估始终紧密贴合实际，具有可操作性和有效性。

二、评估的方法和流程

应该采用多种方式进行考察和评估，如问卷调查、专家评审、实地观察、教学记录等，确保评估结果真实、可靠。具体方法和流程如下。

1.问卷调查

可以采取定向或非定向问卷，对不同群体进行有针对性的调查。定向问卷通常是为了了解某个具体问题的情况，如某项教学内容、某种教学方法等；而非定向问卷则更注重收集被调查对象的全面意见和想法，从而帮助评估人员深入了解学生、教师和管理员对于大学英语课程的看法和需求。问卷调查是快速、经济且易于获取数据的一种方法，可以提供可量化的评估结果，同时也允许被调查者表达自己的观点和感受，是一种比较客观和有效的评估方式。

2.实地观察

在评估过程中，评估人员可以亲自到教室内对教师的上课情况进行直接观察，记录教师的讲解方式、课件内容、教学氛围等细节，并按照教学标准系统化盘点考核各个环节。通过实地观察，评估人员可以更加全面、直观地了解教学活动的具体流程和现场情况，从而更有针对性地提出具体的改进建议，有助于进一步推进大学英语教育质量的提升。同时，实地观察也需要评估人员有一定的专业知识和评估经验，因此评估人员的素质和能力也是评估工作的关键之一。

3.教学记录

教师需要对自己每一次授课进行记录，包括备课笔记、上课记录和成绩统计等信息。教学记录不仅可以帮助教师总结和反思自己的教学方法和效果，还可以作为教育质量保障和责任追究的依据。通过教学记录，评估人员可以更加清晰地了解到教师在教学过程中所采用的具体方法、手段和策略，同时也能够客观地评估教师的教学效果和学生的成绩情况。另外，教学记录还方便了教师之间的交流和合作，促进教师的教学水平和教育资源共享，从而推进大学英语教育质量的不断提升。

4.学生成绩分析

通过对学生成绩进行系统分析和比较，可以深入了解课程的教学效果和学生的学习状况。在分析过程中，评估人员应重点关注哪些学生表现比较好、哪些学生表现不理想以及存在的原因和规律。通过对学生成绩的统计和分析，评估人员可以找出教学中存在的问题和弱点，针对性地提出改进建议，帮助教师改善课程设计和教学方法，提高教学质量和效果。另外，学生成绩分析还可以为学校制定教育政策和发展战略提供数据支持，有助于学校更好地调整教学计划和目标，推进大学英语教育的实现。

5.专家评审

可以邀请相关领域的专家参加评估过程，提供专业性建议和意见，确保评估的科学性、公正性和可靠性。通过专家评审，评估人员可以了解到最前沿的教育研究成果和趋势，同时还可以收集到不同领域的专家所持有的各种观点和建议，有助于评估人员更准确地判断和评价大学英语课程的质量和效果。

另外，在邀请专家评审的过程中，也需要注意选择权威性高、经验丰富、熟悉当前教育形势和政策的专家，以确保评估结果的可信度和有效性。同时，专家评审还可以促进教育界之间的交流和互相借鉴，提高整个大学英语教育水平和质量，从而更好地服务于学生和社会的发展需求。

大学英语课程评估应该采用多种方法进行考察和评估，从不同角度对教学质量进行全面、深入的监测和评估，以期发现问题，并提出科学、合理的改进方案。

三、结果反馈和改进

针对评估结果，及时对问题进行发掘、总结，制定合理的改进计划，并加以落实和监督。

在大学英语课程认证和评估中，需要各相关教育部门、行业组织、学校、教师和学生通力合作，确保认证和评估的公正性、客观性和重要性，促进大学英语教学质量水平不断提高。

具体包括以下几个方面。

1.及时总结和分析

在评估过程中，评估人员应当根据收集到的各种信息和数据对评估资料进行总结和分析，找出问题所在，并确定具体的改进措施。及时的总结和分析有利于详尽地了解教学质量和掌握教学现状，发现存在的问题并制定针对性的改进计划。同时，在总结和分析中还需要结合当前的教育形势和政策，从而更好地推动大学英语教学质量的提高。另外，及时的总结和分析还可以让评估人员或者教师及时调整教学方法和策略，与社会需求接轨，为学生提供更符合实际需要的英语教育服务。

2.建立问题反馈机制

通过问卷调查、专家意见等方式，将评估结果及时地向教师和学生反馈，从而激发整体学习和教育质量的持续改进。问题反馈机制不仅可以让教师了解自己的教学效果和学生反应情况，还能够反过来帮助学生更好地适应实际需求和提高英语水平。

在建立问题反馈机制时，应当注重反馈内容的具体性、针对性和可操作性，以便于教师、学生和管理者都能够清晰地了解到存在的问题和改进方向。同时，还应当注重反馈结果的公正性和可靠性，确保评估结果的客观性和科学性。最终，通过建立问题反馈机制，可以推动大学英语教育的不断完善和提高，为学生提供更好的英语学习环境和服务。

3.制定合理的改进计划

针对评估结果，评估人员应当制定相应的改进计划，明确改进目标、措施和时间节点，并且确保改进措施的可行性和有效性。改进计划应当具体、有针对性和可操作性，以便于教师能够清晰地了解到改进方向和目标，并且可以安排合理的教学策略和计划，提高教学效果和质量。同时，在制定改进计划的过程中还需考虑当前的教育政策和社会发展变化，充分调研市场需求和人才培养目标等因素，使得改进计划更加符合实际情况和学生需求。

4.加强教师培训

建立全面的师资队伍培养体系，为教师提供更多资源和技能支持，可以帮助他们将自己的知识和经验转化为更好的教学成果，并且适应新时期英语教育的需求。

在加强教师培训方面，需要注重以下几点：一是提高教师的专业素养和技能水平，包括语言表达、课程设计、教学方法、教学评估等方面；二是加强教师的师德师风建设，强调教师的职业道德和责任感；三是注重教师的现代教育理念培养，使其能够适应新时期的教育形势和需求；四是利用现代信息技术手段，为教师提供更多教学资源和技术支持，如在线课堂、数字化教学工具等。

5.关注学生需求

积极开展课堂测试，收集学生的反馈和建议，可以帮助评估人员更好地了解新一代大学生英语学习的特点和趋势，从而更好地满足学生的需求。

在关注学生需求方面，可以采取以下措施：一是积极参与课堂测试和期末考试等评估活动，收集学生的表现和反馈情况；二是开设教学问卷调查和讨论会，征求学生的意见和建议；三是结合学校规划和发展需求，制定符合当代大学生需求的英语课程目标、内容和形式；四是利用现代教育技术手段，为学生提供个性化的学习资源和服务。

通过关注学生需求，可以促进大学英语教育质量的不断提高，同时也有助于提升学生的学习兴趣和积极性，增强他们的英语应用能力和竞争力，最终更好地适应社会发展需求和就业市场的变化。

通过以上措施，可以及时反馈评估结果和问题，制定能够解决问题的改进措施，并监督、实施和落实改进计划，在持续改进过程中推进大学英语教育质量的提升。

大学英语课程认证与评估是推动大学英语教学改进、提升的有效途径。只有在认真实施和规范管理的情况下，才能更好地达到提高教育质量、增强竞争力、培养人才的目标。

第八章　跨文化交际与大学英语教学

跨文化交际是大学英语教学中不可忽视的重要组成部分。随着我国国际地位不断提高，跨文化交际也变得越来越重要。大学英语课程需要培养学生的跨文化意识和跨文化交际能力，使其能够与不同文化背景的人有效沟通和交流。

第一节　跨文化交际的概念和重要性

跨文化交际是指在不同文化背景下，人们之间进行的交流和相互理解。不同的文化背景会影响人们的思维方式、价值观、行为规范等方面，因此跨文化交际需要考虑到这些差异性，以便于进行有效的沟通和交流。跨文化交际是一个复杂而广泛的概念，涵盖了语言、文化、社会心理学等多个领域。跨文化交际在当今社会中变得越来越重要，有以下几个方面的原因。

一、全球化的趋势

全球化指的是世界范围内各种社会、文化、经济和政治等方面的相互联系和交流程度不断加深的趋势。全球化的趋势在近几十年来呈现出了显著的增长。

在经济领域，全球化体现在国际贸易、跨国投资、跨国公司和金融市场等方面。随着科技的进步和信息技术的快速发展，全球范围内的商品、服务、人才和资金流动得以更为便捷地实现。此外，一些国际经济组织和多边贸易协议的签署也促进了经济全球化的进程。

在文化方面，全球化体现在文艺作品、传媒影响、旅游及移民等方面。世界各地的文化元素正逐渐融合，也有助于加强相互理解和认知。通过传媒平台的普及，人们可以更好地了解其他国家和地区的文化及其生活方式。

在政治方面，全球化体现在国家间的合作与互助关系上。许多国家之间建立了联盟和组织，例如联合国、世界贸易组织和世界卫生组织等。这些组织通过进行合作与沟通，为全球化的进程提供了必要的政治支持。

随着全球化的不断推进，各国间的联系和交流将更加紧密，但也需要我们在全球化的进程中认识到其中存在的问题和挑战，并共同探索解决方法。

二、多元文化社会的出现

随着全球化进程的加速，人类社会已经逐渐成为一个多元文化的社会。多元文化社会指的是由不同地区、不同民族、不同宗教和不同文化背景的人们组成的社会。这些不同文化之间的相互影响和交融，使得我们可以更加了解和尊重其他文化。多元文化社会的出现与以下因素有关。

1.移民

移民是多元文化社会形成的主要原因之一。随着世界各地的政治、经济和文化交流不断加强，越来越多的人选择在不同国家和地区生活和工作。移民带来了不同背景和文化的融合和冲击，推动了多元文化社会的发展。

2.全球化

全球化进程也使得不同地区、不同国家之间的文化相互渗透和影响。通过网络技术和社交媒体等工具，人们能够更轻松地了解和接触其他文化，使得文化多样性得到更好的体现。

3.多元种族、语言和信仰

许多国家和地区拥有不同种族、语言和宗教信仰的人群。这些多样性使得社会更加丰富多彩，也促进了不同文化之间的交流和融合。

在多元文化社会中，相互理解与尊重是建立和谐社会关系的基础。因此，人们应该重视文化多样性，并通过多种方式进行文化交流和接触，从而形成一个更加包容和开放的社会。

三、教育与就业需求

跨文化交际能力已经成为许多教育和就业机构对学生和员工的基本要求。因此，拥有跨文化交际能力的人在就业市场中具有更大的优势。教育和就业需求之间存在着紧密的联系。教育提供了培养人才的机会和平台，为社会经济的发展提供了有力支撑。同时，就业市场也对教育提出了相应的要求。

1.教育对就业的影响

教育能够促进个人的职业发展并增强其就业竞争力。高素质的受教育者能够获得更多的就业机会并有更大的升职空间。而低素质的人群往往会面临就业困难的问题。

2.就业对教育的影响

就业市场的变化和就业岗位的需求也对教育提出了要求。例如，在新技术不断涌现的时代，市场需要掌握相关技能和知识的人才，因此教育也需要关注这些新技术，从而培养更符合市场需求的人才。

教育与就业是相互依存的关系。教育必须根据就业市场的需求进行调整和改革，以提高受教育者的就业机会和竞争力。同时，就业市场也需要向教育界传递相关的需求信息，以便教育机构能够更好地调整自己的课程设置，培养符合市场需求的人才。

跨文化交际是当今社会中非常重要的一个方面。对于英语学习者而言，提高跨文化交际能力可以帮助他们更好地了解不同文化背景下的思维方式、行为规范和价值观念，从而增强自身的国际视野和竞争力。

第二节　跨文化交际在大学英语教学中的应用

跨文化交际是指在不同文化背景下进行有效沟通和交流的能力。在大学英语教学中，应用跨文化交际可以帮助学生掌握正确的语言用法、了解不同文化之间的差异及其影响，并提高他们的跨文化交际能力。具体而言，大学英语教学中应用跨文化交际可以体现在以下几个方面。

一、教授文化知识

随着全球化的趋势和跨文化交际的不断增加，英语作为国际通用语言，其应用场景也越来越广泛。因此，学生需要了解不同文化的差异性和交际方式，才能更好地应对各种交流情境和挑战。

在教材选择上，可以采用涵盖不同国家和民族的文化知识，如美国、英国、中国、日本等，以便让学生了解不同文化之间存在的差异和联系。此外，多媒体资源也是非常有效的辅助教学手段，如图片、视频、音频等，通过这些形式的呈现，学生可以感受到其他国家的人们在日常生活中的交往方式、社会习惯，等等。

教师还可以引导学生从文化差异的角度出发，对英语的语法、修辞、表达方式等进行深入剖析，使学生更好地理解英语的实际运用背景和意义。在教学过程中，也可结合案例分析和讨论，思考现实交际中可能存在的问题，并给予指导和启示。

教授文化知识是大学英语教学的重要一环。通过系统学习和了解其他文化，学生可以更好地运用英语进行交流和表达，增强跨文化交际的能力，为未来的职场和社交提供有力的支持。

二、提供真实情境

在大学英语教学中，提供真实情境可以使学生更好地体验跨文化交际的场景，加深对其他国家和民族文化的了解，同时也可以锻炼学生在实际情境中应对问题的能力。

举例来说，商务会议是一个比较常见的跨文化交际场景。通过模拟商务会议、谈判等情景，教师可以让学生了解到不同国家和民族的商务习惯和礼仪，如何进行商务谈判、如何做出正确的决策等等。这种情境模拟还可以借助多媒体或虚拟现实技术进行，提高学生的参与度和体验感。

旅游交流则是另一个值得考虑的跨文化情境。通过模拟旅游交流，让学生了解不同文化之间的差异性和联系，例如交通工具的使用方式、饮食文化等，并帮助学生掌握相关词汇和表达方式。

教师还可以结合实际情境，组织学生进行户外拓展活动、社区服务等，让学生在实践中体验和应用英语，从而增强跨文化交际的能力。

通过情境模拟和实际应用，可以帮助学生更好地了解其他文化的差异性和联系，并锻炼他们在跨文化交际中的能力和技巧，为未来的职场和社交提供更好的支持。

三、鼓励互动交流

在大学英语教学中，鼓励互动交流可以让学生更好地了解其他国家和民族的文化背景，并培养他们的团队协作能力和跨文化交际技巧。

教师可以设计一些小组或团队合作项目，让学生间进行交流、合作，在活动中分享自己的文化经历和观点。比如，可以提供一些话题，让学生以小组为单位进行讨论，探究不同文化之间的异同点；又比如，可以设立一个文化分享平台，让学生在其中发布、交流自己的文化思考和感想。

鼓励学生参加文化演讲比赛、文化节等活动，让他们在舞台上展示自己的才华和文化素养，并借此机会与其他国家和民族的学生进行交流和互动。

教师还可以组织实地考察、文化交流等活动，让学生亲身体验不同国家和民族的文化氛围和习惯，加深他们对其他文化的了解与认识。

通过小组合作、文化分享、实地考察等多种形式的活动，可以让学生更好地了解其他文化，增强跨文化交际能力和团队协作意识，以促进职业和社交发展的未来。

在大学英语教学中应用跨文化交际可以帮助学生提高语言和交际能力，增强对其他文化的理解和包容性，同时也有助于培养全球化背景下的人才。

第三节　解决跨文化沟通障碍的策略和方法

跨文化沟通障碍是指由于不同国家、地区的人们在语言、文化、价值观念等方面存在差异而造成的沟通困难。为了解决这类问题，有以下几个策略和方法。

一、学习目标文化的语言和礼仪

不同的国家和地区有着不同的习俗和文化背景，这可能会导致误解和冲突的发生。因此，我们需要花时间学习和理解其他文化，以便在与他人交流时更有效地沟通。

学习目标文化的语言可以使我们更加清晰地表达自己的意思，并理解对方想要传达的信息。在学习语言时，我们需要关注文化中独特的词汇和表达方式，以及语法结构和发音等方面。当我们能流利自如地说出对方的母语时，就能够建立更加亲密和融洽的关系。

熟悉目标文化的礼仪也是至关重要的。不同的国家和地区有着截然不同的社交规则和礼节。如果我们不了解这些规则，可能会造成尴尬甚至失礼，导致交流受阻甚至失败。例如，在中东国家，左手被认为是不洁的，因此它不能用来吃饭、握手或递东西。如果你不了解这个文化差异，在与当地人交流时可能会无意识地使用左手，这会被看作是一种极度不尊重的行为。因此，我们需要在交往前做好充足的功课，了解当地的礼仪规范和文化特点，以避免犯错或者冒犯对方。

通过学习目标文化的语言和礼仪，我们可以更好地理解对方的想法和文化背景，并且避免因为文化差异而导致的误解和冲突。这有助于建立良好的跨文化关系，并促进更加高效和有效的跨文化交流。

二、尊重差异性

随着全球化进程的加速，不同的文化之间的交流变得越来越频繁，而尊重差异性则成了处理这些交流的必要条件。只有当我们尊重他人的文化和观点时，才能建立起互相信任的关系，从而达成更好的合作和友谊。

在现实中，我们常常会受到自己的文化背景和思维惯性的影响，难以真正做到尊重差异性。因此，我们需要不断学习、开放心态，认识其他文化的优点和特点，理解他人的观点和行为，并在实践中加以尝试。只有这样，我们才能真正做到倾听、包容、接纳并尊重他人的文化差异。

尊重差异性是建立人际关系的关键所在。无论我们处于什么样的环境，都应该始终保持开放和包容的心态，学会欣赏不同文化的美，以此来拓宽自己的视野，提升自己的人际交往能力。

三、保持开放心态

保持开放心态是一种非常重要的个人素质，能够帮助我们更好地理解他人、与他人交流、并在协作中取得更好的效果。在日常生活中，往往会遇到各种各样的问题和挑战。如果我们能够以积极、开放和耐心的态度去面对这些问题，那么我们就能更加深入地了解问题的本质，并更好地找到解决问题的方法。

在处理人际关系时，保持开放心态同样非常重要。不同的人拥有不同的生活背景、价值观和性格，他们对待同一个问题可能会有完全不同的看法。如果我们只顾自己的想法，而不愿意认真倾听他人的观点，很容易给人留下封闭、固执的印象，进而影响到彼此之间的信任和友谊。因此，保持开放心态，允许他人分享他们的观点和感受，同时也表达自己的想法和需求，能够促进同理心和相互理解。

保持开放心态是一种具有重要意义的人生态度。在处理各种问题和人际关系时，我们都应该以积极、开放和耐心的态度去对待，以此来拓宽自己的视野，提高自己的思维能力，更好地实现自我价值。

四、避免使用俚语和难以理解的词汇

在交流中，使用俚语和难以理解的词汇可能会给跨文化交流带来一些困难。因为不同的文化背景和语言环境，可能导致对这些词汇的理解不同。有时候，一个看似简单明了的表达在不同文化中却有着不同的含义，而这种误解有可能引起沟通上的问题。所以，在交流中，我们需要尽量使用简单、清晰易懂的语言，避免使用俚语和难以理解的词汇。如果必须用到这类词汇，建议先了解对方的文化背景和语言环境，以确保信息传递的准确性和有效性。在跨文化交流中，如何使用简单、清晰易懂的语言进行沟通是非常重要的，这有助于提高沟通的效率和质量，避免不必要的误解和误导。

五、建立良好的跨文化沟通模式

建立良好的跨文化沟通模式，可帮助建立有效的跨文化交流，并避免由于文化差异所引起的误解和沟通障碍。不同的文化背景和语言环境会影响人们的行为准则和需求，因此在建立跨文化沟通模式时，我们需要了解对方的文化背景、沟通偏好以及社交习惯等。例如，在某些国家，个人间的面对面沟通可能比电子邮件或书信更受欢迎，而在其他国家，则更倾向于使用传统文化方式进行交流。此外，我们还应该尽量避免使用特定语言、俚语等对他们可能不熟悉的语言和文化元素，以免产生误解。在与跨文化团队合作时，建议明确任务分工和职责范围，以确保任务质量和沟通效率。建立良好的跨文化沟通模式非常重要，可以帮助我们实现有效的跨文化交流。这需要我们深入了解对方的文化背景和行为准则，以及对各种沟通方式和方式的认知。

了解目标文化的基本知识，并表现出尊重和包容的态度，可以缓解跨文化沟通障碍并增加相互理解。

第四节　发展学生跨文化交际能力的实践探索

随着经济全球化的加速和国际交流合作的不断深入，培养学生跨文化交际能力已成为高校教育的重要任务之一。为此，有必要在教学中注重实践探索，提高学生的跨文化交际能力。

（1）通过课程设置、教材编写等途径，强化学生对其他文化的了解和认识，并引导他们尊重和包容其他文化差异。例如，开设针对不同国家文化特点的主题讲座、安排真实跨文化交流情境模拟、提供国际交流或实习机会等，这些都可以让学生感知到不同文化背景下人们的思维方式、生活习惯与价值观念等，在实现自身跨文化能力水平的提升的同时，也增进彼此之间的沟通理解。

（2）可以借助语言实践活动，强化学生的语言交际能力。例如，组织学生定期参加英语角、中外文化交流活动、留学生论坛等，使得学生能够自由舒适地运用语言进行跨文化交流。通过这些活动，不仅能够提高学生的语言交际能力和跨文化意识，同时也有利于拓宽学生的国际视野和人际交往圈子。

发展学生跨文化交际能力需要教学与实践相结合。通过多种途径引导学生了解其他文化，尊重并包容其他文化差异，并加强语言实践活动等方式，提高学生的跨文化交际技能。这些探索都是具有创新性与实用价值的，在未来我们应不断总结前行，进一步开拓教育实践的新思路。

第九章　在线教学环境下的大学英语课程设计与实施

第一节　课程研究背景、目的和内容

一、课程背景和目的

随着信息技术的快速发展，网络环境下的在线教学已经成为大势所趋。然而，在线教学与传统教学相比，具有其独特的特点和优缺点，如何针对在线教学环境进行课程设计和实施是当前教育界面临的挑战。

本研究旨在探讨如何在在线教学环境下设计和实施大学英语课程，以提高学生的英语水平和交流能力，培养学生的自主学习和团队合作精神，并提出有效的教学策略和方法。

二、总体规划和课程内容

确定大学英语在线教学课程的教学目标是确保学生能够在语言技能、知识水平和认知领域方面有所提高。为此，需要针对不同的学习阶段和目标制定相应的教学目标，包括英语听说读写各个方面的语言技能，专业术语和句型的熟练掌握，快速阅读理解和分析能力的培养等。

在确定教学方法时，需要充分利用网络为教学带来的便利和互动性。例如，可以通过网络课堂直播、在线讨论和作业提交等方式实现与学生的互动，加强学生的自主学习能力。同时，还可以采用多媒体教学、游戏化教学等方式提高教学效果和趣味性。

在确定评价方式和教学计划时，应该注重对学生学习效果的量化和定量分析。具体而言，可以采用在线测试、作业评分和小组案例分析等方式对学生进行全方位地测评，以确保教学目标的达成。同时，需要在教学计划中详细安排每节课的教学内容和任务，以有效推进教学进度。

　　针对在线教学环境，设计灵活多样的教学资源是非常重要的，因为这可以帮助学生们更加有效地学习。为此，可以利用多种教学资源和工具，如视频、音频、图文资料等。

　　在使用视频方面，可以录制并上传有关课程内容的讲解、案例分析和实例操作等，在线课堂直播也是一种很好的方式，可以让学生实时观看教师授课。

　　在音频方面，则适合于提供互动性较弱且讲解内容较为简单的内容。例如，语法知识点的解释、阅读材料的朗读等。

　　在图文资料方面，应该尽可能多地利用各种类型的图片、PPT、PDF 等资料，以便向学生展示更多的细节和内容。同时，通过网络搜索和采集优质的课件素材，也能够丰富教学资源，提高教学效果。

　　针对在线教学环境，设计灵活多样的教学资源不仅可以吸引学生的注意力，还能够提高教学的趣味性和互动性，帮助学生更好地学习英语。

　　在课程中引入互动式教学，鼓励学生参与在线讨论、小组合作和互评等活动，培养学生团队合作和交流能力。

　　在现代教育中，互动式教学是一种越来越受欢迎的教学方式。它可以激发学生的学习兴趣，提高他们的学习效果。通过引入互动式教学，教师可以鼓励学生参与在线讨论、小组合作和互评等活动，这有助于培养学生团队合作和交流能力。在课堂上，教师可以利用各种工具和技术，例如投影仪、电子白板、在线平台等，创造一个互动式的学习环境。这样的学习环境能够促进学生的思维和创造力，并且让学生更加积极地参与到学习中来。此外，教师还可以设计各种任务和项目，让学生在小组中合作完成。这样不仅可以锻炼学生的团队合作和沟通能力，还可以提高他们的问题解决和创新能力。

　　通过定期考核学生对知识的掌握情况，教师可以及时发现学生的不足，并根据实际情况调整教学计划，从而提高课程的教学效果和学习质量。同时，作业和测试还可以激励学生积极参与到学习中来，提高他们的学习兴趣和动力。在课程设计过程中，教师应该合理安排作业和测试的难度和数量，并及时反馈学生的表现，鼓励他们发挥潜力和继续努力。另外，定期的作业和测试可以帮助教师评估自己的教学效果，及时发现和改进自己的不足之处。

　　在线教学环境下的大学英语课程设计与实施需要根据学生的需求和特点制定详细的教学计划，并采用灵活多样的教学方法，以便使得学生在网络环境下轻松愉快地学习英语。

第二节 教学设计

一、课程目标和内容

对于线上授课，目标和内容的设计需要考虑到学生在远程环境下的特殊需求。以下是一些可能需要考虑的要素。

1.教学任务

为了使教学任务更具体、明确，帮助学生达到预期目标，需要采取一系列有效的教学策略和方法。

（1）制定详细的课程计划，明确每个教学单元的主要内容、目标和评估方式。

（2）采用多种教学手段和资源，如小组讨论、课堂演示、实验探究、在线互动等，以提高学生的参与度和学习效果。

（3）关注学生个体差异，采用差异化教学策略，对不同水平的学生给予不同的支持和指导。

（4）强化语言技能的培养，加强听、说、读、写四个方面的综合训练，提高学生的语言表达和交流能力。

（5）注重知识的建立和巩固，采用反复强化、前后联系、整体理解等教学方法，帮助学生建立扎实的知识体系。

2.词汇量

课程的词汇量是一个关键问题，对于学生的语言学习和发展非常重要。在确定课程的词汇量时，需要考虑以下因素。

（1）根据学生的水平和授课难度来确定课程的词汇量。对于初学者或低级别学员，应注重基础词汇的学习，通过词汇的反复训练和强化，帮助学生掌握日常生活和职场中必备的基本单词和短语。而对于高级别学员，则需要着重强化专业性词汇以提高其语言实用价值。

（2）采用多种教学方法和手段来帮助学生有效地学习和记忆词汇。比如，可以通过图片、视频、语音等多媒体资源来呈现和巩固词汇，也可以通过互动游戏、角色扮演等方式来激发学生的兴趣和积极性。

（3）需要注意词汇教学的连贯性和系统性，即使针对不同的学习阶段和目标，也需要确保词汇的学习和应用是有机衔接的，避免出现应试性、零散化的教学现象。

课程的词汇量应根据学生水平和授课难度来确定，并需要采用多种有效的教学手段和方法帮助学生记忆和巩固词汇。

3.听说读写技巧

语言技能中的听说读写是相互联系、不可分割的，需要进行全面的训练和提高。特别是在远程学习环境下，由于缺少与老师和同学面对面交流的机会，要加强口语练习和反馈机制，从而更好地培养学生的良好语言应用能力。

关于听力技巧，学生需要通过大量的听力训练来提高自己的听力水平。教师可以通过听力材料、课堂实例等方式来呈现多样化的声音，帮助学生逐渐掌握不同场景下的听力技能。

关于口语技巧，学生需要通过大量的口语训练来提高自己的口语表达能力。教师可以采用角色扮演、辩论、演讲等形式来激发学生的口语兴趣和积极性，同时及时给予反馈和指导。

关于阅读技巧，学生需要通过大量的阅读训练来提高自己的阅读能力和语感。教师可以引导学生运用各种阅读方法和策略，如推理、概括、归纳等，帮助他们快速理解和把握阅读材料的本质。

关于写作技巧，学生需要通过适量的写作训练来提高自己的语言表达能力和文笔水平。教师可以引导学生掌握写作技巧、结构和格式，同时为学生提供充足的写作指导，并及时给予反馈和评价。

要培养学生良好的语言应用能力，需要对听说读写各个方面进行全面的训练和提高。特别是在远程学习环境下，要加强口语练习和反馈机制，从而更好地满足学生的学习需求。

4.独立学习能力

由于在线教育的高度自主性和灵活性，学生需要掌握如何管理时间和学习方法，以确保他们能够有效地掌握所学内容。因此，课程设计中应该注重培养学生的独立思考和解决问题的能力，并提供相关技巧和资源来帮助他们掌握学习过程。

学生可以通过灵活的时间管理来充分利用自己的时间。例如，学生可以在最有效的时间段内安排最困难的任务，或者将任务划分为较小的部分，以使学习更加高效。此外，学生还可以通过录制笔记、整理知识点等方式来加深对所学内容的理解和记忆。

课程设计中还应该兼顾学生的个性差异，并根据不同类型的学生提供相应的支持和指导。例如，一些学生需要更多的鼓励和激励来保持学习动力，而其他学生则需要更多的自主权和选择权来控制学习进度。

在线上授课中，培养学生的独立学习能力是一个长期的过程。教师应该在课程设计中注重培养学生的独立思考和解决问题的能力，并提供相应的支持和指导，以使学生能够更加有效地掌握所学内容。

二、教学资源

针对线上教学活动，以下是一些常见的教学资源和工具。

1.在线视频

除了使用 YouTube、Bilibili 等在线视频平台，老师还可以选择其他适合自己及学生的视频平台。此外，老师可以通过录制和上传自己的视频来提高课程的针对性和个性化，并将教材内容生动形象地呈现给学生。在视频中，老师不仅可以进行课堂讲解和演示，还可以分享案例、分析问题，给学生更多启发和思考空间。通过这种方式，老师可以更好地引导学生掌握知识，同时也能激发学生的兴趣和学习热情。

2.音频

老师可以使用录音设备制作语音库，录制口语练习、听力测试、发音讲解等音频教学内容。通过这种方式，学生可以在不受时间和空间限制的情况下进行学习，并且可以多次重复听课，巩固知识点，提高自己的听力水平和口语表达能力。同时，这种教学方式也可以帮助学生更好地理解和掌握教材内容，培养学生的语感和语音感觉，从而提高语言交际能力和学习效果。音频教学是一种很有前途和潜力的教育模式，可以用于各个年龄段，各个科目的教学中。

3.动画和互动教材

动画和互动教材是一种非常生动有趣的教学方式，可以提高学生的吸收、参与度和效益。比如利用 PPT、Prezi 等工具，老师可以设计图表、流程图、幻灯片等动态教材，让学生在视觉上更加直观地理解和掌握知识点，同时也可以通过音频和视频等多媒体手段来帮助学生更好地理解和记忆内容，使课堂更加生动有趣。

包括 Flash、HTML5 等技术的互动教材则可以帮助学生更好地参与到课堂中来。通过设计交互式小游戏、在线测试等方式，老师可以激发学生的学习兴趣，增强学生对知识的掌握和记忆，同时也可以方便老师对学生学习情况进行及时的反馈和跟踪，以便更好地指导学生。

4.游戏化学习

可以通过 Quizlet、Kahoot 等在线游戏平台，以单词卡片、抗拒训练、角色扮演、智力竞赛等多种形式，激发学生的学习兴趣，提高学生对知识点的理解和掌握程度。

比如使用单词卡片进行游戏，可以帮助学生更好地记忆单词和短语；抗拒训练则可以培养学生的应变能力和快速反应能力；角色扮演则可以让学生深入了解不同文化和历史背景下的人物和事物；而智力竞赛则可以检验学生对知识点的理解和运用能力，同时也可以促进学生间的竞争和交流。

通过这些游戏化学习形式，老师可以调动学生的积极性，提高学生的学习效果，并且还可以在游戏中获得快乐与成就感。因此，游戏化学习是一种很有前途的教育模式，可以为学生的学习之路带来更多的欢乐和启示。

5.视频会议、聊天工具等

视频会议、聊天工具等在线教学工具，让远程同步教学成为可能，大大地方便了老师和学生之间的交流和协作。比如 Zoom、Teams、Skype 等在线视频会议工具，可以让老师在不受时间和空间限制的情况下进行课堂讲解和互动交流，并且还可以使用共享屏幕等功能，使学生更好地理解和掌握知识点。

结合网络聊天工具如 QQ 群、微信群等，则可进行随时答疑解惑、互动交流等方式，加强老师和学生之间的沟通，提高学习效果。通过这些工具的使用，老师可以灵活地布置作业、组织线上小组活动等，促进学生的思维碰撞与互动。

6.课程管理平台

课程管理平台是一种非常便捷和高效的教育工具，如 Blackboard、Moodle 等，可以创建在线课程站点，方便老师发布公告、作业、测试、资料等各种教学资源，并且还提供了学生成绩、反馈和统计等多种功能。

通过这些平台，老师可以实现课程在线化、数字化，让学生随时可见、随时学习。老师可以灵活地设定课程计划、布置作业、设计测试等操作，并在平台上进行及时的反馈和指导，提高学生的参与度和学习效果。同时，学生也可以通过平台浏览和下载教学资源、提交作业和参加线上讨论，促进彼此之间的合作和交流。

　　课程管理平台还拥有安全稳定的数据存储系统，能够保证数据不会丢失或遭受破坏。因此，课程管理平台是一种全面而便利的教育工具，在现代信息技术的支持下，为学生和老师提供了更广泛的学习空间，推动教育教学的数字化、智能化发展。

三、教学模式

　　教学模式可以分为传统的面授教学和现代的在线教学。在线教学通常提供在线课堂，老师可以通过网络控制整个课堂，包括布置任务、检查作业、管理学生等等。这种教学模式可以让学生在家中就能获得学习的机会，并有助于学校节省物资开支。同时，老师也可以针对学生的不同需求进行差异化教学，提高学生的学习效果。

　　另外一种教学模式则是鼓励学生自主学习，对于这种模式来说，学校可以提供一些学习资源，如网络课程、读物或视频等等，让学生在个人时间内独立完成学习任务。这种教学方式强调学生的独立思考和合作能力，促进他们在学习过程中的自我发现、解决问题和创新能力。

四、考核与评价

　　课程考核方式的确定需要考虑多方面因素，例如课程目标、教学内容、学生学习方式等。一般来说，考核方式应该与教学目标相对应，并能够全面、准确地评估学生的学习成果。

　　一般来说，考核方式可以包括测验、论文、口语演讲等多种形式。其中，测验是最常见的考核方式，因为它能够快速、简便地评估学生的掌握情况。论文和口语演讲则能够更全面地评估学生的知识水平和能力。

　　在确定考核方式时，还需要考虑到学生的个体差异，给予合理的适应性考核安排，确保考核公正、公平。同时，在确定考核方式之前，应提前告知学生考核内容、形式和时间安排，以便学生做好学习计划和考试准备。

五、学习支持

1.及时解决学生遇到的问题

学生在学习中可能会遇到各种问题，比如理解困难、作业难以完成等。为了帮助学生顺利完成学业，教师和学校应该尽快回复学生的问题并给予指导。

2.在线辅导服务

在线辅导可以为学生提供更加方便、灵活的学习方式。学生可以在家里或者任何有网络的地方接受辅导，不必花费额外的时间和精力去到指定的学习场所。此外，学生还可以通过在线辅导得到更多的个性化指导和反馈。

3.无障碍学习环境

学习支持使学生能够在教学环节中无障碍地完成学业。这意味着学校需要提供适合各类学生的学习环境，并采用包括语音识别、屏幕阅读器、音频描述等技术来提高学生的学习体验。

第三节　教学实施

第一周：开学介绍

在这一阶段，教师需要向学生介绍本门课程的重要性、课程概述以及教学计划。此外，教师还需向学生介绍在线教学平台并提供相关的使用说明。针对学生自主学习的特点，鼓励学生参与班级讨论群并建立起良好的沟通与互动关系。

第二周至第六周：语音与听力

在这个阶段，学生将会接收到语音和听力课程的讲授。教师可以通过介绍国际音标及其在英文发音中的应用来帮助学生熟悉英语的发音规则。此外，教师还可以引导学生学习如何理解英语听力材料，并提供相应的听力练习材料供学生进行自主学习。为了帮助学生提高口语表达能力，教师也可以在这个时期安排针对性的口语练习任务，要求学生对话、录音，并定期给予反馈。

第七周至第十二周：阅读与写作

在这个阶段，学生将接收到有关阅读和写作技巧的讲授。教师可以提供阅读材料，并指导学生如何有效地阅读、理解和分析英语文章。此外，教师还应该介绍有关写作技巧的知识，并要求学生进行书面作业，例如论文或报告。为了加强学生之间的交流与合作，教师可能会安排小组讨论并鼓励学生在小组内分享经验，相互提供反馈。

第十三周至第十五周：口语表达

在这个时期，教师将通过口语测试来评估学生的口语能力，并安排小组演讲以展示学生在口语方面的提高。此外，教师还将鼓励学生主动参与班级讨论，为学生提供更多的机会进行口语表达。

第十六周：总结与回顾

在这个时期，教师将要对前面学习的知识点进行一次总结，回顾课程内容并提供一些针对性的学习建议。同时，教师也将听取学生的反馈意见，并根据学生的反馈来重新调整和优化课程计划。

在线教学环境下实施大学英语课程需要教师和学生共同努力，适应新的教学模式，在有效地利用在线资源的同时，注重互动交流和个性化教学。

第四节 学习支持和服务

一、学生支持服务

1.在线辅导和咨询

在大学英语的在线教学环境中，学生可以通过网络平台和老师进行实时交流，解决英语学习中遇到的各种问题。教师通过线上辅导和咨询的方式，为学生提供定制化、个性化的教学支持，既能够更好地满足学生的需求，也能够帮助他们更好地掌握英语技能，提高英语水平。在线辅导和咨询还可以提高教师与学生之间的互动和沟通，建立更紧密的联系，提升教学效果，进一步推动全球化教育的发展。

2.每日口语话题

每日口语话题是在大学英语的在线教学环境中，为学生提供的一种交流平台，让学生每日都能接触到与当地文化相关的话题，并针对话题展开口语练习。这一服务可以使学生更好地了解和掌握当地文化，提高英语口语表达能力，增强协作与交流能力，同时也能加深与教师之间的互动，增加英语学习的趣味性。每日口语话题还可以通过短信、邮件或其他信息传递方式进行，方便快捷，可随时随地参与练习，为学生提供更加全面、灵活的在线英语学习支持。

3.网络课程辅导

在疫情影响的学习环境中，许多学生因为疫情等原因而不能到校上课，这就对他们的英语学习造成了很大的影响。为了帮助学生更好地掌握英语听说读写技能，学校将提供一对一或小组线上辅导服务。通过网络课程辅导，学生可以随时随地进行学习，不受时间地点限制，并且可以根据自己的实际情况选择相应的辅导内容和老师。同时，网络课程辅导还可以借助各种在线工具和资源，帮助学生更好地理解和掌握英语知识，提高学习效率和成绩。

4.个性化学习计划

个性化学习计划是一种针对学生个体差异的教育方式，可以根据学生的实际情况和学习需求，量身定制适合他们自身的学习计划。在英语学习方面，每个学生的语言背景、学习能力、兴趣爱好等方面都有所不同，因此制定针对性强的学习计划可以更好地满足学生的需要。学校将为学生制定个性化的英语学习计划，根据学生的水平和需求设计相应的听说读写训练课程。通过个性化学习计划，学生可以更有针对性地进行学习，培养他们的英语技能和能力，提高他们的英语水平。

二、教师培训与支持

1.教学培训和指导

教师是教育的主体，他们的教学能力和水平直接关系到学生的学习效果和成绩。为了提高教师的教学能力和水平，学校将为教师提供线上教育培训和指导服务。这些线上教育培训可以帮助教师更好地了解最新的教育理论和技术，并将其应用于实际教学中。同时，通过在线上环境中提供更多的教育资源和教学工具，教师可以更方便地获取各种教学材料和资源，并可以更加灵活地组织和安排教学内容和形式。这些教育培训和指导服务可以有效提高教师的教学水平和能力，从而促进学生的全面发展。

2.专业发展活动

专业发展活动旨在帮助教师提高教学质量和水平，不断更新自己的教育观念和知识技能。学校将为教师举办各种形式的专业发展活动，包括讲座、研讨会、工作坊等。这些活动将邀请国内外著名的教育专家和学者，分享他们的经验和理论，与教师们进行交流和互动。通过这些活动，教师们可以更全面地了解最新的教育理念和方法，掌握相关的教学技能和策略，提高自己的教学水平和能力。

3.技术支持

在线学习管理解决方案可以协助教师管理线上课程、学生进度查看等工作。在当前的在线学习环境下，这样的工具显得尤为重要。学校将提供各种技术支持来帮助教师使用这些工具，并保证其正常运行。这些在线学习管理解决方案可以自动化管理课程内容和学生信息，让教师更加容易地创建、发布和更新课程内容，检查和评估学生的表现，甚至可以与学生互动、交流和反馈。同时，这些工具还可以提供图形化的统计数据和分析报告，让教师了解学生的学习情况，及时调整教学策略，以达到更好的教学效果。

4.集体备课

集体备课能够有效提高教师们的教学水平和能力。学校将鼓励教师进行集体备课，并提供相应的资源和支持。在集体备课过程中，教师们可以分享教学经验和方法，共同研究和探讨各种教育问题，从而更好地协同利用教育资源，提高教学效果。通过这样的集体备课活动，教师们可以了解不同科目的教学内容和方法，增强彼此之间的合作和沟通，提高整个教育团队的战斗力。同时，这样的活动也能够激发教师们的创造力和热情，推动教育事业的不断发展。

第五节　质量保证

一、有效的反馈机制

在线教学环境下的大学英语课程设计和实施需要建立一个有效的反馈机制，以便及时了解学生的学习情况和反馈意见，并根据反馈修改和改进课程。以下是具体措施。

1.多种形式的反馈途径

可以采取多种形式的反馈途径来收集学生的意见和建议，例如在线问卷、实时讨论和个人面谈等方式。这样做有利于更好地了解每个学生的观点和难处，以便更有针对性地提供帮助。通过多种途径获取反馈信息，有助于更全面、深入地了解学生的需求和期望，从而更好地调整教学策略，提高教学质量。

2.定期收集学生反馈

应该定期向学生征求课程反馈，例如每周或每月收集一次。这样可以及时了解学生的想法和感受，同时也有助于更快地发现问题和解决问题。在收集反馈的同时，也要积极回应学生的问题和疑虑，提供必要的支持和指导，特别是在他们完成作业和考试之前。通过不断与学生进行交流和互动，可以更好地了解他们的需求和期望，进一步提高教学质量。总之，定期收集学生反馈并及时回应是帮助学生成长和促进教育教学改革的重要举措。

3.认真审议学生建议

学生的反馈和建议是教育教学改进中至关重要的一部分，应该积极与学生进行沟通，倾听他们的想法，理解他们的需求，并给予反馈。可以通过定期的小组讨论、个人面谈或在线交流等方式来收集学生的建议和意见。收集到的建议和意见应该被认真审议，应该将学生的建议和意见纳入到课程改进计划中。这包括对课程内容、教学方法、考核方式等方面进行思考和实施。通过这样的过程，可以更好地了解学生的需要和期望，提高他们的学习体验和成果，同时也促进教育教学的不断创新和发展。

4.及时向学生反馈成绩

及时向学生反馈成绩对于学生的学习和教学质量的提高至关重要。应该根据学生每次作业和考试的结果，及时向他们反馈他们的成绩。通过这种方式，学生可以更好地了解自己的学习进展，并注意改善自己的学习效果。此外，收集并统计学生的成绩数据有助于更好地了解课程的教学效果，为教学提供反馈和参考，及时调整教学方法，帮助所有学生更好地学习。当然，在给学生反馈成绩时，也要注意方式和方法，并针对不同的学生进行个性化的指导和支持。及时向学生反馈成绩是促进学生学习和提高教学质量的重要一环，有助于培养学生的自我意识和学习能力，同时也促进教育教学的不断创新和发展。

在线教学环境下建立有效的反馈机制是很重要的，可以帮助教师及时了解学生的学习情况和反馈意见，及时调整和改进课程，提高教学质量和效果。

二、课程改进和更新

在线教学环境下的大学英语课程设计与实施需要持续地进行课程改进和更新，以适应快速发展的时代需求，提高教育质量和效果。以下是具体措施。

1.定期评估课程的效果

周期性地对每一门在线大学英语课程进行全面的评估，包括学生的学术成就、教学过程的质量、教学资源的利用等方面，有助于及时发现和解决问题，提高教学质量。评估可以通过多种方式进行，例如师生互动讨论、问卷调查、教学观察等方式。在评估中，要关注学生的学习成果和满意度，以及他们对课程的反馈和建议。同时，也需要审视教学过程的质量，包括教学资源的充分利用情况、教学策略的科学性、课程评估反馈的应用情况等，以便更好地调整课程内容和教学方法，提高课程的实际效果。此外，在评估过程中，我们还要注意数据的收集和分析，将收集到的数据作为制定改进计划和提高教学质量的重要参考依据。

2.追踪行业趋势和最佳实践

通过定期获取、整理并分析教育市场和行业趋势，可以更好地了解行业的发展方向和变化，从而做出相应的调整和改进。还可以借鉴其他大学或企业的成功经验，在学习和吸收其优秀的教学理念和方法的基础上，不断完善课程内容和教学方法。这有利于提高课程的实用性和针对性，满足学生的需求和期望，促进教育教学的创新和卓越。此外，了解行业趋势和最佳实践也可以为制定未来的教育教学计划和目标提供重要参考。

3.根据学生反馈和评估结果进行优化

定期收集学生的反馈意见，并及时做出相应的调整。针对性地调整教学内容或更新教学方法，以符合学生的需求和期望。例如，在教学过程中，如果发现有些学生在某个知识点上表现较差，就可以针对这一问题，增加相关的练习题和案例分析，并通过适当的方式加强讲解和引导，以便更好地帮助他们消除困难和提高掌握程度。还可以从学生的反馈中发现其他问题和建议，如改善课堂气氛、增加互动环节等，进而对教学方法进行更新和优化，以提高教学效果和满意度。总之，根据学生反馈和评估结果进行优化是促进在线大学英语课程教学质量不断提升的重要手段，有助于更好地满足学生的需求和期望，促进教学与学习的卓越和创新。

4.鼓励教师专业发展

支持教师参加行业会议和技能培训，以便了解前沿的教育技术和最新研究成果，并将其落实到具体的课程改进中。这样有助于教师更新自己的知识和技能，掌握更多的教学方法和策略，从而更好地促进学生的学习和成长。除此之外，教师还可以在行业会议和技能培训中结交更多的同行和专家，与他们分享经验和创新思路，不断推动教育教学的创新和卓越。当然，在支持教师参加行业会议和技能培训的同时，也需要建立完善的评估机制和反馈机制，及时获取教师的反馈意见和建议，以便更好地指导未来的教学工作和对教学效果进行评价。鼓励教师专业发展是提高在线大学英语课程教学质量和水平的重要手段，有助于培养高素质的教育人才和提高学生的学习体验和成果。

5.提供竞争力强的课程体验

该不断更新和改进课程，提供更好的教学资源和工具，以满足学生的诉求并不断提高教育质量和效果。可以借鉴其他优秀的在线大学英语课程的课程设计和教学方法，发掘出更多适合学生需求的教学资源和教材，并加以创新和完善。还应该注重课程的针对性和实用性，将所学知识与实际情景相结合，提升学习的趣味性和吸引力。另外，还可以通过在线交流、个性化指导等方式，提供更好的学习支持和反馈，帮助学生解决问题和提高学习效果。提供竞争力强的课程体验是在线大学英语课程能否获得成功的关键因素之一，有助于吸引更多学生参与到学习中来，并提升教育教学的质量和水平，为学生的未来发展打下坚实的基础。

在线教学环境下的大学英语课程设计与实施需要持续进行课程改进和更新，优化教学内容和方法，为学生提供更好的教育体验。

第六节　在线英语课程设计与实施：反思与展望

在线英语课程的设计和实施是教育教学改革和创新的重要方向，也是未来在线教育发展的趋势之一。通过反思与展望，我们可以更好地总结经验，挖掘问题，为未来的课程设计和实施提供参考和指导。

一、对在线英语课程设计和实施的反思

（1）在线英语课程设计应该更贴近学生的需求和兴趣，注重关联性和针对性。

将所学知识与实际情景相结合，提升学习的趣味性和吸引力。同时，根据学生的不同背景和学习目标进行分类设置，侧重培养学生的语言实践能力和文化素养。这样有助于激发学生的学习热情，增强其自我驱动力和学习效果，满足学生在课程中的需求和期望，促进教育教学的创新和卓越。

（2）应该借鉴现代科技手段，如智能化教学平台、多媒体教材等来弥补传统教学中的不足。

这些先进的教育技术可以使在线英语课程更加生动、形象和直观，增强学生的学习兴趣和互动性，提高教育教学的效果和质量。例如，语音识别、人工智能等技术可以实现对学生口语进行实时纠错和评估，提升学生的语言实践能力；而虚拟实境等技术则可以在营造真实场景的同时，培养学生的创新思维和解决问题的能力。因此，采用现代科技手段在在线英语课程设计和实施中具有重要意义，可以有效推动教育教学的不断改革和发展。

（3）在线英语课程设计和实施需要兼顾师生互动和自主学习，建立良好的交流平台。

构建线上讨论区、在线答疑系统、网络会议等一系列交流方式，有效促进教师和学生之间的交流和互动，并及时解决学生的课程问题和困惑。还应该留有相当的自主学习时间和空间，让学生有足够的自由支配时间来规划自己的学习计划。这样能够提高学生的自我管理能力，增强其自我探索、自我学习、自我评估的意识。通过建立良好的师生互动机制和自主学习机制，可以最大化地激发学生的学习热情和积极性，提高他们的学习效果和质量。

（4）英语专业的学生需要注重培养其语言实践能力和文化素养。

语言实践能力是英语专业中重要的核心能力，包括口语表达、听力理解、阅读和写作等方面，具有很高的实际应用性。为此，可以采用一系列针对性强的教学策略和工具，如模拟对话、真实案例分析、语音纠错系统等，帮助学生掌握更加丰富和实用的语言技能。此外，培养文化素养同样也非常重要，包括了解英美文化、传统文化等背景知识、独立思考、批判性思维等方面。通过多角度的文化教育和实际活动，如文化沙龙、工作坊、国际交流等，可以让学生更好地认识和尊重不同的文化差异，形成更加开放和广泛的视野，提高其语言综合实践能力和文化素养。

二、未来的发展方向

（1）更加注重与行业紧密结合，强化职业能力培养，提高就业竞争力。

随着经济全球化和信息技术的飞速发展，职场竞争也变得越来越激烈。因此，在线英语课程设计和实施应更加注重与行业紧密结合，强化职业能力培养，提高学生就业竞争力。可以通过针对性强的教学策略和工具来提升学生的职业技能，如模拟实训、企业走访、专业讲座等方式，帮助学生更好地了解就业市场的需求和动态，并提前做好就业准备。这样不仅有益于学生的个人职业发展，也能够促进高校与行业之间的紧密联系，推动教育教学的创新和卓越。

（2）探索人工智能辅助教学、虚拟实境等先进科技手段，提高在线英语教育的质量和效果。

随着人工智能技术和虚拟现实技术的不断发展，将这些先进科技手段应用到在线英语教育中，可以有效地提高在线英语教育的质量和效果。例如，基于深度学习算法的人工智能辅助教学系统能够分析学生语音特征、口音、语速、语调等信息，实时纠正学生的发音错误，并给予相应的准确度反馈，让学生更加直观地掌握语言技能。虚拟实境技术也可以构建真实的语言环境，在模拟的场景中帮助学生更好地融入角色，感受和表达语言文化。同时，这些技术手段还可以为学生提供更多的学习资源和交流渠道，并增强其自主学习能力，从而推进在线英语教育的创新和变革。

（3）加强大数据分析能力，通过学生反馈和评估等方式，不断进行课程改进和优化。

在线英语课程设计和实施需要加强大数据分析能力，通过学生反馈和评估等方式，不断进行课程改进和优化。一方面，可以利用网络技术和在线平台收集学生的学习记录、互动信息、评价反馈等数据，并通过数据挖掘和分析工具进行深入的分析，发现问题和提高空间。另一方面，通过定期开展课程评估和教师督导，及时获得学生的意见和建议，全面了解他们对在线英语课程的看法和需求。通过这些方式，持续地对课程内容和教学策略进行调整和优化，以适应不同学生群体的需求，提高在线英语课程的质量和效果。

（4）加强国际化视野，开设更加全球化的课程，培养具备跨文化沟通能力的人才。

随着全球化进程的不断加快，跨文化沟通能力已经成为现代人才所必须具备的核心素质之一。因此，在线英语课程设计和实施应该加强国际化视野，开设更加全球化的课程，并通过多种方式引入外籍教师、留学生等国际化资源，让学生能够更好地了解并适应全球化环境中不同文化背景下的交流和合作。同时，鼓励学生积极参与国际性的学术、文化交流活动，如大学生国际论坛、交换访问等，不断提高他们的跨文化沟通能力和综合素质，培养具备全球化眼光和世界观的人才，为他们的未来发展打下坚实的基础。

（5）推动创新教学模式的探索和实践，包括总结在线英语课程设计和实施中的先进经验，开展实验性教学和研究。

随着信息技术和教育理念的不断演进，推动创新教学模式的探索和实践已经成为在线英语课程设计和实施的必要途径之一。可以总结在线英语课程设计和实施中的先进经验，吸收全球优秀的教育资源，形成独具特色的教学模式，在保障教学质量的前提下满足不同学生群体的需求。同时，还可以开展实验性教学和研究，如建立虚拟学习社区、运用协作学习等方式，通过互动交流开放式的探索与创新，来发现更多的教学模式和方法，并继续优化课程内容和教学策略，持续改进在线英语课程的质量和效果。

第十章 大学英语口语教学及评价

第一节 国内外研究现状分析

一、国内大学英语口语教学现状

1.教育资源不足

教育资源不足是导致一些地区的高校英语口语教学存在瓶颈和滞后的重要原因。人力资源方面，由于缺乏具有高质量的外语教师，往往导致教学质量参差不齐，甚至出现教育资源浪费现象；物质资源方面，则包括会话实训室、多媒体教室等硬件设施的短板问题。缺少这些必要的教育资源，势必影响到大学英语口语教学的有效性和质量。

2.教师水平参差不齐

教师水平参差不齐是导致大学英语口语教学存在明显问题的重要原因。当前，许多高校招聘的外语教师缺乏丰富的教学经验和深入的专业知识储备，就算有教学经验的老师也可能出现随意性、盲目性等问题。这种情况导致了课堂教育内容贫乏、教学进度过慢、学生学习兴趣不高等问题的出现。为此，高校应加强外语师资队伍的建设，加大引进人才力度，优化招聘标准，注重培养一支既有实践经验又有理论素养的教师队伍。同时，应该结合现代科技手段，提供必要的教学指导和支持，使得教师能够在实践中不断提升水平，更好地服务于学生。

3.课堂氛围不活跃

课堂氛围不活跃是大学英语口语教学中存在的一个难题。原因主要包括教学方法单一、内容陈旧无趣、缺乏互动、学生英语学习兴趣和动机不高等方面。传统的教学教育模式，往往采用"灌输式"教学方式，缺少创新的思维和多样化的教学手段，导致教学效果事倍功半。针对这些问题，应当鼓励教师在课堂上采用实践性较强的、情境化的、互动性较好的教学方法，如角色扮演、小组讨论、项目演示等。同时需要重视学生自身需求，激发其学习英语的兴趣和动机，增强英语学习的积极性。只有在积极营造良好的教学氛围的前提下，才能够提高大学英语口语教学的质量和有效性。

为了解决这些问题，国内大学英语口语教学正在通过改革措施推进相关工作。例如，增加英语口语教学的教育投入，提升教师队伍的整体素质，采用多元化的教育教学方法等。

二、国外大学英语口语教学现状

1.强调实用性

强调实用性是国外大学英语口语教学的显著特点，主要表现在注重培养学生运用英语口语的能力，促进学生在跨文化互动中流利地使用英语。在教学过程中，教师注重学生的听说训练，突出语言交际策略的培养，同时关注语境和情景的营造，使得学生可以更好地掌握实用英语口语技能。针对这一特点，有些国外高校还提供了语言实践项目、海外交流机会等，让学生在真实的语言环境中与本地人进行沟通，拓展英语口语应用能力。

2.注重交际策略

注重交际策略是国外大学英语口语教学的又一个显著特点，体现在教师强调交流和互动的意义，注重培养学生在跨文化交际中灵活应对各种语境和表达需求的能力。为此，教师在教学过程中不仅关注语音、词汇等基本要素的训练，还依据学生的实际需要，引导其学习更多的交际策略，并鼓励学生在真实的情境中运用所学知识，提高英语口语水平。例如，教师会教授学生如何利用肢体语言，以及在道歉、表扬、谴责等场合下的表达方式。这些策略都是以实用为前提的，并且更加贴近生活实际，有助于提升学生的交际效果和英语口语技能。

3.多元化教学方法

多元化教学方法是国外大学英语口语教学的又一个显著特点，意味着在教育教学过程中运用多种不同类型的方法，以保证教学效果和效率。例如，一些国外高校采用游戏化教育的方式培养学生的英语口语技能，让学生在游戏环节中锻炼听说能力；还有一些高校采用情境教学的方式，通过模拟真实的交际场景，使学生更好地掌握英语口语技巧。这些教学手段简单易懂、生动活泼，往往对提升学生的英语口语水平效果非常显著。

4.重视学生自主学习

重视学生自主学习这种教学方式让学生不仅可以在课堂上获取知识，还能够通过自己的努力扩展知识深度和广度。为此，一些国外高校会注重提供多样化的英语学习资源，例如在线课程、互动平台、语音识别等技术工具，以便学生在不受时间和地点限制的情况下进行学习。同时还有一些高校开设相关学习社群，鼓励学生积极参与团队合作和课堂讨论，切实提升学生口语表达能力和交流效果。

国外大学英语口语教学在教学模式、教育教学手段和学生自主学习等方面更加先进，这也是国内大学英语口语教学值得借鉴的地方。

三、国内外大学英语口语评价现状

1.评价指标不全面

当前，大多数英语口语评估只考虑到了语音和流利度等单一指标，缺乏对于交际能力、语法与词汇运用等方面的全面综合考察，评价标准单一、评价内容狭窄。这使得很多学生在一些模拟真实情境下的英语口语表达中难以做到恰如其分的语言交际策略。

针对这一问题，应该采取更加全面化的评价方式，包括语音流利度、语法及词汇应用、交际能力等多个方面，以综合判断学生的英语口语表达水平。同时，也可以结合一些现代化技术手段，例如语音识别、智能评分等技术工具，辅助教师开展科学、客观的口语评估。这样有助于提高英语口语教学的质量和有效性，确保学生能够更好地掌握英语口语技能，提高跨文化交际的能力和水平。

2.评价方式单一

目前，很多高校采用的评估方式只包括教师评估或者固定的问答式面试，这种单一的评价方式往往会出现评价标准不统一、评价内容狭窄等问题。同时也忽略了学生自我评价和同伴评价的重要性，在评价中缺乏主观性和客观性的平衡。

针对这一问题，应该采用多元化的评价方式。学生自我评价和同伴评价有利于促进学生之间的互动和协作，鼓励个体参与到课堂讨论中，增强学生的参与感和主动性。而且新颖创意的教育教学形式，例如小组讨论、角色扮演、模拟真实情境下的语言交际等，可以更好地考查学生英语口语能力的全面性和实用性。使用多元化的评估方式，既能够提供更加全面、准确的英语口语评估结论，还能够激发学生更积极地参与到英语口语教学中来。

3.评价结果不具有说服力

一方面，评估结果难以真实反映学生的英语口语水平，因为评估过程可能会被各种主观因素干扰。例如，教师对于学生个人印象、情感因素等的影响，或者因时间限制而无法全面考察所有重要指标而导致信息偏差。另一方面，现行的评估方式也缺乏推广性和标准化，不利于英语口语能力的立体发展和提高跨文化交际的实用性。

为了解决这些问题，需要建立更加科学客观的评价体系，结合技术手段进行全方位的评估。例如，可以采用基于 AI 技术的自动语音识别方式对学生的发音、语速、语调等进行量化分析，以此获得更加精准的数据支持。同时，还需建立公正透明的评估标准和流程，尽量避免"人为干扰"，确保评估结果具有可信度和说服力。只有这样，才能够在英语口语教育中取得更好的成果，满足学生们的需求并提高他们的职场竞争力。

为解决这些问题，国内外正在不断探索新的英语口语评价方法，例如多维度评估、自我评价、同行评价等方法。同时，也在不断改进原有的评价方法，强调更加客观、科学、全面的英语口语评价体系。

第二节　研究目标和内容安排

一、确定大学英语口语教学的核心目标

确定大学英语口语教学的核心目标是为了更好地满足跨文化交流的需求，培养具备全球视野、具备出色英语口语能力和跨文化交际能力的人才。具体来说，其核心目标包括以下几个方面。

1.提高英语口语表达能力

英语口语教学的核心目标之一是提高学生的英语口语表达能力，使其能够用英语自如地表达自己的思想和观点，轻松应对各种日常交际和职场交际情景。

为了提高学生的英语口语表达能力，英语口语教学应该注重以下几个方面。

（1）加强基本语音和发音练习，使学生能够准确地表达各种单词和句子。

（2）培养学生的听说能力，通过多听、多说、多模仿，不断提高学生对英

语听力的理解和应答能力；此外，注重语法和词汇的丰富性训练，鼓励学生大胆运用不同的语言知识，灵活地表达自己的想法和观点。

（3）实践是提高英语口语表达能力的关键，鼓励学生参加日常交际和职场交际，从中获得更多的实战经验。

2.提升语音语调水平

除了表达能力，英语口语教学还应该注重学生的语音语调练习，使其能够发音标准、语调自然、节奏流利，并且在美国音标等相关语音系统上有一定的掌握。

提升学生的语音语调水平，首先，教师应该注重发音的基础训练，如母音、辅音、连读等语音规则的讲解和实践；其次，为了使学生能够掌握美国音标体系，需要增加相应的练习和考查，如利用听力材料、语音测试软件等进行学生的语音评价和反馈；此外，强调学生的语调和节奏的准确性，在不同语境下进行练习和模仿，例如情感表达、吐字清晰等；最后，教师还可以对学生的发音特点进行针对性指导，制定个性化的语音训练计划，以帮助学生更好地提高语音语调水平。

3.培养跨文化交际能力

英语口语教学的核心目标之二是培养学生的跨文化交际能力，让他们能够与不同背景的人节目互动并处理好文化差异等问题。

为了培养学生的跨文化交际能力，需要向学生介绍相关的文化背景和历史知识，提高他们对不同文化群体的理解和尊重；强调在互动交流中的言行举止，如礼仪、姿态、表情等，让学生能够适应不同的语言环境，并了解他们自身的文化特点；鼓励学生参与跨文化的活动和实践，以增加他们的实战经验，加深对其他文化背景的认识和接纳程度；教师还可以引导学生学习各种跨文化交际技巧，如如何处理文化差异和冲突、如何进行有效沟通等，从而更好地实现跨文化交际的目标。

4.提高自主学习能力

英语口语教学的核心目标之三是培养学生的自主学习能力，使他们具备利用各种资源进行独立学习和应用的能力，并能够不断地提高自己的英语口语水平。

提高学生的自主学习能力不仅可以帮助学生更好地理解和掌握英语知识，还可以让他们在完成学业之后更好地应对职场挑战。为了培养学生的自主学习能力，教师应该教会学生如何利用各种资源进行独立学习和应用，如通过网络资源查找优秀的口语材料、加入口语练习社群、参加学术讲座等；同时，引导学生进行反思性学习，总结每次学习的成果和不足，并制定下一步的学习计划和目标；此外，在课堂上采用与鼓励合作学习模式，让学生在小组中相互交流和分享口语经验和技巧，促进互相学习和提高。

大学英语口语教学的核心目标既包括英语口语表达能力、语音语调水平，也包括跨文化交际能力和自主学习能力。这些目标的实现需要在教师、学生和教育体制等多方面进行深入思考和实践探索。

二、分析大学英语口语教学面临的挑战和问题

1.教育资源不足

在一些地区，由于教育资源的不足，提供高水平的英语口语教学确实很困难。但是，可以通过以下几点来缓解这种情况。

（1）利用互联网和在线教育平台，提供丰富多样的英语口语资源和学习工具。

（2）培训当地英语中介人员和志愿者，利用他们的知识和经验提供更好的口语教学支持。

（3）与包括母语国家在内的其他英语教育机构建立合作关系，开展跨境教育项目，为学生提供更多的英语口语学习机会。

（4）在教师培训方面进行加强，确保当地教师能够掌握有效的英语口语教学方法和技巧，提供更优质的英语口语教学服务。这些方法可以使英语口语教学变得更加广泛和可行，以满足不同地区师生的需求。

2.学生学习动力欠缺

英语口语教学相比于其他科目存在着学习动机欠缺、兴趣不足等问题。可以通过以下几点来激发学生的学习兴趣。

（1）注重教学内容的实用性，并鼓励学生进行实践。例如，提供与学生实际生活和未来职业相关的话题，让学生在课堂上尝试表达自己的想法和观点。

（2）在课堂中增加游戏化或互动化的元素，如竞赛、角色扮演和小组合作等，以促进学生之间的交流和互动。

（3）结合音频、视频和影像材料等多媒体资源，使教学内容更加生动有趣。

（4）鼓励学生做出成就感，并为他们进行表扬和奖励，以激发学习动力。通过这些创意性的教学方法，可以让学生更好地参与到英语口语教学中，并愿

意探索英语口语学习的过程。

3.地域文化差异

由于地域文化差异的存在，不同学生对英语口语教学的接受程度可能会有所不同，从而影响到英语口语班级的稳定性。为了解决这个问题，我们可以采取以下方法。

（1）注重对不同背景的学生进行多方面的调查和研究，了解他们的文化、语言和价值观等差异，以便更好地修改教材和教学内容。

（2）创造宽容和尊重文化差异的氛围，鼓励学生彼此交流和分享自己的经验和见解，以促进相互理解和尊重。

（3）在课堂中采用各种交互式的教学形式，如小组合作、角色扮演等，以让学生能够更好地参与到教学过程中来，并加深互相之间的联系。

（4）引导学生探索不同文化背景下的英语口语表达方式和技巧，让他们对英语口语的学习和应用有更深层次的认识和意义。

4.评估标准单一

目前一些大学英语口语教学的评估标准普遍比较单一。只依据语音、流利度等方面的指标进行评估，并缺乏关注交际能力、语法和词汇运用等其他方面的综合考察。为了解决这个问题，我们可以采取以下方法。

（1）明确评估的目的和内容，制定全面的评估指标和标准。

（2）在课程设计阶段增加相关的教学内容和活动，例如口语训练、听力理解、交际技巧等，以提高学生在不同语境下的语言表达能力。

（3）使用不同工具进行评估，包括自我评估、同侪评估、教师评估等，并采用多种评估方法，如口试、作业、演讲等，以获得更为全面和客观的评价结果。

（4）对于评估结果进行及时反馈和指导，引导学生进一步完善自己的英语口语技能和应用水平。

5.缺乏有效的评估方式

目前一些大学英语口语教学的评估方式过于简单粗暴，仅限于问答形式的面试等，不能真正反映学生的英语口语水平，并不能进行全面可信的评估。为了解决这个问题，我们可以采取以下方法。

（1）明确评估的目的和内容，制定全面的评估指标和标准。

（2）在课程设计阶段增加相关的教学内容和活动，例如口语训练、听力理解、交际技巧等，以提高学生在不同语境下的语言表达能力，并使用多种评估方式，包括口语考试、听说评测软件等。

（3）评估前要进行评估说明和预警措施，以确保评估具有可信度和公正性。

（4）对评估结果进行及时反馈和指导，与学生进行个别沟通，激发他们的学习兴趣和动力，帮助他们提高英语口语水平。

6.收效不佳

一些大学英语口语教学的收效并不理想，尤其是在提高学生实际应用能力方面。很多学生可能会通过背诵相应的话语及模板应对简单的面试题目，而缺乏真正有效的英语口语交流的能力。为了解决这个问题，我们可以采取以下方法。

（1）注重提高学生的跨文化沟通和交际技巧，并让学生学习掌握更多和现实相关的英语词汇、表达方式等。

（2）引导学生进行真正意义上的情景模拟和角色扮演等活动，让他们在模拟英语口语场景中真正体验和应用所学知识。

（3）在评估时也要增加实用性的考试内容和形式，例如针对实际工作或日常生活中遇到的问题展开考核等。

（4）鼓励学生进行自主学习和交流，提高他们的口语技能，如通过加入英语社群、参与海外交流项目等。

大学英语口语教学面临着众多挑战和问题。解决这些问题需要加强师资队伍建设，注重教学方法的改革创新，不断完善和多元化评估体系，促进跨文化交流和教育国际化，从而更好地推动大学英语口语教育的发展。

三、设计大学英语口语教学内容和课程体系

人学英语口语教学的内容和课程体系应该根据学生的需求和现实应用，注重提高学生的交际能力、跨文化意识以及全球视野。建议设计如下。

1.基础课程

（1）发音训练。主要包括语音、语调、节奏等。语音指的是英语单词和句子的发音规则和特点，如元音和辅音的发音方式；语调指的是英语句子中不同部分的音高变化和调节；节奏则指的是英语句子中词汇和语音的整体节奏和韵律。在英语口语教学中，发音训练是提高口语能力的重要环节，应该注重培养学生的正确发音习惯，帮助他们掌握英语语音语调特点，从而更自然流利地表

达自己的想法和观点。

（2）日常对话训练。主要是为了帮助学生掌握日常英语口语，如问路、购物、餐厅用餐等。在日常英语口语教学中，注重培养学生的跨文化沟通和交际技巧，并提供丰富多彩的情景模拟和实践活动，让学生在模拟真实场景中更好地理解和运用英语口语知识。同时，还可以通过启发性教育等方法，引导学生思考和应对各种情境下的语言表达方式和策略，并注重与听力、阅读和写作等其他方面相结合，在不同语言技能之间加强互动，从而培养学生的综合语言能力。

2.中级课程

（1）听力实战训练。在英语口语教学中，针对各种场景的听力训练非常重要。这种训练可以帮助学生在真实情境下听懂英语，并亲自参与到会话中去，从而提高他们的听力理解能力和交际技巧。这种听力训练注重课程内容的实用性和生动性，提供各种听力材料和活动，例如录音、视频、广播等，以吸引学生的注意力和兴趣；增加主题话题和生活化语境，考查学生在不同情境下的听力应用能力，并鼓励他们进行听力输入和输出的训练；使用多种听力策略，如干扰因素减少、预测推理、关键词捕捉等，让学生更有效地理解和掌握听力材料；加强听力训练与口语表达、写作、阅读等其他语言技能相结合，形成一个完整的英语语言学习系统，提高学生的语言综合能力。

（2）演讲和辩论。这种训练可以帮助学生在不同话题下进行深入探讨，并从而提高他们的口语表达能力和交际技巧。此外，演讲和辩论训练还可以培养学生的公共演讲和辩论技能，以增强他们的自信心和领导力。在演讲和辩论训练方面，注重训练内容的实用性和贴近实践，例如针对日常生活、社会问题等话题展开讨论和演讲；鼓励学生多进行团队合作和互动，例如小组组建、角色扮演等，以提升学生的合作精神和学习效果；引导学生进行主题研究和创新性思考，培养他们的独立思考与分析能力；在演讲和辩论过程中，要注意鼓励学生使用词汇表达、语音语调掌握等方面的正确性，给予及时反馈并进行相关指导。

3.高级课程

（1）专业领域的口语应用。这种训练可以帮助学生在特定领域内说得更加准确、自然，并提高他们的行业交流和跨文化沟通技能。在专业领域的英语口语教学中，可根据不同专业职业需求，选择合适的教材和课程内容，例如医学英语、商务英语等，注重贴近实践和实用性；引导学生进行针对性的语言学习和应用训练，例如阅读专业文献、参与专业论坛、模拟专业场景交流等，同时辅以相关的听力、写作、阅读等其他语言技能的练习；鼓励学生多进行互动和讨论，例如小组讨论、演讲等，以增强他们的交流技能和趋近于真实场景下的表达方式；在评估和反馈方面，注重应用性和精准性，鼓励学生积极尝试和改进。

（2）跨文化交际训练。在现今日益全球化的社会背景下，跨文化交际能力对于学生的未来职业发展和人际关系建立都具有重要意义。在跨文化交际训练方面，注重跨文化意识的建立和培养，提高学生对不同文化之间差异性的认知和理解；鼓励学生积极参与跨文化交流活动，例如组织文化节、开展文化研究等，以增强他们的跨文化沟通技能和交际能力；引导学生了解不同国家和地区的社会习俗、礼仪等文化因素，帮助他们更好地适应和融入不同文化环境；在跨文化交际训练中注重英语语言表达能力和交际技巧的提高，例如多使用真实场景和案例进行模拟教学和角色扮演，并加强对口音和语调等语言差异的认知和掌握。

为了更好地配合以上三个范畴，还可以设置其他课程，如英语歌曲和文学朗读、口语实践等。

对于课程体系来说，应该采用渐进式教育方式，在课堂中适度整合理论与实践，并注意难易度的分配。尽可能地为学生提供多样化的教材和资源，让他们参与到课堂活动中去，通过模拟真实情境的语言交际训练，培养他们的口语应用能力和创新能力。同时，也要加强对学生自主学习能力的培养，鼓励他们利用各种资源进行独立学习，从而达到更好的口语水平。

四、探讨大学英语口语评价的关键指标和方法

大学英语口语评价应该包含综合评估和多角度考察的要素，以下是几个关键指标和方法。

1.语音准确性

除了听音辨识和软件检测等方式，语音准确性的评价还可以采用其他方法，例如教师现场跟读和班级口头评议等。这些方法能够更加精准地反映学生在英语口语表达方面存在的问题，并对他们进行有针对性的指导和训练。在语音准确性的培养方面，我们应该通过多种途径提高学生的语音表达能力，例如注重发音规则和特点的学习、鼓励学生多进行模仿和练习、引导学生参与各种语音训练活动等。同时，还需要注意发音、语调、节奏等方面的协调性，避免出现不同部分之间的矛盾和冲突。

2.流利度

评价者可以通过学生所表达的话题内容和速度来评估他们的流利程度。在提高学生的流利度方面，注重培养学生的口语自信心，鼓励他们多进行口语练习，并在实际交流中积极运用所学知识；引导学生增强对连读、省略等语音现象的认知和掌握，以提高他们的口语流畅性；加强语音语调和听力训练，帮助学生更好地理解和使用英语语言，提高他们的口语表达自然程度；在教学过程中注重反馈和评价，及时指出学生存在的问题并给予相关建议和指导。

3.语言知识和词汇量

评价者可以借助一些专业的口语测试系统，如互动式练习工具或在线测验等，以检测学生在语言知识和词汇量方面的水平。在提高学生的语言知识和词汇量方面，注重学生对英语基础知识的掌握和深入理解，例如音标、语法规则等，帮助他们更好地学习和运用英语；鼓励学生多进行阅读和听力训练，并进行相关的知识整合和拓展，以扩充他们的词汇量和提升他们的语言运用能力；针对不同语言水平和需求，可以开设多种语言课程，例如基础语法课、词汇扩展课等，以满足不同学生的学习需求；在教学过程中注重反馈和评价，及时指出学生存在的问题并给予相关建议和指导。

4.交际能力

除了上述基本的指标外，如语音、流利度、语言知识等，大学英语口语教学还应该注重培养学生的交际能力。在提高学生的交际能力方面，加强学生的听说训练，在实际交流中积极运用所学知识，并注重培养学生的交际技巧和跨文化意识；开展各种交际实践活动，例如比赛、面试等，帮助学生更好地适应和融入实际交际环境，并提升他们的自信心和竞争力；加强学生对各种不同场合的口语需求和英语用途的认知，例如商务英语、论文写作等，以提高他们的专业交际能力；在教学过程中注重反馈和评价，及时总结学生存在的问题并给予相关建议和指导。

针对以上指标，评价者可以采用以下具体方法。

1.透过教师点评和学生自我评估

教师可以搜集学生的录音，并针对性地给予点评和建议，帮助他们发现并纠正存在的问题，同时加以肯定和鼓励。与此同时，鼓励学生自我反思，提高他们的学习自觉性和自我改进能力。在实践中，为学生提供多种录音和口语练习机会，如组织小组讨论、演讲比赛等，以便教师收集到更多的学生语音表达样本；教师应该及时听取这些录音材料，并针对性地点评和指导学生，帮助他们理解存在的问题和掌握应对策略，注重积极、具体、建设性的反馈；鼓励学生根据教师的反馈和自己的感受进行自我检测和分析，从而自主发现和改进自己存在的问题；在教学过程中注重总结和归纳，汇集各种经验和案例，帮助学生更好地掌握英语口语表达技巧和方法。

2.采用考试和测试来进行评估

像 TOEFL、雅思口语测试等都可以考查学生的语言知识和对话能力，并通过标准化的评分系统来评估学生的口语表达水平。在实践中，让学生参加正规的口语考试和测试，在真实的考场环境中锻炼他们的口语表达能力和应对压力的能力；教师应该及时了解并掌握这些考试和测试的评分标准和要求，以便更好地指导和帮助学生备考；教师还可以通过模拟考试、小组讨论等方式，帮助学生更好地理解和掌握考试和测试的题型和要求，并提高他们的答题技巧和应对能力；在教学过程中注重不断总结和反思，及时跟进学生在考试和测试中的表现，并针对性地进行评价和指导。

3.班内即兴演讲或辩论赛、短剧表演等方式来进行评估

通过这些形式类似的活动，可以让学生在真实情境下练习英语口语应用，并通过互动和交流不断提高他们的口语表达能力。在实践中，组织各种形式的班内活动，如即兴演讲、辩论赛、短剧表演等，让学生有机会在真实场景中练习英语口语；注重活动设计的质量和深度，针对不同级别和需求的学生，设置相应的难度和题型，以帮助他们逐步扩展英语口语应用的范围和难度；为学生提供充足的准备时间和展示时间，并注重提供及时反馈和评价，以便学生全面了解自己的口语表达水平和需要改进的方向；在教学过程中注重引导和跟进，为学生提供必要的指导和支持，帮助他们积极参与和发挥自己的潜力。

4.采取实时打分法

实时打分法能够及时记录学生每次表现的得分情况，帮助教师更加全面地了解学生的语音、流利度、交际能力等方面表现的优劣。在实践中，设计不同难度和类型的口语练习活动和场景，并在实际演讲和交流过程中采用实时打分法来对学生每次表现进行评分；注重反馈和激励，在评分之后及时告诉学生自己的表现得分和存在的问题，以便他们及时调整和改进；定期汇总和分析学生的得分情况，提供针对性的教学指导，为教师掌握学生的进步和需求提供依据；在教学过程中注重培养学生的自我评价能力，鼓励他们通过实时评分和反馈来

不断完善自己的口语表达能力。

　　大学英语口语教学评价应该多元化和科学化。采用多样化的方法不仅能够全面反映学生的英语口语表达水平和优劣，还能够帮助学生发掘自身的潜力和问题，及时调整和改进自己的学习方法和策略。评估方法科学化，确保评估结果的准确性和可靠性。采用统一的评分标准和要求，并针对不同的评估方式和场景，设置相应的评分细则，使得评分更加科学和客观。

第三节　大学英语口语教学方法分析

一、情景教学法

　　情景教学法通过模拟真实情境和场景，让学生在语言交际中获得实践经验，提高他们的口语应用能力。情景教学法可以分为以下几种类型。

　　1.对话练习型

　　该方法通过模拟真实生活情境，在轻松愉快的环境中引导学生进行口语交际，提高其英语口语表达能力。在对话练习型教学中，学生可以扮演不同的角色如顾客、服务员等，通过互动交流来完成各种不同场景下的口语表达。

　　例如，在商店购物的情境下，学生可以扮演消费者和售货员进行对话练习，学习如何询问商品信息、价格、尺寸和颜色等相关问题，并了解如何表达自己的需求和购物意愿。在旅馆预订的情境下，学生可以扮演顾客和接待员进行对话练习，学习如何预订酒店房间、查询具体服务项目以及如何付款等知识点。同时，在餐馆点餐的情境下，学生可以练习点餐时需要使用的相关英文单词和口语表达，如菜品名称、食材偏好等，提高餐厅就餐的英语应用能力。

　　通过对话练习型教学法，学生可以在模仿真实情境的口语练习中，提高英语口语表达能力和交际技巧，并且更好地运用所学知识。

　　2.案例讨论型

　　该方法通过小组讨论，引导学生探讨某个实际问题或事件，并通过口头表达和辩论来提高英语口语应用能力。在案例讨论型教学中，学生可以分成小组，选择不同的话题进行讨论。

例如，在一个小组讨论中，学生可以探讨全球变暖的影响和解决方案。在讨论中，学生可以通过询问、回答问题和辩论等方式，在团队合作中提高英语口语表达能力，表达自己的观点和总结归纳所学内容。此外，还可以让学生分享其他国家和地区的相关情况与现状，以及其对环境问题的看法和态度，促进他们思考得更加全面。

通过案例讨论型教学法，学生可以在团队中充分交流，扩展思维广度，学会在真实场景下运用英语知识，增强语言交际技巧。同时，案例讨论型教学法还可以培养学生的合作意识、竞争意识和自主学习能力，为大学英语口语教学注入新的活力和创新思维。

3.观察讲述型

通过给学生提供一些典型、真实的场景或人物作为观察对象，让他们进行观察和描述，并通过讲述和交流来提高口语表达能力。

比如，可以选择一张交通路口的照片，让学生们观察并描述这个场景中的交通流量、交通信号灯的变化以及行人和车辆的互动情况。这样可以让学生们锻炼自己的观察力和表达能力，同时也有助于增加词汇量和语法知识。

还可以选择一些具有代表性的人物，例如名人或者身边的同学朋友等，让学生从不同的角度进行描述和观察。让学生们结合自己的经历和感受，用恰当的语言表达出对这些人物的看法和评价，这样可以帮助学生们更好地理解他们周围的人和事，并进一步提高口语表达能力。

观察讲述型教学方法可以帮助学生们更好地运用语言来描述和表达所观察到的事物，不仅有助于提高口语表达能力，还能够培养学生们的观察能力和想象力。

4.文化体验型

通过将学生带到真实的英语环境中，例如广场、博物馆、社区等地，让他们参与当地的文化活动和社交活动，并在这个过程中锻炼和提高英语口语应用技能。

比如，可以带领学生去当地的博物馆进行参观和讲解，在观赏展品的过程中，让学生使用英语进行交流和分享。这样可以帮助学生们增加词汇量，拓展视野，同时也有利于提高英语听说能力和交际能力。

还可以安排学生参加当地的社交活动，例如志愿者活动、文化节庆典等。让学生们在这些活动中积极地参与组织和交流，并使用英语进行沟通和表达。

这样可以使学生们更好地融入当地的文化环境，同时也有利于提高英语口语应用技能和交际能力。

文化体验型教学方法可以使学生们更好地了解和体验当地的文化和社交活动，提高他们的英语应用能力、交际能力和自信心，促进英语语言学习的全面发展。

通过情景教学法，学生能够更好地理解和应用英语口语，增强他们的实际应用能力和沟通交流能力，并提高他们在英语学习中的兴趣和积极性。

二、任务型教学法

任务型教学法通过给学生提出具体任务和目标，激发他们的学习动机和兴趣，引导他们主动探究和应用知识。在任务型教学法中，学生需要基于现实情境、接受任务、制定解题策略、完成任务并得到评价等步骤，达到学以致用的效果。任务型教学法可以分为以下几个环节。

1.任务呈现

任务呈现用于向学生介绍学习任务和目标，并明确任务需求和要求。其主要目的是帮助学生更好地理解和完成学习任务，提高学习效果和成果。

在任务呈现阶段，教师需要给学生清晰地介绍学习任务和目标，让学生了解任务的具体要求和预期结果，同时也需要告诉他们任务所涵盖的知识点和技能要求。这样可以使学生对任务有清晰的认识和方向，以便更好地准备和完成学习任务。

除了任务的介绍和说明，教师还需要为学生提供必要的资源和指导，例如学习材料、参考书籍、网站链接等，以便学生更加深入地掌握任务中所包含的知识点和技能。

教师需要详细地解释任务完成规则和评分标准，让学生明确任务提交的截止时间、形式和内容要求，同时也要给出具体的评分标准和评价方式，让学生知道如何才能得到满意的成绩和反馈。

2.案例分享

案例分享通过阐述相关案例或经验，引导学生了解相关背景和问题，让学生更好地理解和掌握学习任务。其主要目的是帮助学生从实际生活或工作中学习知识和技能，提高他们对问题的认识和处理能力。

在案例分享中，教师需要选择与学习任务相关的案例或经验，尽可能地突出案例中存在的具体问题或挑战，并向学生展示成功克服这些问题或挑战的方式和方法。这样可以使学生更好地理解任务的重要性和所涉及的技能要求，同时也有利于激发学生的学习动力和兴趣。

除了案例本身，教师还需要为学生提供必要的背景信息和解释，以便学生更好地理解案例和相关问题。并且，教师还应该鼓励学生积极参与讨论和分析，提出自己的看法和观点，以便加深学生对问题的理解和思考。

教师需要帮助学生将所学到的知识和技能应用到实际生活或工作中，并给予必要的指导和支持。通过反复练习和巩固，学生可以逐渐熟练掌握所学到的技能，并在实际中取得更好的成果。

案例分享是一种非常有效的教学方法，它可以帮助学生更好地理解和掌握学习任务，提高他们的问题处理和解决能力。

3.队伍组建

教师根据学生的学科特长和兴趣爱好等进行分组，形成多元化的小组合作学习。其主要目的是提高学生的学习效果、激发他们的学习兴趣和积极性，同时也能够培养学生的团队合作精神和沟通能力。

在队伍组建中，教师需要根据学生的不同特长和兴趣爱好，将学生分为不同的小组。这样可以让学生按照自己的倾向和优势参与到学习任务中，并且有利于学生在协作中相互补充和促进，从而更好地完成学习任务。

除了个人的特长和兴趣爱好，教师还可以考虑学生的性格、学习方式等因素，以便更好地组织小组活动并确保每个小组的有效运作。

在小组合作学习中，教师需要给学生明确任务要求和目标，并鼓励学生之间积极地沟通和交流。同时，教师也需要在适当的时候提供必要的指导和支持，以便帮助学生克服难点和困难。

教师需要对小组合作学习的成果进行评估和反馈，并为学生提供具体的指导和建议。这样可以帮助学生总结经验和教训，不断完善自己的团队合作精神和沟通能力，以及提高学习效果和质量。

队伍组建是一种有效的教学方法，它可以促进学生的多元化发展，提高他们的学习效果和成果，并培养他们的团队合作精神和沟通能力。

4.解决方案讨论

通过学生组内进行任务分配并在小组内讨论制定解决计划，教师进行跟进指导并及时反馈，以达到提高学生的问题解决能力和团队合作精神。

在解决方案讨论中，教师需要先向学生介绍学习任务及其目标，并对任务的难点和要求进行说明。然后，将学生分为小组，并让每个小组内部协商分工，并制定解决方案的具体步骤。在这个过程中，教师可以作为咨询顾问，向学生提供必要的指导和建议，以便帮助他们更好地明确任务和解决问题。

在小组内讨论制定解决计划的过程中，教师可以鼓励学生之间进行积极的交流和讨论，充分发挥每个人的特长和优势，形成有效的合作机制，并达成最佳的工作方案。同时，教师也需要注意引导学生充分考虑任务的各个方面，并避免受到片面的想法和偏见误导。

在解决方案讨论的过程中，教师还应该及时给予学生反馈和指导，以帮助他们不断改进和完善自己的解决方案。这样可以使学生更好地掌握问题解决的方法和技能，并为将来的工作打下良好的基础。

解决方案讨论是一种有效的教学方法，它可以培养学生的团队合作精神和问题解决能力，同时也能够提高学生的自主学习和主动思考能力。

5.学习实施

学习实施要求学生按照任务要求采取有效措施，通过实施和实践来提高英语口语应用技能。其主要目的是帮助学生将所学到的理论知识转化为实际操作，并掌握英语口语应用技能。

在学习实施中，教师需要给学生指定具体的实践任务，以便让学生将所学到的知识应用于实践中。同时，教师也需要向学生传授应对实践中可能遇到的问题的解决方案，并鼓励学生通过实践不断地加强英语口语应用技能。

在实践过程中，学生需要根据任务要求制定相应的工作计划，包括任务分配、时间安排、资源准备等，从而保证任务顺利完成。同时，学生还需要积极参与实践活动，不断调整和改进自己的方法和策略，以逐步提高英语口语应用技能。

教师可以通过观察和反馈，及时给予学生必要的指导和支持，以帮助他们解决实践中遇到的问题并加强英语口语应用技能。同时，教师还可以将实践过程中的成功经验分享给其他学生，以便帮助他们更好地完成学习任务。

学习实施是一种非常有效的教学方法，它可以帮助学生提高英语口语应用技能，同时也能够增强学生的自我管理和问题解决能力。通过不断的实践和锻炼，学生可以更好地理解英语口语应用技能，并逐渐掌握相应的方法和策略，从而在工作和生活中获得更好的表现和成就。

6.总结反思

总结反思要求学生在完成任务后，与教师进行总结反思，以便了解自己的表现和存在的问题，并进行深入分析和探讨。其主要目的是帮助学生对自己的学习进行评估和反思，找到自身的短板并加以改进。

在总结反思中，教师需要引导学生回顾和分析自己在完成任务中的表现和成果，并鼓励他们开诚布公地分享自己的感受和体会。同时，教师还应该给予学生必要的指导和建议，以帮助他们更好地理解任务和找到问题所在，在下一次学习中加以改正。

在总结反思的过程中，学生不仅可以重新审视自己的学习行为和效果，也能够借此机会与他人进行交流和探讨，获得有价值的非正式反馈。这样可以帮助学生加深对任务内容、目标和意义的理解，同时也有利于促进团队合作，提高沟通和表达能力。

教师还需对整个学习过程进行总结反思，并对自己的教学方法和策略进行评估和反思，从而不断完善教学方法和策略，提高教学效果和质量。

总结反思是一种非常重要的教学方法，它能够帮助学生进行自我评估和反思，找到改进的方向和方法；同时也能促进团队合作和师生互动，并有助于教师改进自己的教学方法和策略，提高教学效果和质量。

通过任务型教学法，学生不仅可以获得实践经验和问题解决能力，还能够全面提高英语口语应用能力。

三、交际教学法

交际教学法是大学英语口语教学的一种重要方法，它强调为学生提供自然、真实、有意义的交际环境，让学生在语言交流中获得实践经验，提高英语口语表达能力。交际教学法主要包括以下几个环节。

1.语言输入

语言输入是通过听力、阅读和观看视频等方式，向学生呈现真实的情景和语言材料。其主要目的是提高学生的语言理解能力和语言表达能力，以便更好地掌握和应用所学知识。

在语言输入中，教师需要根据教学目标和学生的水平制定相应的语言输入计划，并选择合适的教材和资源进行讲解和演示。同时，教师还可以利用多媒体技术，为学生提供丰富的语言输入资料，例如音频、视频、图片等。

在语言输入的过程中，学生需要积极参与，不断借鉴模仿，尝试使用新的语言知识和表达方式，并在实践中不断巩固和加强自己的语言能力。同时，学生也需要开放心态，乐于接受新的语言输入，并通过不断的训练和运用，提高自己的语言能力和表达水平。教师需要及时给予学生反馈和指导，并鼓励学生积极参与和尝试。同时，教师还应该注意调整自己的教学方式和策略，以满足不同层次学生的需求和要求。

语言输入是一种非常重要的教学方法，它可以帮助学生更好地掌握和应用所学知识，并提高他们的语言表达能力。通过丰富的语言输入资料和教学策略，教师可以让学生在实践中不断巩固和加强自己的语言技能，从而为将来的学习和工作打下良好的基础。

2.语言输出

独立思考并进行语言输出，从而带动学生积极参与口语交流。其主要目的是提高学生的口语表达能力和自信心，培养他们的团队合作精神和批判性思维。

在语言输出中，教师需要提供丰富有趣的课堂活动，并引导学生积极参与和表达意见。同时，教师还应该鼓励学生进行互动和讨论，并及时纠正和指导学生的语言错误，以便帮助他们更好地掌握和应用所学知识。

在语言输出的过程中，学生需要提高阅读和听力技能，并学会独立思考和表达意见。同时，学生也需要学会倾听他人的意见和看法，并尊重不同的观点，从而促进团队合作和交流。教师应该鼓励学生大胆发言，并给予肯定和鼓励，以激发学生的自信心和积极性。同时，教师还应该注意引导学生发挥批判性思维，通过讨论和分析问题，不断深化对问题的理解和认识。

语言输出是一种非常重要的教学方法，它可以帮助学生提高口语表达能力和自信心，并培养他们的团队合作精神和批判性思维。

3.语用讲解

语用讲解注重口语语用知识的传授，帮助学生了解英语口语应用的规范性和习惯性，从而培养适应社交文化的语言交际能力。其主要目的是提高学生的口语表达能力和交际能力，为他们将来进入社会做好准备。

在语用讲解中，教师需要提供具体实例，并通过逐步分析和讲解的方式强调口语语用的重要性。同时，教师还可以引导学生模仿和练习相关的口语语用表达方式，并及时纠正和指导学生的语言错误。

在语用讲解的过程中，学生需要注意观察身边人的口语语用表达方式，并灵活运用所学的语言技巧，提高自己的口语表达能力和交际能力。同时，学生也需要理解不同文化背景下的社交习惯和礼仪，尊重差异，避免跨越式失误。教师应该鼓励学生积极参与并发挥创造性，丰富口语语用表达方式，并多方面展示语用的多样化和复杂性，以便扩展学生的交际能力和视野。

语用讲解可以帮助学生了解英语口语应用的规范性和习惯性，提高他们的口语表达能力和交际能力。

4.对话设计

对话设计是一种特别实用的英语口语教学方式，可以帮助学生在现实情境中学习和运用英语。对话练习不仅能够提高学生口语表达的流畅度，还能培养他们的听力、阅读、写作和翻译等多方面的语言技能。在对话设计过程中，教师需要针对学生不同的水平和需求进行个性化的指导，充分利用网络、社交媒体等工具促进学生之间的互动与交流。同时，教师还应该鼓励学生积极参与到对话练习中，激发他们的学习兴趣和自信心。基于对话设计的英语口语教学模式已经成为现代英语教育一种重要的组成部分，有着广泛的应用前景和深远的教育价值。

5.语难评价

由于语言表达的多样性和复杂性，导致难以对学生的语言水平进行客观准确的量化评价。为了有效管理交际教学过程，采用评估方式来进行语难评价。

在语难评价中，教师可以结合任务设计和实际表现情况，采用自我评价、同伴评价和教师评价相结合的方法，对学生的口语表达能力和交际能力进行全面综合评价。同时，教师还应该通过与学生针对性的反馈和指导，帮助他们发掘潜力，弥补不足。

在语难评价的过程中，教师需要关注学生的语音语调、词汇语法、交际策略等方面的表现，并进行针对性的评价和建议。同时，教师还需要引导学生树立正确的学习态度和价值观念，鼓励他们积极参与英语学习和交流活动。评价和反馈是一体的。在评价之后，教师需要及时给予学生反馈和指导，帮助他们理解评价结果，发现不足之处，并制定改进计划。教师还应该关注学生在反馈后的表现，随时调整教学策略，并鼓励学生不断提高自己的语言水平。

语难评价是一种基于任务设计和实际表现情况、采用评估方式对学生口语表达能力和交际能力进行综合评价的教学方法。通过评价和反馈相结合的方式，教师可以帮助学生提高语言水平，并培养其正确的学习态度和价值观念。

交际教学法可以有效提高学生语言运用能力和交际技巧，促进学生对英语的主动应用和多层次理解。因此，在大学英语口语教学中广泛采用交际教学法，是有效提高学生英语口语表达能力的重要方法之一。

四、游戏化教育法

游戏化教育法是大学英语口语教学的一种新型方法，它通过游戏化设计和应用，将学习内容转化为有趣而具有挑战性的活动，以激发学生学习兴趣和主动性，提高学生的参与度和积极性。在大学英语口语教学中，游戏化教育法通常包含以下几个环节。

1.目标设定

目标设定可以根据学生的英语水平和教学目标，制定对应的游戏化学习目标，帮助学生更好地掌握英语知识和技能。

在目标设定中，教师需要了解学生的英语水平和教学需求。通过测评和观察学生的口语表达能力和交际能力等方面的表现，确定学生的语言水平，并制定合适的目标和策略。还需要考虑教学内容和任务，根据课程大纲和教学标准，设计具体的游戏化学习目标，并在课堂上给予学生详细的讲解和说明。也要对游戏规则、流程、奖惩机制等进行详细的说明，以便学生更好地理解和参与。

教师应该鼓励学生积极参与，并将游戏化学习目标与实际生活联系起来，激发学生的学习兴趣和热情。还需要及时给予学生反馈和指导，并引导学生自我评价和自我调整，培养他们的自学能力和学习动力。

通过对学生的英语水平和教学需求的了解，制定适合的游戏化学习目标，并给予详细的讲解和说明，可以促进学生更好地掌握英语知识和技能，提高其学习兴趣和热情，为将来的学习和工作打下良好的基础。

2.游戏设计

游戏设计可以通过创意和趣味性的游戏形式，增强学生对于英语口语练习内容的吸收度和互动性。针对不同语言水平的学生，可以设计适合他们的口语练习内容的游戏形式，如角色扮演、卡片匹配、抢答等多种形式。

（1）角色扮演。

角色扮演游戏是一种让学生通过模拟真实情境进行口语练习的方法。在游戏中，教师可以将学生随机分为小组，每个小组扮演一个特定的场景角色（例如去餐厅点餐），然后进行对话练习。在这个过程中，教师可以引导学生测验有关词汇，语音和交际技巧，并及时给予指导和反馈。

（2）卡片匹配。

卡片匹配游戏是一种通过卡片匹配完成相关任务的游戏形式，例如将图片与相应的单词匹配起来。在课堂上，教师可以准备一些带有图片和单词的卡片，通过让学生自我匹配单词和图像，培养他们的词汇量和学习兴趣。

（3）抢答。

抢答游戏是一种让学生通过抢答并回答问题的方式，进行快速的语言锻炼。在游戏中，教师可以准备一系列的问题或者句子，然后让学生进行抢答，正确回答的学生有机会得到额外点数或奖励。这样不仅能提高学生的积极性和竞争性，还可培养其记忆力和口语表达技巧。

游戏设计可以帮助学生更好地掌握英语知识和技能。通过创意和趣味性的游戏形式，针对不同语言水平的学生，设计适合他们的口语练习内容的游戏形式，如角色扮演、卡片匹配、抢答等多种形式，从而激发学生的学习兴趣和热情，提高其学习效果。

3.游戏规则

合理的游戏规则和流程可以有效地提高学生参与度和效果。下面是一些确定游戏规则和流程的具体方法。

（1）根据教学目标设计游戏规则。需要根据教学目标设计游戏规则，并确保游戏规则与教学目标相符。例如，如果教学目标是帮助学生提高口语表达能力，那么可以采用一些交际口语游戏；如果目标是提高听力水平，那么可以采用一些听力训练游戏等。

（2）设计简单易懂的游戏规则。为了让学生更容易理解游戏规则，游戏规则应该尽可能简洁明了。教师可以采用图表、示意图等多种形式来辅助说明游戏规则，并逐步引导学生掌握游戏规则。

（3）强调游戏流程。游戏流程是指整个游戏过程中各个环节的有序安排和协调。游戏流程应该清晰明确，游戏环节间转换应该自然流畅，以确保学生在游戏中不会感到枯燥乏味或者迷失方向。

（4）考虑学生个体差异。在游戏规则和流程的设计中，教师需要考虑到学生个体差异。例如，如果学生水平参差不齐，可以分层次分组；如果有学生语言表达能力差，可以增加一些提示或者给予更多细节说明等。

（5）培养良好游戏习惯。在确定游戏规则和流程的同时，也要培养学生良好的游戏习惯。例如，尊重对手、遵守游戏规则、注重团队合作、勇于尝试等。

通过恰当的游戏规则和流程，可以让学生在轻松愉悦的氛围中进行英语口语练习。在游戏规则和流程的设计中，教师需要以学生为中心，灵活掌握教学方法，尽可能地发挥学生的主观能动性和创造性，以促进其英语口语表达能力的提高。

4.游戏实施

游戏实施是需要让学生按照游戏规则参与活动，并给予足够的支持和鼓励，以激发其学习兴趣和自信心。

在游戏实施中，教师需要先仔细解释游戏规则，并让学生理解游戏的目的和流程。然后，教师应该让学生分成小组或者配对，互相协作完成游戏任务，这样既可以提高学生的团队合作能力，也可以增加彼此之间的互动性。

在游戏实施的过程中，教师应该关注每个学生的表现，及时给予支持和鼓励，并对学生的错误和不足进行指导和纠正。同时，教师还可以设置小奖励和大奖励等方式，激发学生的学习兴趣和竞争意识，增强学生的自信心和愉悦感。

在游戏实施结束时，教师应该及时给予学生反馈和评价，帮助学生了解自己的优点和缺点，并制定改进计划。同时，教师也应该鼓励学生积极参与并发挥创造性，丰富口语表达方式，为学生的口语训练提供更多的刺激和挑战。

在游戏实施中，教师需要让学生按照游戏规则参与活动，并给予足够的支持和鼓励。

5.学习反馈

通过评估和反馈，可以帮助学生了解并纠正错误，同时鼓励他们在游戏化学习中不断提高。

在学习反馈中，教师需要对学生的学习成果进行评估，并根据评估结果给予具体的反馈和指导。教师可以将学生的口语表达能力、词汇语法和交际策略等方面的表现进行记录和分析，分别从正确性、流畅度、自信度等多个方面给予评价。

教师还应该及时对学生的表现进行正面和建设性的反馈，并针对学生的错误和不足给出具体的纠正意见和指导策略。同时，教师也应该引导学生自我评价和自我调整，让学生有机会发掘自身潜力，增强学生的自学能力和自信心，从而更好地提高其口语表达能力和交际能力。

在学习反馈中，教师还应该鼓励学生在游戏化学习中不断提高，并积极参与各种英语学习和交流活动。通过适当设置奖惩机制和提供更多的激励和挑战，激发学生的学习动力，培养学生良好的学习态度和价值观念。

教师需要评估学生的学习成果，并给予具体的反馈和指导。通过引导学生自我评价和自我调整，鼓励他们在游戏化学习中不断提高，并积极参与各种英语学习和交流活动。

通过游戏化教育法，学生可以在愉悦的氛围中提高英语口语表达能力和交际技巧。同时，游戏化教育法还可以提高学生的合作意识、竞争意识和自主学习能力，为大学英语口语教学注入新的活力和创新思维。因此，在大学英语口语教学中广泛采用游戏化教育法，是有效提高学生英语口语水平的重要方法之一。

五、模拟教学法

模拟教学法是通过模拟真实场景和活动，为学生提供良好的交际语言环境，帮助学生在语言表达中获得实践经验，提高英语口语表达能力。在大学英语口语教学中，模拟教学法通常涉及以下几个环节。

1.教师引导

教师引导可以有效地提高学生的参与度和质量。在模拟教学中，教师需要通过讲解、演示等方式向学生介绍模拟教学的目的和要求，并指导学生准备相应的材料和内容。

（1）介绍模拟教学的目的和要求。教师首先需要向学生介绍模拟教学的目的和要求，让学生了解到模拟教学对于英语口语能力的培养具有重要意义。同时，教师也需要告诉学生模拟教学中需要注意哪些方面，以便学生能够更好地准备和展示。

（2）指导学生准备相关材料和内容。在学生理解模拟教学目的和要求的基础上，教师需要指导学生准备相关材料和内容，例如教学 PPT、教案、听力材料等，确保学生在模拟教学中能够充分发挥自身的创造力和表达能力。

（3）提供实用性建议。教师在引导学生准备模拟教学时，还可以提供一些实用性的建议。例如，在设计教学 PPT 时，可以注意色彩、字体等问题；在编写教案时，可以注重词汇和语法的使用等。

（4）演示范例。为了使学生更好地掌握模拟教学的技巧和方法，教师还可以提供一些演示范例。在演示中，教师需要注重表达方式和细节处理，以帮助学生更好地理解和掌握相关技能和知识。

（5）给予反馈和指导。完成模拟教学后，教师需要及时给予反馈和指导，评价学生的表现，同时指出不足之处，并提供改进建议。通过反馈和指导，学生可以更好地总结经验和提高自身的英语口语能力。

在教师引导下，学生能够更好地理解模拟教学的目的和要求，并准备相应的材料和内容。教师需要及时地为学生提供实用性建议和范例，帮助他们更好地掌握相关技能和知识，并在模拟教学过程中给予反馈和指导。

2.角色扮演

通过将学生分组或分配不同角色，让他们以一个特定的情景为背景，进行口语练习和互动。

在角色扮演过程中，教师需要先对话题或者场景进行充分的介绍和解释，并让学生了解和熟悉自己的角色和任务。学生可以通过阅读材料、观看视频等方式来了解并准备好自己的角色。

教师可以让学生根据自己的角色和任务，在一定时间内进行交流和表达。学生可以运用所学的词汇、语法和交际策略，与其他角色进行互动，并尝试使用英语进行口语练习。在这个过程中，教师应该引导学生克服语言障碍，并给予相应的支持和鼓励。

在角色扮演结束时，教师可以组织学生进行回顾和反思，并对学生的口语表达能力、词汇量和交际策略等方面进行评估和反馈。通过评估和反馈，可以促进学生更好地掌握英语知识和技能，并激发他们的学习兴趣和积极性。

3.互动讨论

通过提出问题、引导讨论等方式，促进学生之间的互动与交流，并提高学生英语口语应用技能。

在互动讨论过程中，教师可以首先提出一个主题或者问题，并对学生进行激发和启发，引导他们从不同角度来分析和思考这个问题。在讨论过程中，教师需要注意控制时间和参与度，促进学生之间的平等互动，确保讨论的质量和效果。

教师还可以鼓励学生使用各种口语表达策略，例如礼貌用语、情态动词、状语从句等，提高学生的口语应用水平。同时，教师还可以及时给予学生反馈和指导，帮助他们纠正错误，并不断改进自己的口语表达能力。

在互动讨论结束时，教师可以对学生的表现进行评估和反馈，针对学生的问题和不足，提供具体的指导意见和建议，帮助学生加强自我学习和提高英语口语水平。

4.反馈评估

反馈评估可以帮助教师及时跟进学生的学习情况，对学生的参与度、表现和语言表达能力进行评估，并给予具体的反馈和建议，以促进学生更好地掌握语言知识和技能。

在反馈评估中，教师需要注意以下几个方面。

（1）及时性。教师应该尽可能地在学生完成一项任务之后及时进行评估和反馈，以便学生对自己的纠正和改进有清晰的认识。

（2）公正客观。教师应该根据学生的实际表现进行评估和反馈，而不是主观臆断或者过于苛刻，确保评估结果公正客观。

（3）全面细致。教师需要对学生的参与度、表现和语言表达能力等多个方面进行评估和反馈，并给出具体的建议和指导，以帮助学生提高英语水平。

（4）鼓励和支持：教师需要通过积极的鼓励和支持，帮助学生克服困难和挑战，提高学生的学习动力和兴趣。

在反馈评估过程中，教师可以采用多种方式提供反馈和建议，比如写评语、讲评、问答等。教师还可以为学生制定学习计划和目标，以便学生更好地规划自己的英语学习，并不断提高自己的语言水平。

通过模拟教学法，学生可以在真实环境中体验英语交际，感受英文世界的语言和文化。模拟教学法还可以培养学生的合作意识、竞争意识和自主学习能力，增强他们在英语交际中的信心。因此，在大学英语口语教学中广泛采用模拟教学法，是有效提高学生英语口语水平的重要方法之一。

第四节　大学英语口语评价方法分析

一、语言产出评估法

大学英语口语评价方法有很多，其中一种常用的方法是语言产出评估法。语言产出评估法主要是针对学生英语口语表达能力的评估，通过考察学生的话语输出来对其语言水平进行评价。

具体来说，语言产出评估法主要包括以下几个方面。

1.语音

作为学生，要想让自己的发音变得清晰准确，需要日常坚持练习，并且注意重音和节奏。同时，也应当学习英语语音规则，熟悉各个音标及其发音规则，如单元音、双元音、辅音等。在练习时可以通过模仿、跟读等方式加强口腔肌肉的训练，提高发音的准确性与流利度。此外，在交流中多与母语人士对话，倾听他们的发音并进行比对，也是提高发音的有效方法。

2.流畅度

学生在讲话过程中要想流畅地表达自己的意思，需要具备一定的口语表达能力。首先，要保持良好的口音和发音准确性。其次，积极扩充词汇量，并学习各类常用表达和句型模板，在平时的练习中多加模仿和应用，逐步培养自己的口语表达能力。此外，还需要注意语速和语调，不宜过快或过慢，要避免过度紧张和焦虑，放松心态，以便更好地掌握语言节奏和方法。

3.词汇

想要让自己的词汇量丰富、能够恰当地运用各种语言技巧，学生需要在平时多读多写、积极参加口语活动，这可以提高他们的理解和应用能力，并让他们更好地掌握各式各样的语言表达方式。同时，学生还应该注重学习英文成语、俚语等常用的语言技巧，这些语言工具可以让他们更好地理解、运用并准确表达自己的思想和意图。

4.语法

学生想要正确使用适当的语法规则，首先需要熟悉各类语法知识点，并在书写、口语表达等方面注重语法结构的正确性。如果有语法问题，可以通过查阅语法参考书籍或者请教老师来加强自己的理解和掌握。同时，学生还可以多进行语法练习，例如填空、改错等练习，这有助于增加对语法的熟悉程度，提高自己的语法造诣和运用能力。这样才能真正做到在表达时使用适当的语法规则，包括时态、语态等方面，从而使自己的语言更加准确、流利。

5.交际策略

学生要想灵活运用各种交际策略，首先需要熟悉并掌握常见的交际用语，并在书写、口语表达等方面注重使用礼貌用语和问句等交际策略。此外，在与听众互动时，学生还需要及时倾听对方的意见，以便更好地回应和建立良好的交流关系。同时，学生可以多进行演讲、辩论等活动，这有助于增强自信心，提高口语表达能力，从而更好地实现与听众之间的互动和理解。

在使用语言产出评估法进行评估时，教师可以引入不同的评分标准，根据学生的表现给出不同的分数。例如，可以按照流畅度、词汇量、语法正确性等方面进行评分，也可以通过给学生的表现打出不同的符号和打勾来对其进行评价和反馈。

二、自我评估法

自我评估法主要特点是让学生在说完一段话后自己进行评价和反思。相比于传统的师生互动评估方式，自我评估法可以更好地培养学生的自主性、主动性和批判性思维能力。具体来说，自我评估法主要包括以下几个重要环节。

1.训练

在课前或者课上，教师可以通过示范和练习等方式，让学生了解如何进行自我评估和反思，并掌握评估的技巧和方法。

2.实践

在具体口语表达任务时，教师可以让学生先说一段话，然后根据自己的理解和认知，对自己的表现进行评价和反思。评价的内容可以包括发音、流畅度、词汇、语法和交际策略等方面。

3.反馈

学生完成自我评估后，教师可以给予具体的反馈和指导，并与学生一起分析问题所在，并共同探讨改进的方法和策略。

4.改进

学生通过自我评估和反思，可以对自己的不足有更清晰的认识，在教师的指导下，针对自己的问题和不足，制定具体的改进计划，并积极实践。

通过自我评估法，学生可以从自身出发，更全面地了解自己的英语口语水平，找到自己的优势和不足，并在教师的指导和鼓励下，逐步提高自己的口语表达能力。

三、同伴评估法

同伴评估法主要特点是通过让学生相互评估和反馈，来促进彼此之间的交流和合作，提高英语口语表达能力。具体来说，同伴评估法主要包括以下几个环节。

1.准备

教师可以在课前给学生介绍同伴评估的方法和标准，并为学生分组，确保每个学生都有一个同伴来进行评估。

2.实践

学生完成口语表达任务后，教师会让同伴相互评估和反馈，可以使用类似打分、打勾和留言等方式，对发音、流畅度、词汇、语法和交际策略等方面进行评估和反馈。

3.反馈

学生完成同伴评估后，教师还可以给予具体的反馈和指导，并与学生一起分析问题所在，并共同探讨改进的方法和策略。

4.完善

学生通过同伴评估和反馈，可以更全面地了解自己的优势和不足，在教师的指导下，针对自己的问题和不足，制定具体的改进计划，并积极实践。

通过同伴评估法，学生可以相互促进、相互学习，更全面地了解自己和同伴的英语口语水平，找到自己的优势和不足，并在教师的指导和鼓励下，逐步提高自己的口语表达能力。

四、教师评估法

教师评估法主要特点是教师针对学生的英语口语表达能力进行评价和反馈。相比于其他评估方法，教师评估法可以更准确、全面地了解学生的英语口语表达水平，并给出具体的反馈和指导。具体来说，教师评估法主要包括以下几个环节。

1.教师示范

在课前或者课上，教师可以通过自己的口语表达示范，让学生感受到英语口语表达的标准和技巧。

2.评估标准

教师需要确定评估的标准和细则，例如发音、流畅度、词汇、语法和交际策略等方面。

3.实践

学生完成口语任务后，教师会根据评估标准对学生的口语表达能力进行评估和反馈，可以使用类似写评语、讲评、问答等方式，给出具体的建议和指导。

4.反馈

学生完成口语评估后，教师会与学生一起分析问题所在，并共同探讨改进的方法和策略。

5.改进

学生可以根据教师的评估和反馈，找到自己的不足和缺陷，并制定具体的改进计划，积极实践。

通过教师评估法，教师可以全面地了解学生的英语口语表达水平，帮助学生更好地掌握英语口语技能和策略，提高其口语表达能力。

五、口语测评工具

口语测评工具主要特点是采用科学、客观和标准化的方式对学生的英语口语表达能力进行测评。相比于其他评估方法，口语测评工具可以更全面、准确地了解学生的英语口语水平，并为教师提供更具有参考价值的信息。具体来说，目前市面上常用的口语测评工具有以下几种。

1.PTE（雅思）口语测评

这是一种在线口语测评系统，通过语音技术、自然语言处理和人工智能技术，对学生的发音、流畅度、词汇、语法和交际策略等方面进行评估和反馈。评估结果具有较高的客观性和准确性，被广泛应用于大学英语教育和留学考试。

2.ETS（托福）口语测评

这是一个基于语音分析技术的在线测评系统，可以对学生的发音、流畅度、语法和交际策略等方面进行评估和反馈。评估结果具有严格的质量控制和标准化，是国际留学申请中重要的参考标准之一。

3.OPIc 口语测评

这是一个由 ACTFL（美国外语教师协会）开发的口语测评系统，主要针对实际交际情景下的英语能力进行评估和反馈。该工具采用人际交流技巧，通过模拟真实情境中的对话交流，考察学生的语言水平，并给出具体的建议和指导。

4.SpeakAssist 口语测评

这是一个基于智能语音识别技术的口语测评系统，能够准确地捕捉学生的口语输入、翻译和反馈，并提供个性化的学习路径和练习方案。

通过使用口语测评工具，教师可以更全面、准确地了解学生的英语口语表达水平，并为学生提供更具有参考价值的评估结果和个性化的学习建议。同时，口语测评工具也可以促进英语口语教学和研究的发展，推动科技与教育相融合，不断提高教育教学质量和效率。

第五节　实证研究部分

实证研究是指基于实验、问卷调查、观察等方法，对某一问题进行科学检验和验证的研究方法。在大学英语口语评价领域，实证研究可以用来考察不同评估方法的效果和影响因素，进而为教学改进提供依据和建议。

一、研究设计

研究设计是实证研究的重要组成部分，其主要目的是规划研究的具体内容和流程，确保研究结果具有可靠性和有效性。在大学英语口语评价领域，常见的研究设计包括以下几种。

1.随机对照实验设计

将被试随机分为实验组和对照组，比较不同评估方法对英语口语表达能力的影响。如对比自我评估法与同伴评估法的效果差异。

2.问卷调查设计

采用问卷的形式收集学生关于英语口语评价的态度、看法和经验，通过数据统计和分析来探究评估方法的优缺点和影响因素。

3.观察设计

观察学生在不同评估环节中的行为和表现，如发音、流畅度、词汇和语法使用等，从而对评估方法的有效性和改进方向进行分析和研究。

4.案例研究设计

依据个别学生在英语口语表达过程中的具体问题和经验，探讨不同评估方法对于学生个性化发展的影响，并提出相应的改进方案和建议。

以上研究设计仅是一部分，在实际应用中还需要根据具体研究问题和目的选择合适的设计方式。同时，在进行实证研究时，还需要注意合理抽样、数据处理和结果分析等方面，以确保研究结果具有科学性和准确性。

二、实施方案

实证研究的实施方案包括具体的实验、调查和观察等方法，并根据研究目的和问题选择合适的数据分析和结果解释方式。在大学英语口语评价领域，下面是几个可能的实施方案。

1.随机对照实验法

将受试者随机分配到两组（例如实验组和对照组），在同样的口语训练环境中，实验组使用一种口语评估方法，对照组使用另一种口语评估方法，然后比较两组在口语表达能力上的改进情况。为了提高实验的可靠性和有效性，需要注意控制实验条件的其他影响因素，如课程时间、教师风格、教材使用等。

2.问卷调查法

设计专门的调查问卷，针对不同的评估方法、评估标准、评估效果等方面进行调查，以了解学生关于不同评估方法的看法、经验和反馈，同时也可以了解教师的评估体验和建议，通过统计和分析问卷数据，得到研究结论，并且得出改进教学的建议。

3.观察法

观察学生在口语训练中的表现和行为，如正确使用语音、流畅度、词汇和语法使用等方面，可以通过录像或实时观察来记录分析，然后与不同的口语评估方法进行对比分析，并探讨其在实践中的效果和局限性。

4.案例研究法

选择几个典型的学生案例，以他们的口语发展过程作为研究对象，分析不同口语评估方法对这些学生口语能力的影响和设计相应的提高策略。例如，为满足某些学生口语评估的需求，教师可以针对他们制定更个性化的评估标准和策略。

实施方案的选取需要根据具体问题和研究目的来进行合理计划和安排，同时还要注意选择适当的数据分析方法，以确保研究结果的科学性和可靠性。

三、数据收集与分析

数据收集和分析的目的是将研究对象和变量转化为可量化的数据，并通过科学的数据处理和统计方法得出结论和推断。在大学英语口语评价领域中，以下是几种可能使用到的数据收集和分析方法。

1.实验方法

通过随机分组、实验前后的对比等方式，收集学生在不同口语评估方法下的表现数据，然后进行统计分析（例如方差分析、t检验等），以探究不同评估方法对学生口语表达能力的影响。

2.调查问卷方法

设计相关问题的调查问卷，采用比例统计、频数分析等方法进行数据的搜集和汇总，并且可以采用SPSS等专业数据分析软件进行统计分析，以了解学生对于不同评估方法的感觉、反馈等信息。

3.观察法

采用录像、视频等形式记录学生的口语表达过程和评估情况，采用内容分析和情境分析等方法，对数据进行统计和整理，以探讨不同评估方法对学生口语表达能力的影响。

4.案例研究法

收集典型的学生案例，对学生口语表达过程和评估方法进行记录、分析和整理，采用个案分析或多重观察法等方法进行数据的搜集和分析。

为了获得可靠和有效的研究结论，必须严格控制数据收集的质量，尽可能排除干扰因素，在数据准确性上精益求精。同时，也需要选择合适的数据分析方法，并采用专业的数据处理软件（例如Excel、SPSS等），以确保数据分析过程的科学性和准确性。

四、结果解释与讨论

结果解释和讨论的主要目的是从数据中推导出结论和发现，并以科学的方式对研究结果进行评价、总结和讨论。在大学英语口语评价领域，以下是几个可能的结果解释和讨论方向。

1.不同评估方法对口语表达能力的影响

通过前期的实验、调查和观察等数据收集，可以得到不同评估方法下学生的口语表达能力的具体数据，并采用合适的统计方法进行分析，进而探究各个评估方法的优缺点和效果。例如，相对于单纯的机器评估，教师评估是否有助于更全面地提高学生的口语表达能力。

2.口语评估标准的有效性与问题

作为口语评估的基础，评估标准的制定、运用和可靠性等方面也需要得到足够的考虑，通过实验、调查、观察等数据收集的方式，可以探索不同评估标准对学生口语表达能力的影响，分析评估标准的有效性和问题所在。例如，当前一些口语评估标准（如 IELTS/TOEFL）是否准确地反映了学生的口语表达能力。

3.个性化评估和教学策略的探讨

不同学生在口语表达过程中可能面临不同的问题和挑战，因此需要基于个性化的需求制定相应的评估、监控和提高策略。通过案例研究、调查问卷等数据采集手段，可以分析学生的个体差异及其对英语口语教育的影响，探讨如何更加有效地设计个性化评估和教学方案。

4.基于科技手段的口语评估改进

随着现代科技手段的不断发展，越来越多的新型口语评估工具被引入到英语口语教学中。因此，可以从技术创新的角度出发，探究这些新工具的优势和限制，以及与传统方法的比较和优劣分析。

有效的结果解释和讨论可以帮助我们优化英语口语教学方式，提高评估效果，并为教育教学的未来提供有益的思路和方法。

第六节　大学英语口语教学模式创新

一、基于情境构建的英语口语教学模式

情境构建法旨在促进学生在真实场景下使用英语进行交流，从而提高学生的口语能力。在大学英语口语教学中，情境构建模式可以被认为是一种非常有效的模式，以下是具体介绍。

1.模拟真实场景

情境构建法重视培养学生在真实场景下的口语表达能力，例如日常生活、商务交流、社交场合等，因此该模式通常采用模拟和角色扮演等方式来让学生在类似的语境中进行对话和交流。

2.注重语音表达

在情境构建法中，语音表达是非常重要的一环，这包括语调、语速、发音等方面，教师需要通过示范、讲解、演练等方式帮助学生正确运用语音元素来

提高口语表达能力。

3.个性化教学

情境构建法强调教学过程应该根据学生的个体差异进行调整，即以学生为中心的教学方法，根据不同学生的学习需求和水平确定教学目标和策略，鼓励学生自主学习和探究。

4.多元化评估

情境构建法的评估方式也与传统英语口语教学不同，强调以多种方式（如小组讨论、口头交流、写作任务、角色扮演等）来对学生进行综合评估，以全方位考察学生的口语表达能力。

在实施情境构建法时，需要注意以下几点。

（1）设计具有情境感的教材，并结合实际场景模拟教学内容。

（2）引导学生积极参与互动交流，提升口语表达水平。

（3）教师应该在教学过程中适当引导和纠正学生，在学习过程中充分发挥学生的主观能动性。

（4）评估方法需要与教学目标相一致，评价结果直接反映学生英语口语能力的提高和改进。

基于情境构建的英语口语教学模式旨在培养学生在真实语言环境下的口语表达能力，并且充分尊重学生的个体差异。因此，它是一个非常值得推广和使用的教学模式，可以有效地改善传统英语口语教学方法的不足，并且更符合现代人才培养的需要。

二、基于游戏化教育的英语口语教学模式

基于游戏化教育的英语口语教学模式将游戏元素应用到英语口语教学中的创新模式。这种教学模式能够激发学生的学习兴趣和动机，使学生更加积极地参与口语交流活动，并且在情景模拟、技能训练等方面具有很大的提升空间。以下是该教学模式的几个特点和实施方法。

1.游戏化设计

基于游戏化教育的口语教学模式需要通过游戏化设计，将学习任务转化成具有游戏性质的任务，例如互动竞赛、晋级挑战、猜谜解谜等形式，从而吸引学生的注意力并激发他们的学习兴趣。

2.情境模拟

游戏化教育还需要结合真实场景的情境模拟，让学生在虚拟环境中进行口语表达和对话交际，以此更好地锻炼他们的口语能力和语感。

3.技能训练

除了游戏化设计，该教学模式也需要通过不同技能训练来帮助学生更好地掌握英语口语技能，例如语音、语法、词汇等方面。通过基础技能的巩固和训练，学生才能在游戏任务中更加流畅地进行口语表达。

4.多元化评估

游戏化教育中的评估方式也与传统英语口语教学不同，强调以多种方式（如小组活动、角色扮演、对话互动等）对学生进行语言表达和交际的综合评估，以全面考察学生的口语表达能力。

在实施基于游戏化教育的英语口语教学模式时，需要注意以下几点。

（1）游戏内容应该符合学生的年龄和认知水平，并且不能脱离口语教学的主线。

（2）游戏化教学需要做到因材施教，根据不同的学生需求和水平制定相应的教学目标和策略。

（3）教师需要充分发挥自身的指导作用，及时纠正学生在口语表达或交际中出现的问题，提供有针对性的帮助和反馈。

基于游戏化教育的英语口语教学模式是一种非常新颖和有效的教学模式，可以大大提高学生对英语口语教学的兴趣和参与度，鼓励学生在情境模拟和实践中积极表达，提高他们的口语交际能力和沟通能力。

三、基于人工智能技术的英语口语教学模式

基于人工智能技术的英语口语教学模式是一种利用人工智能技术实现自动化评估和反馈的新型教学模式。该模式通过语音识别、文本分析等技术，对学生的口语表达进行检测和评估，并根据评估结果为学生提供个性化的反馈和指导。以下是该教学模式的几个特点和实施方法。

1.人工智能评估

基于人工智能的英语口语教学模式通常采用语音及文本分析等技术来自动识别和评估学生的口语表达能力。这种评估方式不但可以提高评估的效率，而且更加客观准确，能够更好地帮助学生发现口语表达中存在的问题和提高方向。

2.个性化教学

基于人工智能技术的英语口语教学模式还可以根据学生的口语表达情况，提供个性化的反馈和指导。通过对学生口语表达数据的详细分析和处理，能够更好地洞察学生存在的问题和需要提高的方向。具体而言，可以针对不同学生制定相应的教学计划和目标，实现因材施教。

3.自主学习

由于该教学模式的优点在于自动化评估和反馈，因此学生可以更加自主地进行学习。通过不断与人工智能技术互动，学生可以有效提高口语表达水平，同时培养自主学习的能力。

4.实时辅助

基于人工智能技术的英语口语教学模式还可以为学生提供实时辅助。当学生在口语表达过程中出现错误或难点，系统能够立即发现并给出相应的反馈和指导，帮助学生即时纠正错误和掌握正确发音和语法，进而提升他们的口语表达水平。

在实施基于人工智能技术的英语口语教学模式时，需要注意以下几点。

（1）要确保评估和分析的数据准确性和科学性。

（2）师生要充分了解和掌握人工智能评估的原理和方法，学习如何与 AI 交互。

（3）教师需要及时关注学生在学习过程中遇到的问题，并根据评估结果及时调整教学计划。

（4）学生应该积极配合教学模式的使用，不断通过人工智能技术提高自己的英语口语表达水平。

基于人工智能技术的英语口语教学模式融合了当下最先进的技术和教育手段，更加符合现代人才培养的需要，激发学生探索和创新精神，从而更好地实现英语口语教学的目标。

四、基于线上协作交流的英语口语教学模式

基于线上协作交流的英语口语教学模式是一种利用网络技术实现师生互动和学生之间合作交流的新型教学模式。通过应用网络讨论、在线聊天、远程授课等方式，可以极大地提高学生对英语口语教学的参与度和沟通能力。

以下是该教学模式的几个特点和实施方法。

1.线上协作

该教学模式注重学生之间的协作交流。学生在毫无压力的情况下，能够自由分享观点和想法，并接受同伴的评价和建议，从而促进彼此之间的交流和学习。

2.以学生为主体

基于线上协作交流的英语口语教学模式依靠学生主体性的参与，强调教师的辅导和引导作用，让学生更加主动地参与到英语口语的学习中来，增强他们的学习动力和兴趣。

3.强调反馈

在线协作交流还通过各种方式（如邮件、论坛、即时消息等）及时给予学生相关的认可和支持，同时给予鼓励和反馈，指导他们不断提高自己的口语表达和交际能力。

4.实用性

该教学模式注重提高实用性，以日常生活、商务交流、社交场合等为中心，为学生提供各种真实场景下的口语交流机会，让他们在情境中感受和掌握语言规律和表达技巧。

在实施基于线上协作交流的英语口语教学模式时，需要注意以下几点。

（1）教师应该根据学生的个体差异，制定相应的教学计划和策略，精心设计网络交流的内容和形式，确保教学效果最大化。

（2）学生之间互动要遵循科学合理的规则，遵守学生之间公平竞争、彼此尊重、诚信交流的原则。

（3）注重师生互动，教师要及时回复学生的问题和反馈，指导学生如何正确发音、运用语法和词汇，增强其口语表达和交流的自信。

（4）对于不同层次和需求的学生，还需要选择和组织不同类型和难度的英语口语活动，激发学生兴趣和参与度，并增强学生发现和解决问题的能力。

基于线上协作交流的英语口语教学模式适应了现代网络技术的发展趋势，更加贴近学生的实际需求，在促进学生口语表达能力、沟通能力以及解决问题的能力方面都具有重要的价值和意义。

第七节　存在问题与展望

一、大学英语口语教学中存在的问题及改进措施

在大学英语口语教学中，存在以下问题。

1.教师主导、学生被动

传统的大学英语口语教学中，往往是由教师主导控制，而学生则比较被动，缺乏积极参与的机会，导致学生在口语表达能力上不能得到有效提高。

2.课堂氛围单调沉闷

由于英语口语教学重点在练习口语能力上，因此教学内容相对单调，难以激发学生兴趣和热情，导致课堂氛围比较沉闷，对于学生来说也显得比较枯燥。

3.学生自主性不足

学生在英语口语学习中缺乏自主性，往往只是被动地接受教师的指导，并没有积极去思考和探究更好的学习方法和技巧，这对于提高学生的英语口语水平非常不利。

为了解决这些问题，可以采取以下改进措施。

1.营造积极的课堂氛围

教师可以采用多种方式来营造积极的课堂氛围，如增加互动环节、引导学生自由探索等。此外，也可以多使用一些轻松有趣的教学材料和活动来增加学生的兴趣。

2.强化学生参与意识

在大学英语口语教学中，教师需要将学生作为主体，引导他们积极参与，例如设计角色扮演、讲座和辩论等交流活动，以激发学生学习热情和兴趣，提高他们的口语表达能力。

3.综合运用信息技术手段

在现代化信息技术手段不断创新的背景下，教师可以多运用网络平台、手机应用程序等信息技术手段，通过多种途径提供练习管道，引导学生自主学习。

4.采用个性化教学方法

对于不同的学生，教师可以采用针对性强的个性化教学方法，在学生层次、

语言基础和文化认知等方面进行差异化的课程设置和教学实施，鼓励学生个性化思考和创造力的开发。

改进大学英语口语教学需要从多个方面出发，包括借助多种手段营造积极的课堂氛围、鼓励学生自主思考和创新以及采用个性化教学等措施，这样才能够更有效地提高学生的英语口语表达水平，并使其在未来的社交、工作中更加自信地运用口语。

二、大学英语口语评价指标的完善和提高

大学英语口语评价指标是评价学生口语表达技巧和能力的关键标准。完善和提高这些指标可以帮助教师更准确地评价学生，同时也为学生提供更具规范性和系统性的学习指导。下面是几条建议。

1.设计详细和全面的评价指标

在设计评价指标时，要考虑到多个方面，包括发音、词汇、语法、流利度和交际效果等。指标不应该只局限于某一种或某几种方面，而应该尽可能覆盖口语表达的各个层面。

2.引入社会、文化等因素

在大学英语口语教学中，除了注重语言技巧的训练外，还需要关注不同文化、背景和情境下的语用行为以及相应的社会意义。因此，在评价口语表达能力时，也可以从宏观的角度引入社会和文化等因素，以增加评价的深度和广度。

3.引入自我评价和同伴评价

除了教师的评价，学生自身的评价和同伴的评价也很有必要。自我评价可以帮助学生更有针对性地进行自我反思，而同伴评价可以增加学生之间的合作互动和交流，从而更好地理解与掌握口语表达技巧。

4.引入科技手段

随着现代信息技术的迅速发展，一些新兴的科技手段（比如人工智能）也可以用于大学英语口语评价中。这些技术可以对学生的语音、语调、音调等多个方面进行分析和展示，从而提高评价的客观性和准确性。

5.不断更新和改进指标体系

随着社会、经济变化和技术进步的不断推动，对英语口语教育领域的要求也在不断升级和变化。因此，指标体系也需要不断地进行更新和改进，使其更加贴合实际需求和发展趋势。

完善和提高大学英语口语评价指标需要教师们深入思考、开拓创新，同时还需要引入多种方法和手段，在不断尝试和实践的过程中，逐渐完善和提高口语评价指标体系，有效地促进学生英语口语能力的提高和发展。

三、大学英语口语教学模式的未来发展方向

大学英语口语教学模式的未来发展方向将会朝着更加智能化、多元化、互动化和个性化方向发展。

1.未来的大学英语口语教学将更加智能化

随着人工智能技术的不断发展，未来的大学英语口语教学将会采用更加智能化的教学方式，例如智能助教、虚拟教师等，以提高英语口语的交流效果。

2.未来的大学英语口语教学将更加多元化

除了传统的课堂教学，大学英语口语教学还将采用更多的教学形式，如在线学习、网络互动、线上直播、游戏式学习等，以满足学生的不同学习需求。

3.未来的大学英语口语教学将更加互动化

互动是英语口语学习中非常重要的一环，未来的大学英语口语教学将更加注重教师与学生之间的互动，课堂互动、小组互动等将成为教学模式的重要组成部分。

4.未来的大学英语口语教学将更加个性化

个性化教育已成为当今教育的重要趋势，未来的大学英语口语教学将更加注重根据学生的学习特点和需要进行个性化教学，采用定制化的教学方案、针对性较强的教师指导等方式，以提高学生的学习效果。

四、大学英语口语教学在数字化时代的挑战与把握

1.大学英语口语教学在数字化时代的挑战

（1）缺乏互动性。在线英语学习虽然为学生提供了便利，但在教师和学生之间缺少面对面的互动，这将影响学生的口语表达能力。

（2）信息重载。由于网络上的信息过于繁杂，学生很难选择有价值的资料进行学习，也无法获得及时反馈，因而影响学习效果。

（3）技术限制。目前的在线学习平台还存在一些技术限制，例如视频会议接入、互联网速度等问题，这将影响学生的学习体验。

2.大学英语口语教学在数字化时代的把握

（1）提高学习效率。数字化时代给大学英语口语教学提供了更高效、更及时的在线学习方式，可以有效地节约学生的时间和成本，提高学习效率。

（2）增加学习乐趣。在线教学平台可以采用游戏式学习等创新形式，吸引学生的兴趣，激发学习动力，提高学生的学习积极性。

（3）个性化教学。通过数字化技术，可以实现对学生进行更加个性化的教育，根据每位学生的需求和问题进行分析，提供针对性的教育方案。

（4）拓展国际视野。数字化时代为学生提供了更多结交国外人士的机会，这将有助于学生更好地理解和掌握英语口语，在国际交流中保持优势。

第十一章 案例分析与实证研究

第一节 案例选择与分析方法

案例选择与分析方法是一种常见的教学方法，它可以培养学生深刻理解和准确应用英语知识的能力。以下是大学英语教学中的案例选择与分析方法。

一、根据学习目标和研究问题选择案例

选择合适的案例是英语教育研究中一个非常重要的环节。在进行案例选择时，需要充分考虑学习目标和研究问题。

针对不同的学习目标，需要选择不同类型的案例。例如，如果学习目标是提高学生的听力能力，那么就需要选择一些涉及听力训练的案例，这样有助于让学生更好地掌握听力技能，并且提升听力水平。如果学习目标是提高学生的口语表达能力，那么就需要选择一些与口语训练相关的案例，这样可以帮助学生提高口语表达的流利度、准确度和自信度。

研究问题也是选择案例的一个重要考虑因素。如果研究问题是探究英语语言中的某个特定问题，比如动词时态的使用规则，那么就需要选择一些与动词时态相关的案例，这样才能更好地深入探究该问题，找到正确的解决方案。如果研究问题是了解外语教学的最新趋势和理念，那么就应该选择一些先进的教学案例，这样有助于了解最新的教学方法和技术，并且能够更好地指导教育实践。

二、选择代表性或特殊案例

在英语教育的案例选择中，代表性和特殊性是两个非常重要的因素。不同类型的案例具有不同的教学价值，可以帮助学生更好地理解英语语言现象。

选择代表性案例可以帮助学生了解某一类别的英语语言现象。例如，如果想要让学生了解英语中的动词时态规则，那么就可以选择一系列典型的动词时

态例句作为代表性案例，这样可以帮助学生全面掌握该类别的语言知识。代表性案例通常具有普遍性和广泛适用性，能够概括整个语言范畴，对学生的理解和记忆都有很好的促进作用。

选择特殊案例可以帮助学生了解某个具体的现象或事件。例如，在阅读理解教学中，可以选择一些真实的新闻报道或文学作品作为特殊案例，这样可以让学生深入了解文化背景、历史背景以及作者的思维方式，从而更加深入地理解英语语言现象。特殊案例通常与社会现实、个人经历等密切相关，容易引发学生的情感共鸣，在学习和思考中更加深入。

三、采用多重数据收集方法

在进行案例分析时，多重数据收集方法是非常必要的。通过不同的数据收集方法来获取多样化的信息和数据，可以更全面、准确地分析案例，并得出合理的结论。

实地观察是收集案例数据的一种重要方式。实地观察可以让我们直接了解案例对象的情况，获取更加真实、客观的信息。例如，如果要了解某个英语教学班级的教学情况，就可以到该班级进行实地观察，了解教师的授课内容、教学方法、学生的反应等情况，这样可以收集到更为翔实的数据信息。

访谈调查也是一种常见的数据收集方法。通过与相关人员进行深入访谈和调查，可以获取他们的想法、观点、体验等信息，帮助我们更好地了解案例背后的原因和机制。例如，在研究某种教学方法的有效性时，可以对学生进行访谈调查，收集他们对该教学方法的看法、感受、学习效果等方面的信息，从而判断该教学方法是否适合推广。

文本分析也是一种常见的数据收集方法。通过对案例涉及的相关文件、材料等进行梳理和分析，可以获取更全面、系统的信息。例如，在研究某个英语课程的教学效果时，可以对课程相关资料和教材进行文本分析，了解课程设计、教学内容、难度设置等情况，从而得出结论。

四、运用适当的分析方法

在进行案例分析时，选择适当的分析方法非常重要。正确的分析方法可以帮助我们获取准确的结论，从而为英语教育实践提供更好的参考。

分类和排序是一种有效的分析方法。通过对案例中的数据进行分类和排序，可以让我们更好地理解和梳理案件信息。例如，在进行听力教学案例分析时，可以将听力技能分为不同难度等级，然后针对不同等级设置合适的学习目标、教学内容和教学方法，以达到更加高效的教学结果。

对比和分析也是一种常见的分析方法。通过对不同案例之间的异同点进行对比和分析，可以让我们更好地了解各个案例背后问题的本质特征，并且找出可行的解决方案。例如，在研究不同教学方法的优劣时，可以对每种方法的教学效果、学生反馈等方面进行对比分析，找到最适合的教学方法。

多元统计分析也是一种重要的分析方法。通过运用多元统计学方法，可以对大量数据进行快速分析和处理，发现其中的规律和趋势。这种方法可以较全面地反应案例中的问题，例如在研究英语口语教学效果时，可以采用多元回归分析方法来探究不同因素与口语表达能力之间的关系，从而找到提高口语表达能力的有效方法。

第二节　任务型教学模式在大学英语教学中的应用

任务型教学模式是一种以任务为中心的教学模式，其核心思想是让学生通过完成具体任务来达到语言学习的目标。在大学英语教学中，任务型教学模式具有以下应用。

一、激发学生的兴趣和动力

在传统的大学英语教学中，注重知识的传授，但缺少实际应用环境下的语言运用，因此容易让学生感到枯燥乏味。与之相比，任务型教学更加贴近现实，通过设置真实的任务情境，让学生更容易理解所学知识，增强学习的兴趣和动力。

任务型教学将学习者置于真实、具有挑战性的任务情境中，激发了学习者的兴趣和动力。通过融入真实的语境和任务，学生不仅可以在语言学习中体验到成功的喜悦，还可以感受到语言应用背后的真实意义和价值，这样可以更加深刻地理解所学知识，从而提高学习效果。

任务型教学倡导学生积极参与教学过程。学生不再像传统教学中那样被动接受知识，而是要自主思考、探索，积极寻找解决问题的方法和策略。在这个过程中，他们可以锻炼语言表达能力、认知能力以及合作沟通等多方面的技能，这对于学生未来的职业发展也具有重要价值。

任务型教学能够有效地提高学习效果。通过将语言知识融入到真实情境和任务中，可以让学生更加直观地了解所学知识，并且在实际应用中掌握技能。这样可以迅速提升学生的英语运用能力、自信心和学习兴趣，从而创造更好的学习氛围。

二、促进语言技能的综合提高

任务型教学是一种强调在真实语境下完成任务的教学模式，可以促进英语听、说、读、写等语言技能的整体提高。这种教学方法不仅注重英语知识的传授，更注重学生在实践中运用所学知识，从而综合提高英语语言技能。

在任务型教学中，学习者需要以做任务为核心内容，并遵循一定的语言规则和语用策略来完成任务。例如，在学习口语时，学生需要在环境相对真实的交际情境中表达自己的意思，思考如何用最准确、恰当的表达方式让对方理解自己的意思。在这个过程中，他们会对语言的语法、词汇、发音等方面进行有针对性的练习，并且通过与人交流综合提高语言技能。

在任务型教学中，还注重了不同语言技能之间的互动与支持。比如，在做阅读任务时，学生除了阅读文章，还要通过填写信息表格、回答问题等活动来提高自己的阅读能力，同时也锻炼了自己的语言表达能力和语法知识。这样就可以打破传统英语教学模式中只注重某一或几个语言技能的独立强化，进而达到整体提高的目的。

任务型教学还促进了学习者的学以致用。通过真实的语境和任务情境，学生可以直接将所学知识应用到实际生活和工作中，这样可以更好地巩固所学知识和技能，提高运用能力，为以后的语言学习和实践奠定坚实的基础。

三、发展学生的自主学习能力

任务型教学是一种注重学生参与和个人主导的教学方式，能够有效地促进学生自我学习能力的发展。在任务型教学中，学生不仅需要完成任务，还需要参与任务的设计、分析以及反思等环节，从而全面培养学生的自主学习意识和学习策略，帮助学生形成自我学习和提高的习惯。

在任务型教学中，学生需要积极参与任务的构建和分解，分析所面临的问题，制定解决方案。这样可以让学生更好地了解任务背后的目的和意义，并且掌握相应的学习策略。例如，在研究口语技巧时，学生需要通过观看优秀表演、练习模仿、刻意训练等方式，积极学习和掌握技巧，发现其中的规律和方法，从而全面提高自己的口语表达能力。

在任务型教学中，学生需要通过反思来发掘自身的潜力和不足之处，发现自己在学习和掌握知识上存在的问题和瓶颈。这样可以让学生更好地掌握自身的真实情况，制定相应的学习计划和策略，并且逐步提升自己的综合能力。例如，在进行听力训练时，学生可以通过反思自己听力识别中存在的问题，针对性地进行听力训练、加强自我监控，逐步提高听力水平。

在任务型教学中，学生需要通过多种渠道获取信息和知识，灵活运用各种方法和工具进行学习和提高。这样可以让学生从不同角度了解所学知识，提高整体的综合素质。例如，在研究写作技巧时，学生可以通过阅读范文、练习模仿、参与互动等方式激发自己的创造力和写作能力，从而提高写作表达的准确性和流畅度。

四、强化教学效果的评价和反馈

任务型教学是一种以任务为中心、强调实践应用的教学方法，相比传统教学模式更能够加深学生对知识和技能的理解。而在任务型教学中，评价和反馈是提高教学效果的必不可少的环节。

在任务型教学中，任务的设计和完成是评价学生学习效果的主要标准。通过真实场景下的任务设置和完成，可以全面地考查学生对所学知识和技能的掌握情况。例如，在英语口语任务中，除了注重语言流利度和准确性，还需要考察学生的交际策略、表达思维等技能。这样可以从多个角度进行全面评价，得出更精准的评价结果。

在任务型教学中，学生完成任务后会得到及时的反馈和纠正。教师会针对学生在任务过程中表现出的问题和不足，在任务完成后进行点评和讲解，并提供具体的建议和改进方案。这样可以帮助学生发现自己的不足之处并进行有效的纠正，从而逐步完善自己的语言运用能力。

在任务型教学中，反馈和评价不是单向的，也需要学生参与其中。学生通过自我评价和互相评价的形式，来了解自己在任务完成中的表现情况，并且为以后的学习提供指导和帮助。这样可以让学生更好地掌握自身的优点和不足之处，进一步加深对知识和技能的理解。

五、与终身教育需求相适应

任务型教学是一种非常具有可持续性的教学方法，它注重让学生在完成任务的过程中体验语言运用的效果，培养学习英语的兴趣和能力，从而更好地适应终身教育的需要。

在任务型教学中，学生可以通过实践和探究，不断拓展自己的知识储备和能力水平。这种学习方式相比于传统教学更加有趣，能够让学生在学习的过程中获取更多的满足感，并且增强学习动机和兴趣。因此，学生会更倾向于持续地学习，并且随着时间的推移不断提高自己的语言技能和综合素质。

在任务型教学中，学生可以不断开拓自己的学习领域，不断积累和发展自己的语言能力。由于终身教育越来越受到社会的重视和认可，学生需要不断学习和发展自己的语言技能，以适应社会的需求和挑战。任务型教学正好满足了这种需求，让学生在实践中广泛涉猎各个领域，不断提高自己的语言运用能力和综合素质。

在任务型教学中，学生可以通过反思和总结来巩固已有的学习成果，并不断拓展自己的语言能力。这种学习方式强调了学生在整个学习过程中的主动性，鼓励他们从不同的角度出发反思和总结，以便更好地理解所学知识和技能。同时，这种学习方式也使学生具备了更强的学习自觉性和自我评估能力，帮助他们更好地认识自己，不断改进自己的学习策略和方法。

第三节　评价与反馈策略的实践效果分析

评价与反馈策略是大学英语教学中重要的环节，其实践效果直接关系到学生的学习成果和教师的教学质量。以下是针对评价与反馈策略在大学英语教学中的实践效果进行分析。

一、促进学生成绩提高

为了促进学生成绩的提高，教师可以采用评价与反馈策略。这种策略能够及时发现学生存在的问题和困难，并针对性地提供有效的帮助和指导，使得学生在不断的优化中提高英语水平。

评价与反馈是一种教育工具，它可以通过分析学生的表现、记录学生的进步和反馈学生的表现等方式，来帮助教师更好地了解学生的学习过程和学习效果。通过评价和反馈，教师可以了解学生存在的问题和困难，根据学生的情况制定相应的教学计划和指导方案。

评价与反馈策略的具体应用包括：定期组织测试、课堂讨论、小组合作等活动，在每次活动结束后，教师可以根据学生的表现以及学习成果，提供及时的反馈和建议，帮助学生及时调整自己的学习方法和学习态度。另外，教师还可以通过作业批改、小测验、在线测试等方式，全面而深入地评估学生的学习水平，并针对性地提供帮助和指导。

评价与反馈策略的优势在于它能够快速发现学生存在的问题和困难，及时提供帮助和指导，有利于学生在不断地优化中提高英语水平。同时，这种策略还可以激发学生的自主学习意识和动力，增强学生对学习的积极性和主动性。

二、激发学生的学习兴趣和积极性

评价与反馈策略可以激发学生的学习兴趣和积极性，让学生更加主动地参与到英语学习中来。通过及时的评价和反馈，帮助学生了解他们的优点和不足之处，并提供改进方案和建议，增强了学生的自信心和认知能力，从而促进了学生的学习积极性。

评价和反馈可以激发学生的内在动力，培养学生的自主学习意识和能力。评价和反馈可以使学生更全面、深入地理解知识和技能，在任务完成过程中不断反思总结，提高学习效果。同时，学生可以通过自我评价和互相评价，了解自己在学习上的优点和不足之处，根据反馈结果制定下一步的学习计划，更好地掌握学习的节奏和方法。

评价和反馈可以加强学生与教师之间的互动交流，提高学生对学习的投入度。教师可以通过及时的反馈和点评，鼓励学生在学习中勇于尝试和探索，提高学习动机和兴趣。同时，教师可以根据学生的表现和需求，提供更加具体、针对性的帮助和指导，帮助学生摆脱学习困难，提高学习效果。

评价和反馈可以增强学生的自信心和认知能力。通过不断纠正错误和提供建议，让学生逐步在实践中掌握所学知识和技能，从而增强了他们的自信心。同时，评价和反馈可以使学生更深入地了解知识和技能，从而促进学生的认知能力的发展。

三、加强师生之间的交流和互动

评价与反馈策略可以促进教师和学生之间的交流和互动，保持密切的沟通和联系，形成良好的师生关系，使教学过程更加顺畅、高效。

通过评价与反馈策略，教师可以了解学生个体差异和学习特点，更好地制定教学计划和指导方案。教师可以根据学生的表现和需要，及时进行反馈和点评，为学生提供有效的帮助和建议，促进学生的学习成长。同时，教师也可以借此机会了解学生的想法和意见，不断调整教学内容和方法，提高教学效果。

评价与反馈策略可以增强师生之间的联系和信任。教师通过积极的反馈和点评，让学生感受到自己在教师心目中的重要性和认可，进而激发学生的学习兴趣和积极性，并促进师生之间的良好互动。同时，学生也能够通过反馈和点评向教师反映自己的学习需求和疑问，获得更好的解决方案和帮助，增强互动和信任。

评价与反馈策略可以为教师提供更多的教学参考和借鉴。通过对学生的表现和成果进行综合评估和分析，教师可以发现自己在课程设计、教学环节设置、教学方法等方面存在的问题和不足，并及时调整和改进。同时，教师也可以从学生的反馈和点评中汲取灵感，寻找创新教学模式和方法。

四、促进教育教学的改革创新

评价与反馈策略可以引导教师关注学生的个体差异和需求，倡导以人为本、注重实践的教育理念，从而推动教育教学的改革创新。

评价与反馈策略可以让教师更好地了解学生的学习情况和需求，发现学生存在的问题和困难。同时，教师可以根据学生的情况制定相应的教学计划和指导方案，提供个性化的帮助和支持，促进学生的学习成长和发展。这种以学生为中心的教育理念，能够引导教师更加注重学生的个体差异和需求，从而推动教育教学的改革创新。

评价与反馈策略可以鼓励教师尝试新的教学方法和模式，不断探索、创新教育教学方式。教师通过评估和反馈分析自己的教学效果，发现自己在教学过程中存在的不足之处，积极研究和尝试新的教学模式和方法，探索更为适合学生个体差异和需求的教学方式，促进了教育教学的改革创新。

评价与反馈策略可以提高学生对自己学习状况的认知和理解，培养学生主动参与、合作学习的能力。通过评价和反馈，学生可以了解自己在学习上的优缺点，根据建议和方案制定下一步的学习计划。同时，学生也可以互相交流、协作学习，增强自主学习意识和实践能力，从而推动教育教学的改革创新。

五、优化教学质量和效果

评价与反馈策略可以检验教师教学质量和效果，发现问题并及时调整和修正，不断提高教学水平和教学质量。

评价与反馈策略可以帮助教师了解自己的教学效果，发现可能存在的问题和不足之处。通过对学生的表现和成果进行综合评估和分析，教师可以发现自己在教学设计、教学方法等方面存在的问题和不足，并及时调整和改进教学内容和方式，提高教学效率和质量。

评价与反馈策略可以检验学生的学习效果和成果，发现学生的认知和能力提升的情况。教师通过对学生的测试、作业、考试和其他评估活动进行综合评价，能够更加全面地了解学生的学习情况和成果。同时，教师可以针对学生在学习中出现的弱点和困难，及时提供反馈和指导，帮助学生攻克难关，提高学习效果和质量。

评价与反馈策略可以促进教师的专业成长和发展。教师通过对学生的反馈和评价，不断提高自己的教学能力和技巧，探索新的教育教学方式和模式，提高自身的教学水平和素质。

第四节 大学英语教师专业发展的实证研究

大学英语教师专业发展的实证研究是为了探索大学英语教师在职业生涯中进行专业发展的现状、存在的问题及对策，以推动其个人和职业成长。以下是几个具有代表性的实证研究：

一、"英语语言教师职业发展路径研究"（中国社会科学院 2019 年）

"英语语言教师职业发展路径研究"（中国社会科学院 2019 年）调查了我国大学英语教师的职业发展路径，分析了大学英语教师在教学知识、教学技能、科研能力等方面的成长轨迹，提出了加强教师培训和职业发展的建议。

该研究发现，大学英语教师的教学知识主要来源于学校教育和自主学习。其中，学校教育主要包括本科和研究生阶段的教育，自主学习则包括参加各种教学培训和研讨会、独立阅读教材和论文等。同时，大学英语教师的教学技能和科研能力都需要在实践中不断探索和积累。

基于以上发现，该研究提出了加强教师培训和职业发展的建议。

1.建立完善的教师培训与评价机制

学校应该通过建立完善的教师培训计划和评价机制，鼓励教师参与各种形式的教学培训和研讨会，开展交流与合作。同时，学校还应该通过对教师的教学效果和科研成果进行评价，促进教师的职业发展和提升。

2.加强课程设计和教学方法创新

学校应该加强课程设计和教学方法创新，促进英语教育的质量和效益。同时，教师也应该不断探索和尝试新的教学方式和模式，注重学生个体差异和需求，提高教学水平和教学质量。

3.建立科研支持机制

学校应该建立从教师到科研团队、到机构之间的良好支持机制，为教师开展科研工作提供必要的帮助和资源。

二、"浅谈大学英语教师的继续教育"（辽宁师范大学 2016 年）

"浅谈大学英语教师的继续教育"（辽宁师范大学 2016 年）研究通过问卷调查和访谈的方式，探讨了大学英语教师参加继续教育的现状、需求和问题，并提出了开展针对性培训、加强交流合作等对策。

该研究发现，大学英语教师对继续教育的需求较高，但实际参加率较低。同时，教师们普遍认为现有的继续教育课程大多很泛泛而谈，缺乏针对性和实用性，不能满足他们的实际需求。此外，还存在缺乏交流机会、学习气氛不够浓厚等问题。

基于以上研究结果，该研究提出了如下对策。

1.开展针对性培训

应根据不同领域和层次的教师需求，组织一系列的针对性培训，包括实践课程、电子化教学技术应用、课程设计和教学评价等方面，提高教师的专业水平和实践能力。

2.加强交流合作

学校应该建立多种形式的交流、分享和合作机制，包括教学团队、研讨会、学术论坛等，为教师提供更多学习和交流的机会，促进教学经验和资源的共享和互补。

3.营造良好的学习氛围

学校应该采取多种措施，如设立研究生课程、开展学术报告等，营造良好的学习氛围，提高教师参与继续教育的积极性和主动性。

三、"大学英语教师专业素养评估体系的构建"（湖南师范大学2015年）

"大学英语教师专业素养评估体系的构建"（湖南师范大学2015年）研究主要构建了基于教师实际工作的大学英语教师专业素养评估体系。通过案例分析和数据统计等方法，分析了各个领域的专业素养得分情况，并为教师的专业发展提供了参考标准。

该研究首先明确了大学英语教师的专业素养包括教学能力、科研能力、管理能力和服务能力四个方面，并进一步对每个方面进行了细分。

接着，该研究以具有代表性的大学英语教师作为评估对象，从课堂教学、科研成果、人际交往和服务支持等多方面进行了详细的调查和分析，获取了大量有效的数据。

最后，通过数据统计和多维度分析，该研究构建了基于教师实际工作的大学英语教师专业素养评估体系。并根据各个领域的专业素养得分情况，提出了相应的改进建议，为教师的专业发展提供了参考标准。

四、"全球化背景下大学英语教师专业能力培养的策略研究"（山东大学 2014 年）

"全球化背景下大学英语教师专业能力培养的策略研究"（山东大学 2014 年）主要探讨了全球化背景下大学英语教师所需的专业能力，并提出了针对性的培养策略，包括加强教师的外语提高、培养跨文化意识、加强教育技术应用等方面。

该研究认为，全球化背景下，随着国际交流的不断扩大，大学英语教师需要具备更高层次的专业能力。其中，外语水平、跨文化沟通和教育技术应用是当前教师需要优先培养的关键能力。

对此，该研究提出了以下几点培养策略。

1.加强教师的外语提高

学校应该鼓励教师参加各种形式的培训和考试，并提供必要的支持和资源，帮助教师提高英语水平和语言应用能力，以适应全球化背景下的英语教学需求。

2.培养跨文化意识

学校应该加强对跨文化教学的培训和研究，促进教师跨文化意识和教育观念的转变。同时，学校还应该积极开展国际交流活动，提供实践机会和平台，拓宽教师的国际视野和语言环境。

3.加强教育技术应用

随着信息技术的飞速发展，学校应该加强对教育技术应用的培训和支持，提高教师信息素养和数字化教学能力，为教师提供更多创新、互动和个性化的教学手段。

第十二章 大学英语教育国际化研究

第一节 大学英语教育国际化的概念和内涵

大学英语教育国际化是指将英语教育与全球化、国际化趋势相结合，旨在培养具备国际视野和跨文化交际能力的人才。通过提供多样性及其对英语教育的影响，增强学生理解世界的能力，适应未来职业需求，提升综合素质和竞争力。大学英语教育国际化包含着不同层面的内涵，如语言能力、跨文化交际能力、国际视野和多元化教育。

一、语言能力

大学英语教育国际化的最基本内容之一是提高学生的语言能力。语言能力作为英语学习的核心，对于国际化人才的培养至关重要。在实践中，如何提高听、说、读、写英语的综合语言能力，同时注重专业实践能力，是大学英语教育国际化的一个主要挑战。

在提高英语语言能力方面，大学英语教育国际化需要注重教师的授课方式和学生的学习策略。教师可以运用多种教学方法来增加学生的学习兴趣，比如让学生通过小组讨论、演讲等活动来提高口语表达能力；或者利用录音、口语测试等方式，来帮助学生检验自己的语言水平并提高听力能力。学生也可以通过多读、多听、多练等方式来加强自己的英语语言学习，补充和拓展个人的语言能力。

在培养商务、法律、科技等领域专业实践能力方面，大学英语教育国际化需要结合行业实践进行贯通式教育。例如，可以与企业合作，开设相关的商务英语课程，为学生提供实践机会，让他们在模拟商务谈判、表达客户需求等方面进行练习。或者通过法律英语课程来培养学生跨国企业谈判、解决国际贸易争议等问题解决能力。

大学英语教育国际化还需要注重传授和强化基本的语法知识和词汇，并激发学生的口语表达能力，使得学生在使用英语的过程中，境界更高，流畅自然。这将有助于学生在未来的工作和社交活动中，比如参加国际性会议、演讲和项目管理中更好的表达意图和完成任务，以及顺利处理国际事务。

语言能力是大学英语教育国际化的一个重要方面，也是学生成为国际化人才的必要条件。英语教育需要关注全球化和国际化背景下的需求，帮助学生有效地提高自己的语言水平，同时注重专业技能和实践能力的培养，为学生的未来职场成功做铺垫。

二、跨文化交际能力

由于现代社会的多元化，人们需要更好地理解和适应各种文化背景下的社交规则、礼仪和价值观念。因此，大学英语教育国际化也要注重培养学生的跨文化交际能力，鼓励他们学习并尊重不同的文化差异，提高与不同文化背景人士沟通的能力。

为了培养学生的跨文化交际能力，大学英语教育国际化需要注重以下几个方面。

1.帮助学生深入了解不同文化

了解和学习其他文化是开展跨文化交流和沟通最基本的前提。大学英语课程可以提供一系列相关的课程和实践活动，比如文化摇篮项目、公共演讲、观看英语电影、阅读英文原版书籍等，帮助学生更深度地了解其他国家文化和人民生活方式，这有利于他们更好地理解他们与不同文化的人交流所需考虑的因素。

2.提高学生的文化自觉性和尊重其他文化的意识

跨文化交际需要我们尊重不同文化，并逐渐使我们对不同文化的理解逐步深入。通过开展特定领域的英语教育和文化交流项目，如国际会议、访问学者、海外实践等，激发学生对不同文化之间的理解和交流的兴趣，培养他们适应不同文化背景并且真正融入新文化和信仰中。

3.注重学生口语表达能力

在跨文化交际时，良好的口头表达能力是必需的。大学英语教育国际化应该注重提高学生的口语水平。课程应该涉及不同地区和文化背景下的礼仪、习俗和传统文化，使得学生可以更好地了解这些常见的规则和准则，以便在跨文化交际过程中更合适地沟通。另外，可以利用互动式教学方式，比如角色扮演、辩论、演讲等来提高学生的口语表达能力，从而使语言更具有生活性、语感性和文化性。

4.培养学生的解决问题能力

跨文化交际中可能出现的差异和冲突很多。培养学生有效处理并解决这些问题的能力，也是大学英语教育国际化的重要目标之一。通过特定案例的分析、戏剧化的冲突分析和讨论等形式来激发学生解决问题的能力，使他们能够适应不同文化背景下的工作环境及其相关挑战。

跨文化交际能力是大学英语教育国际化中不可或缺的内容之一。通过给学生提供多种不同的文化交流机会，并注重培养学生的口头表达能力和解决问题的能力，学生可以更好地掌握跨文化交流所需的技能和知识，更易在竞争中脱颖而出。

三、国际视野

大学英语教育国际化还应该帮助学生提高对国际政治、经济、文化、科技发展的认知水平。通过加强相关的课程设置和参与全球性问题的讨论，学生可以更深入地了解国际形势，及时掌握国际化趋势，增强自己的竞争力。

大学英语教育可以通过拓展课程和专题讨论等方式，增加学生对全球性问题的了解。这些问题涵盖了多个领域，包括环境保护、区域经济合作、商业投资、国际法律制度、工程技术等。通过传授相关知识和信息、分享多种方案，以及参与课堂和学科之外的活动，学生们可以从不同角度加深对全球性问题的理解和见解。

大学英语教育应该鼓励学生积极参与国际性的交流和竞赛活动。例如，参加世界模拟联合国、全球商业挑战赛、国际演讲比赛等，这将使他们更好地了解世界各地的文化和社会制度，同时也能够锻炼自身的团队合作、沟通和领导力等技能。

大学英语教育应该注重传授跨国企业管理、国际法律、文化礼仪和贸易投资等相关知识和技能。这些领域的知识可以帮助学生更好地理解全球经济和商业发展趋势，了解国家政策方向和市场机会，以便在未来的工作中更好地把握商业机遇和风险。

大学英语教育还需要鼓励学生进行出国交流、留学和国际实习计划。通过跨国体验和与不同文化的人士互动，他们可以不断地提升自己的国际视野和跨文化交际能力，也将有助于将来的就业和事业发展。

大学英语教育国际化旨在加强学生对国际政治、经济、文化、科技发展的认知水平，并为他们提供在全球竞争中胜出所需的技能和知识基础。通过加强相关的课程设置、参与全球性问题的讨论、校园国际化交流和实践活动，学生可以更充分地了解世界各地的政治、文化、经济和其他国际发展趋势，并具备在全球范围内竞争和工作所需的信息和能力。

四、多元化教育

大学英语教育国际化应该注重多样性及其对英语教育的影响。在教学和实践中，要给学生提供多元文化的体验和学习机会，鼓励他们探索不同的文化、人种、性别、宗教等方面，培养包容性、创造性和领导力等素质。

大学英语教育应该尊重文化差异并提供多元文化的教育内容。在授课过程中，教师要注意到尊重不同文化和背景的学生，并应该使用跨文化教育方法和技巧，包括探讨不同文化之间的相似性和差异性，分析一些文化现象和事件，甚至是借用本地文化应用于教学中。通过教授不同地区、民族和种族的历史、文学、艺术等内容，让学生了解和理解不同文化的重要性和影响，培养他们适应和接受不同文化的意识和能力。

大学英语教育应该鼓励和促进学生之间的交流互动。在课堂上，教师应该创造一个友好和包容的氛围，让学生能够开放地表达自己的想法和观点，同时也要尊重他人的观点和看法。除了课堂外，学生还可以参与文化节、社区活动、实习项目等，以更深入地体验和了解不同文化之间的相互交融和影响。

大学英语教育还应该注重培养学生的包容性、创造性和领导力。在多元文化环境下，学生需要具备适应不同文化背景的能力，同时要有创新思维和创造性解决问题的能力。此外，学生还需要拥有一定的领导力并善于组织和协调团队工作，以便更好地利用多元化团队的优势和成果。

大学英语教育国际化应该注重多元化教育，强调跨文化教育方法和技巧，并且尊重文化差异和鼓励学生之间的交流互动。通过提供多样化的学习体验和培养包容性、创造性和领导力等素质，学生可以更好地掌握跨文化交流所需的技能和知识，真正成为具备全球竞争力的人才。

第二节 大学英语教育国际化的现状和趋势

大学英语教育国际化已经成为当前的趋势，其现状主要表现在以下几个方面。

一、课程设置变得更多样化和国际化

在 21 世纪的今天，全球化进程在不断加速。随着越来越多的人投身于全世界各种机会和市场，人们对于语言能力和跨文化交流的需求也逐渐增长。在这个背景下，大学英语教育国际化的趋势越来越受到高度关注。

英语是全球最为通用的语言之一，几乎被视为一种国际语言。因此，提高学生的英语水平已成为大学英语教育国际化的重点。我们需要让学生掌握基础的英语知识，包括词汇、语法和发音等，同时培养他们的听说读写能力，以便他们能够在国际交流中自如地应对各种情况。

当然，在跨文化交流中，仅仅掌握一种语言是远远不够的。为了更好地适应未来更加竞争的职业环境，我们必须强调提高学生跨多语种交流的实际能力。这意味着我们需要帮助学生掌握至少一门外语，并且能够使用它与来自不同文化背景的人进行交流。这不仅可以帮助他们获得更好的职业机会，还可以使他们更好地适应现代社会快速变化的氛围。

为了实现这一目标，我们需要从课堂教学开始进行改革。我们需要开发具有跨文化意识和跨语言能力的英语教学，增加多语种课程，建立多语种交流平台，提高学生的跨文化沟通技巧等。除此之外，我们还应该鼓励学生参加海外交换项目，以便他们亲身体验文化差异，提高跨文化交流的技能和信心。

二、教学方法变得更加多元化

随着新型教学技术的不断发展，英语教育也在不断地更新其教学方法，变得越来越多元化。除传统的面授课程外，现在越来越多的学校和教育机构开始采用多种新型教学方式，并着力于创新英语教学模式，以提高学生的学习效果和参与度。

其中，最为明显的就是在线教育。通过网络平台和互联网技术，学生可以在任何时间和地点进行英语学习，吸取全球范围内丰富的英语资源和知识。此外，基于MOOC（大规模开放式在线课程）的教学方式也成为越来越多学校和教育机构的选择。这种教学方式能够为学生提供高质量的教学资源、优质的师资力量以及自由灵活的学习环境，使学生更加容易掌握英语知识。

另外还有混合式教育，即将传统的面授课程与在线教育相结合，通过多种教学形式的组合，让学生更好地理解和掌握英语知识。例如，在线观看视频课程、完成在线练习、参加面授课程等多种教学方式的组合，可以有效提高学生的学习效果和兴趣。

除此之外，海外交流项目也是英语教育变得更加多元化的重要环节。如今，越来越多的学校和教育机构着力鼓励学生参与海外交流项目，通过前往英语国家深入了解当地的语言、文化和社会背景，进一步拓展学生们的视野，积累跨文化交流的经验和技能。

三、增强学生的国际视野和跨文化交流能力

随着全球化的加速，大学英语教育国际化的趋势也日益显著。为了使学生更好地适应和参与到不同国家和文化的环境中，大学英语教育重点培养学生的跨文化交流能力和国际视野。

通过鼓励学生参加海外交流项目、国际会议等形式，在实践中提高他们的跨文化交流能力。这些活动可以让学生亲身体验和感受不同国家和文化的差异，帮助他们拓展思路、开阔眼界，从而更加深入理解不同文化间的联系和差异。同时，这些经历也可以让他们更自信和果敢地面对未来的挑战和机遇。

大学英语教育国际化还需要注重在课堂教学中增加跨文化元素，建立文化敏感性和互相尊重的意识。例如，老师可以引入多样化的案例来丰富课程内容，让学生了解到英语在不同文化背景下的运用和表现方式。这样有利于扩大学生的知识面，提升能力水平，并将他们的英语学习与文化融合起来。

大学英语教育国际化还需要通过创新教学方法来促进学生的跨文化交流和国际视野。例如，可以引入虚拟现实技术来模拟不同文化背景下的情境，让学生在虚拟空间中体验跨文化交流的过程。这种方法可以为学生提供安全保障，并加深他们对不同文化间的交流和互动的理解。

四、增强学生的职业能力

随着全球化的深入推进，越来越多的企业开始向全球市场拓展，这也让大学英语教育更加重视培养学生的职业能力，特别是商务英语水平和跨界工作能力。

商务英语已经成为当今职场中必不可少的一项技能。所以，在大学英语教育中，我们需要注重开设商务英语课程，提升学生的商务英语水平。这些课程可以帮助学生掌握商务交流所需的专业词汇、表达方式、文化礼仪等方面的知识，提高其在商务场合中的语言应用能力。

随着全球经济的发展，越来越多的企业面临着复杂的跨界工作环境。因此，我们需要通过实践性更强的教育模式来培养学生的跨界工作能力。例如，在大学英语教育中，我们可以鼓励学生参加国际双创项目、实习机会等活动，让他们更好地了解并适应不同国家和文化背景下的商业运作方式和社交礼仪。

还可以鼓励学生参加商业竞赛、模拟招聘等活动，通过实践性强的活动来提高学生的职业能力。这样有助于他们更好地了解当前市场和企业运作的需求，并提前适应职业环境，为未来的就业创造更多机会。

综上所述，大学英语教育国际化的现状已经变得更加多样化和国际化，注重培养学生的国际视野、跨文化沟通和职业能力等方面，为学生的未来事业打下坚实基础。

第三节　国际化课程设计和教材选用策略

一、国际化课程设计策略

国际化课程设计需要从不同文化间的联系和差异入手，强调跨文化交流和国际商务等相关课程来帮助学生了解并应对不同文化环境下工作和交流的挑战。具体的国际化课程设计策略包括以下几点。

（一）注重文化差异性

在国际化教育的背景下，注重文化差异性是非常重要的。跨越文化差异是国际化教育的核心目标之一，因此我们需要在国际化课程设计中加强对文化差异性的关注和理解。这意味着要让学生意识到不同国家和地区之间存在着文化差异，并且应该尊重和适应这些差异。

在国际化课程设计中，引入跨文化沟通、国际商务等相关课程是非常必要的。通过这些课程，学生可以了解并有效应对不同文化环境下的工作和交流挑战。同时，这些课程也让学生认识到文化差异的重要性，以及如何尊重和包容其他文化。

当学生能够理解和适应不同文化的时候，他们会变得更具有包容性和开放性，这对于未来的职业发展非常有益。在全球化的市场环境中，拥有跨文化交流的能力和视野已经成为必备技能，它可以促进企业的创新和发展，提高企业的竞争力。

（二）培养跨文化交流能力

在国际化课程设计中，培养跨文化交流能力是非常重要的。这样可以帮助学生更好地适应和融入不同文化背景下的工作和生活环境。通过模拟实际情况的案例分析或者经验交流来提高学生的沟通和交流能力，是一种非常有效的方式。

设计案例分析：我们可以选择一些现实的跨文化案例，如企业合作、外籍员工管理等，让学生参与其中，并进行研究和分析。在课堂上对这些案例进行深入分析，以促进学生的思考和认识。这样可以让学生更好地了解不同文化之间的差异，以及如何有效地应对这些差异。

举办经验交流：另外，我们还可以组织跨文化交流的活动和经验分享，例如邀请来自不同文化背景的客人或让学生组队开展跨文化项目。这样可以激发学生的兴趣和积极性，同时也会提高他们的跨文化意识和交流技能。

（三）强调实践能力

在国际化课程设计中，强调实践能力是非常重要的。学生需要通过参与各种实践活动来增强他们的技能和视野，在国际竞争中取得优势。因此，我们需要加强实践环节，提高学生的实践能力和全球化视野。

1.举办考察活动

我们可以组织学生参观当地的企业、机构等，并让他们了解这些企业在不同文化背景下的运营方式和管理模式。这样可以扩展学生的全球化视野，并帮助他们更好地理解不同文化之间的联系和差异。

2.邀请专家做客

另外，我们还可以邀请相关专家来分享经验和知识。例如，邀请跨国公司的高管或行业专家到学校来演讲，让学生对该行业的现状和未来发展有更深入的了解。这也是一种很好地开拓学生全球化视野的方式。

3.实施项目实践

最后，我们还可以在课程中引入一些实际的项目，例如模拟真实项目或者参加各种国际竞赛等。这种方式可以让学生应对实际问题，锻炼自己的实践能力和团队合作能力。

（四）课程统筹规划

在国际化课程设计中，注重整个课程的统筹规划是非常重要的。这需要充分考虑不同阶段学生的需求和水平，并构建一个体系完整、内容丰富、多元化的课程体系。

1.考虑学生不同需求

为了更好地满足学生的需求，我们需要对学生进行分类并根据不同阶段的需求安排相应的国际化课程。例如，在某些学生需要聚焦于语言水平提高的情况下，可以设置一些专门的语言课程；而对于其他需要深入了解跨文化交流的学生，可以开设一些经济学、管理学或商务法等相关的实践课程。

2.构建全面课程体系

此外，国际化课程设计还需要构建一个体系完整、内容丰富、多元化的课程体系。通过系统性地梳理、规划和安排一系列核心课程，可以帮助学生建立全面化的知识结构，并具备应对复杂多变的国际市场挑战的能力。包括：跨文化沟通、国际贸易、国际金融、国际商法、国际市场营销等课程。

3.采用多种教学方法

除了安排多元化的课程体系外，我们还需要采用有效的教学方法和工具来辅助教学。这包括课堂教学、案例分析、实验教学、互动式讨论等多种方式，帮助学生加强理论知识的学习,同时提高他们的实际操作能力和团队合作能力。

二、国际化课程设计形式

国际化课程设计的形式可以有多种，以下是其中一些常见的形式。

1.语言课程

在国际化课程中，语言课程扮演了重要的角色。根据学生的语言水平不同，可以设置不同难度和类型的语言课程，帮助学生提升英语或其他语言的阅读、写作、听力和口语能力。这些课程通常采用多种教学方法和工具，例如课堂讲授、小组讨论、角色扮演、听力训练、口语实践等。此外，还需要注重文化差异及语境的学习和理解，以帮助学生更好地适应国际环境。

2.跨文化沟通课程

在国际化课程设计中，跨文化沟通课程是不可或缺的一部分。这些课程旨在帮助学生学习如何与来自不同文化背景的人有效进行交流。其中包括跨文化交际、礼仪、传统节日及其礼仪、身体语言等，确保学生能够更好地理解并尊重其他文化的差异。通过这些课程，学生可以建立起有意义的全球性社交网络，培养出积极的人际关系，并为日后的职业发展打下坚实的基础。

3.国际商务课程

在全球化时代，国际商务课程非常重要。这些课程应该着重介绍全球商业环境、贸易汇率风险管理、海外投资等方面的知识，以及金融市场、外汇、证券、银行等专业领域相关知识，为学生未来从事跨国企业运营、财务、市场营销等职业打下基础。这些课程可以帮助学生了解跨国企业的运作模式和文化差异，掌握国际市场竞争策略和规则，提高国际化经营水平。

4.阅读器材

在国际化课程设计中，阅读器材是一种非常有价值的资源。通过不同的阅读材料，可以为学生设计相应主题内容，帮助他们掌握相关领域的知识和技能，并扩展其视野。这些阅读材料可以涉及商业、金融、政治、文化、科技等多个领域，从而丰富学生的知识背景，提高其综合素质。

5.实践课程

实践课程是国际化课程设计中重要的一部分，它的目标是让学生更好地掌握实际应用技能，从而提高他们的就业竞争力。实践课程可以采用多种形式，包括模拟商业、跨文化项目、企业咨询、国际交流实践等，以便为学生提供有意义的实践体验。通过这些实践课程的学习，学生可以更好地了解实际工作场景和行业需求，提前适应职业发展，增强自信心和创新能力。

6.研究型课程

研究型课程通常涉及一个或多个特定主题的深入研究，包括可持续发展、全球性问题研究等。这些课程通过小组合作或独立工作来完成研究，并撰写论文或做出其他成果。这些课程的目的是让学生更好地掌握研究方法和技能，培养其分析和解决问题的能力，提高他们的创新思维和自主学习能力。

三、国际化教材选用策略

国际化教材选用策略是指在设计国际化课程时，如何选择合适的教材和资源，以满足学生跨文化交流和职业发展的需求。

1.教材内容应该紧密围绕主题或目标

教材内容是国际化课程设计中非常重要的一部分。在选择教材时，需要先明确课程的主题和目标。只有了解了主题和目标之后，才能选择与之相应的教材和资源。例如，商务英语课程需要选择与商业相关的教材和资源，以便帮助学生了解商业用语、财务术语等商业领域的知识；而跨文化沟通课程需要选择有关跨文化交际和礼仪的教材和资源，以便让学生更好地理解和尊重其他文化的差异。

同时，教材内容应该紧密围绕主题或目标。不能选用不相关或无关的教材，否则会导致教育效果的降低。因此，在选择教材时，需要考虑到其与主题或目标的契合度，并尽量选择相关性强的教材和资源。

2.教材应该具有代表性和多样性

教材的代表性和多样性在国际化课程设计中是非常重要的。因为国际化教育的目标是促进各种文化间的交流和认知，所以选择具有代表性和多样性的教材是必不可少的。这样可以帮助学生更好地了解不同文化间的差异和共同点。

具有代表性的教材通常是来自于某一特定文化领域内的代表人物或经典著作，这些教材可以反映出特定文化的思想、哲学、文艺等方面。同时，多样性的教材则涵盖不同文化背景、语言及历史背景，有助于拓宽学生的视野和认知范围。

因此，在选择教材时，需要考虑其代表性和多样性。可以通过选择来自不同文化背景的作者或出版物等方式来实现这个目标，比如中、英、美、法、日等不同国家和地区的教材和资源，从而让学生能够全面地了解不同文化之间的差异和相似性。

3.教材应该是最新的和权威的

教材的最新性和权威性在国际化课程设计中是非常重要的。随着技术的发展和全球化的加速，许多领域的知识都在不断变化和更新。因此，在选择教材时，需要确保其内容具有最新性和权威性，以便为学生提供最新、最准确的信息。

针对此需求，我们可以选择来自专业领域内的杂志、学术论文、报告、年鉴等资源作为教材，这些资源通常具有较高的权威性，并且会及时地反映出特定领域的最新发展和行业标准。通过使用这些教材，可以帮助学生更好地了解最新的行业趋势和相关知识。

此外，还可以利用开放式数据库、在线资源和数字化图书馆等现代技术手段，以便获取最新的、权威的和适用于国际化课程设计的教材。这样可以大大方便教师和学生的使用，提高教学效果。

4.教材应该是可用性强的和易于获取的

教材的可用性和易获取性是国际化课程设计中需要考虑到的另一重要因素。只有选择易于获取、可用性强的教材，才能保证教师和学生都能顺利地使用它们。

为了实现这个目标，我们可以根据不同情况选择适当的教育资源获取途径。首先，开源教材是指可以在网上自由获取的公共教材，是一种非常便捷的获取方式，且教材内容大多数也具备较高的质量和权威性。其次，网络课程资料是指各类MOOC等在线课程平台提供的相关教学资料，这些资源不仅可以让学生更加方便地获取相关内容，同时也能极大地拓展他们的知识面。最后，在图书馆或者数字化图书馆中寻找教育资源也能够很好地满足教学需求。

此外，还可以通过合理安排时间、精选教材，以及采用互动式教学方式等方法，来增加学生的参与度和学习兴趣，从而提高教学效果。

第四节　国际化人才培养模式探索和实践

国际化人才培养模式是指针对全球化背景下的职业教育和高等教育，为培养具有跨文化交流、适应多元文化环境下工作的职业人才而打造的教育模式。针对本问题，以下从三个方面探讨实践。

一、课程设置方面

在国际化人才培养模式中，课程设置是非常重要的一环。为了满足全球化教育需求，学校需要针对本地化和国际化两个方面进行课程设置。其中，针对国际化部分，可以从以下两个方面入手。

在普通课程中融入国际化元素。这种方式通过将国际化元素融入普通课程中，来提高学生的跨文化意识和能力。以商务英语课程为例，可以加入关于不同国家商业习惯和礼仪的学习内容，使学生更好地了解和适应不同文化和社会背景下的工作环境；在设计学科课程中，也可以结合本地化特色与国际化思维共同出发，举办诸如"国际会计标准"等专题讲座，加强学生对国际标准的理解和实践操作。

应该专门开设跨文化交流课程，帮助学生了解和适应不同文化和社会背景下的工作环境。这种方式可以与其他课程相结合，例如英语、国际经济、国际贸易等专业相关课程。考虑到跨文化交流对于国际化人才的重要性，这类课程应该覆盖跨文化沟通、思维方案解决、危机处理等方面内容，并通过多种形式进行教学，如讲座、小组研讨、角色扮演、模拟谈判等。

在课程设置方面，还需要注意针对本地化与国际化需求的平衡。一方面，在本地化课程中加入国际元素是一个有效的方式来培养学生的国际化视野和能力；另一方面，构建与国际标准接轨的课程体系，提高应对国际竞争的实际操作能力也是不可或缺的。

二、教学方法方面

在国际化人才培养模式中，教学方法是非常关键的一环。为了帮助学生更好地获取和掌握相关知识和技能，教学方法应该从以下两个方面进行调整。

采用传统教学方式与互动教学相结合的方式。这种方式可以通过小组活动、在线协作等形式来增强学生的团队协作意识和跨文化交流能力。同时，还可以设置案例教学、讲座和研讨会等形式，引导学生主动思考和讨论，并通过反馈机制和讨论平台加强学生对于名词解释、专业术语理解及其含义的准确性。

加强学生的英语听说读写技能练习。在国际化背景下，学生需要具备流利的英语沟通能力，以便能够顺利地完成多国家跨境合作任务。因此，需要开设专门的英语课程，为学生提供针对性的语言培训和练习。而且需要根据不同学生的实际情况，设置不同的教学计划，统筹安排听说读写四项练习的时间和内容。

教学方法还可以结合实际制定相关项目和活动。例如，针对商务人士开展中美商务沟通训练项目、组织国际交流研讨会以及参与各类尤其跨国企业的商务比赛等，提高学生的应变能力和协作能力。

三、实践性教学方面

实践性教学是国际化人才培养模式中不可或缺的一部分。下面我们从以下两个方面来探讨如何在实践性教育方面提高学生的能力和水平。

建立合作伙伴关系，并利用行业实践、国际交流等平台，为学生提供实践和交流机会。建立与企业或组织的合作关系，为学生提供更多的实践机会，让他们了解真实的工作环境和工作内容，提升他们的职业技能和技术水平。可以通过参观工厂、就业见习、实践体验、社区服务等方式进行。

组织海外游学或社会实践活动。通过走进不同的文化环境和体验本地文化，使学生更加深入地了解不同国家/地区的文化。可以组织学生前往国外机构或企业实习、交流、参加会议或考察等，让学生亲身感受并学习到外国社会的相关知识及经验。

这种形式也能够增强国际化人才的跨文化视角和沟通能力、拓展眼界、增加知识领域和实践机会。通过实际操作，学生能够更加深入地理解课程内容和工作要求，并通过与不同企业的合作模式逐渐实现自我价值和成长。

第十三章 终身学习与大学英语教育

第一节 终身学习的定义特点及重要性

一、终身学习的定义和特点

1.持续性

终身学习是一个长期而持续不断的过程。在个人生命周期的诸多阶段，个体都将需要不断地学习和更新自身的知识和技能。这种持续性来源于社会的不断变化和个人自身的成长，因此需要个人始终处于积极主动的学习状态，才能适应时代的变化和实现自我发展。

2.系统性

终身学习需要建立系统性的学习计划，包括明确的目标、时间规划和资源管理等方面的规划。这可以帮助个人建立起有条不紊的学习方式，确保学习的连续性和可持续性，从而更高效地掌握所需的知识和技能。

3.多样化

终身学习涉及不同领域、不同形式的学习。除了传统的教育和培训，互联网和移动设备等新兴形式的学习方式也日益普及。通过这些不同形式的学习，个人可以更好地深入学习自己感兴趣的领域，提高学习效率和质量。

4.个性化

终身学习应当根据个人的兴趣、需求和背景进行定制化和个性化的设计。在学习计划的制定中，个人应当充分考虑自己的实际情况和需求，以确保学习目标和需求更准确地满足自身的需求和要求。

5.进取心

终身学习需要持续地提升个人学习热情和积极性，这是实现自我发展和职业成功的关键因素之一。个人需要通过不断拓展自己的知识和技能，并将其运用于实践中，来实现个人价值的最大化。同时，也需要经常性地反思和总结所学，不断调整和完善自己的学习计划。

二、终身学习的重要性

在当今日益快速变化的社会中，终身学习显得尤为重要。它是指为了适应社会和职业发展需要，人们在不同阶段都要通过不断学习来补充、更新知识和技能，进而提高自己的素质和竞争力，并持续地实现个人价值的提升。

终身学习可以帮助个人开阔视野，提高专业技能。随着社会和技术的不断变革，新的知识和技能不断涌现，让人们面对着新的挑战和机遇。只有保持敏锐的观察力和源源不断的学习才能跟上时代的步伐，发现新的机遇与市场需求。无论是在专业领域还是其他方面，终身学习都能够使人们了解更多新的知识和技能，适应新的挑战和机遇。

终身学习可以帮助人们实现职业发展和个人目标。随着全球化经渗透到每一个领域和行业，社会对于技术与管理的新需求也不断涌现。如果没有不断学习新技能和知识的意识，个人将会面临工作机会压缩的风险：减少工作岗位、淘汰传统岗位或从事更加高端化的工作岗位。而终身学习，可以提供新技能和知识，同时也能避免因为社会变化而失去职业竞争力。

终身学习还可以帮助人们实现个人价值的提升。通过不断地学习和探索，人们可以不断地提高自己的思维水平和认知能力。在学习的过程中，人们能够逐渐发现自己的兴趣和潜力，并在此基础上不断完善自己，实现个人价值的提升。与此同时，终身学习也会给人带来更多的生活乐趣和满足感，促进个人全面发展。

除此之外，终身学习还可以增强人们的社交网络和人际交往能力。随着学习的深入和广泛，人们不仅能够认识到更多的人，也能够结交到更多志同道合的朋友和有共同兴趣的伙伴。这样一来，在学习与生活中，人们就能够相互交流，相互启发，共同成长。

终身学习的重要性已经不言而喻。在当今高速发展的社会中，只有不断地学习和拓展自己的知识面，才能更好地适应社会的变化和挑战，并实现自己个人价值的提升。因此，我们应该以积极的态度对待终身学习，利用各种机会、平台和资源，不断地充实自己，提高自身素质，为未来走向成功之路打下坚实的基础。

第二节　大学英语教育与终身学习的关系和作用

一、大学英语教育对终身学习的支持和促进

1.提高学生语言能力

学习英语是一项长期而艰巨的任务，需要不断地积累、总结和运用。在当今这个全球化的时代，英语作为一门国际通用语言，已成为人们交流、网络、文化和商务等方面的主要工具。因此，大学英语教育应该不仅仅是为了学生能够通过考试，更应该是培养学生终身学习的能力和素质。

在大学英语课程中，学生可以通过多种方式来提高自己的语言能力。首先是课堂教学，在这里老师会介绍不同类型的文章和阅读材料，激发学生对英语的兴趣和学习积极性。同时，也会进行听说读写训练，帮助学生逐渐掌握英语语音、语法、词汇和表达技巧，有效提高学生的英语水平。其次，学生还可以通过课外阅读、听力材料和英语电影等方式来进一步提升自己的英语能力。

那么，为什么说英语语言能力的提高对于未来的学习与工作至关重要呢？首先，无论是进行专业学术研究，还是从事商业谈判和市场分析，英语作为一种国际通用语言被广泛使用。拥有良好的英语语言能力可以帮助学生更好地进行信息收集、交流和沟通，提高工作效率和质量。

其次，在各类国际会议和论坛上，英语也是必不可少的交流工具。拥有熟练的英语语言能力可以让学生更好地理解并参与到国际事务中，展示自己的想法和观点，提高在国际社会中的影响力和话语权。

此外，在各类留学、考研等竞争性考试中，英语作为一项重要的考察内容，是学生进入名校的重要门槛之一。拥有扎实的英语基础和良好的语言能力，可以大大提升学生通过考试的可能性，也可以为他们未来的学术研究和职业发展提供宝贵的支持。

因此，我们可以看出，大学英语教育的目的不仅仅是帮助学生通过考试，更应该是培养学生终身学习的能力和素质。英语语言能力的提高是其重要组成部分之一，它可以帮助学生更好地在未来的学习与工作中表现出色。因此，大学英语教育应该从多个方面着手，不仅要注重课堂教学，还要创造良好的英语

学习氛围和提供多种学习资源，以达到更好的教育效果。

2.拓展国际视野

大学英语教育是培养和提高终身学习能力的关键环节之一。其中，拓展国际视野是大学英语教育重要的一部分。随着全球化的发展，英语已成为国际交流和商业活动的主要工具之一，并且在全球范围内得到了广泛应用。因此，通过大学英语教育拓展国际视野是非常必要的，不仅可以增进对外文化的理解，还能够帮助学生更好地适应全球性的文化环境。

大学英语教育可以帮助学生了解外国文化、社会制度和价值观念，从而扩大他们的国际视野。在英语课程中，教师往往会引导学生进行阅读、听取和讨论不同类型的文章、材料和文化作品。这些内容涉及各种不同的主题和领域，比如艺术、历史、政治、经济等。在学习这些内容过程中，学生将接触到不同国家和地区的文化背景、社会制度以及其独特的价值观念。通过这样的了解，学生可以更好地建立起多元文化的视野，提高对外部世界的认知和理解。

在大学英语教育中，学生还可以通过阅读英语原版名著、电影和音乐，深入了解英美文化，并理解其中的思想和精神内涵。英国和美国是英语的两个重要发源地，它们的文化底蕴非常丰富多彩。比如，莎士比亚的戏剧作品、狄更斯的小说、披头士的音乐以及史蒂芬·霍金的科学著作等都是英语文化的代表性内容。通过阅读这些经典作品，学生可以更好地了解英语文化的特点、内在逻辑和精神财富。这也有助于帮助学生在未来的职业发展和国际交往中具备一个全球化的视野和认知。

在大学英语课程中，学生可以参加各种形式的国际文化交流活动，拓展自己的国际视野。在这些活动中，学生将与不同国家和地区的学生进行交流，分享彼此的文化信息和观点。这不仅可以增进跨文化交流能力，还能够让学生更好地了解世界，适应全球化的发展趋势。

3.培养独立思考和批判性思维能力

大学英语教育不仅注重学生的英语水平提高，还是培养和提高终身学习能力及技能的关键之一。其中，培养学生独立思考和批判性思维能力是大学英语教育的一个重要目标。在大学英语课程中，老师往往引导学生进行各种类型文章或文化作品的阅读、分析和解释。这需要学生自己进行独立思考和理性判断，从而培养其批判性思维和独立思考能力。

在大学英语课程中，老师会提供不同领域的文章和材料，比如新闻报道、科技文献、小说等。通过阅读这些内容，学生不仅有机会了解到不同领域和行业的知识和信息，而且可以锻炼自己的独立思考能力。学生需要自主选择和评估不同材料的可靠性和有效性，并从中获取到他们想要的知识和信息。

在课堂上老师还会引导学生进行文化作品的解释和分析。这需要学生对于文化的理解，以及对于文章或电影等的自我理解与认知。此时，学生需要在深入阅读后，发表自己的评论和想法。这就需要学生具备批判性思维能力，通过提出问题、挖掘原因或结果，并进行分析来达到解释文化作品的目的。在这样的训练中，学生不仅能够了解更多文化背景知识，而且锻炼了自己的批判性思维和独立思考能力。

在大学英语教育培养独立思考和批判性思维能力的同时，也增强了学生的自信心和责任感。独立思考意味着学生必须自我负责，并且做出正确的决策。他们应该能够分析问题并提出一些有效的解决方案，尽管这可能会产生一定的风险。然而，这将有助于学生在未来职业生涯和日常生活中更加自信和强大。

4.提供更广泛的学习资源和平台

随着科技的不断发展和日益普及，如今的学生可以通过互联网、移动应用等多种工具来学习英语知识。大学英语课程是一个重要的入口，它可以向学生推介更广泛的学习资源和平台，并且为学生提供了更好的终身学习支持。

大学英语课程的老师会向学生介绍一些有价值的英语学习网站。这些网站包括许多免费的在线英语课程和资料，如 BBC Learning English、Voice of America、TED 等。在这些网站上，学生可以找到高质量的英语教材和视频，听到标准的英式或美式发音，并参与互动式的英语学习活动。通过这些网络资源，学生可以自由地选择最适合他们学习节奏和风格的内容，并自主地进行学习。

大学英语课程还会向学生推荐一些优秀的电子词典。这些电子词典包括朗文、牛津、柯林斯等著名品牌的产品。目前，这些电子词典已经成为英语学习者必备的辅助工具之一。它们不仅提供丰富的单词释义和用法，而且还提供音频发音、图片解释、例句翻译等功能。学生可以通过使用这些电子词典来帮助自己快速查找单词，并加深对英语单词的理解。

大学英语课程还会向学生介绍一些英语学习社区或论坛。这些社区有很多热心的英语学习爱好者，他们可以互相分享英语学习心得和经验，交流英语学习中遇到的问题并探讨相应的解决方案。在这些论坛上，学生还可以参加在线组织的英语辩论或阅读小组活动，提高自己的听说读写能力。通过参与这些英语学习社区或论坛，学生可以结交志同道合的朋友，与他们保持联系，并继续学习和探索英语学习的世界。

二、大学英语教育对于个人终身学习的价值

大学英语教育是个人终身学习的重要开端。作为国际通用语言，英语具有在全球范围内进行交流和合作的必要性。通过大学英语课程的系统学习和培养，可以帮助学生掌握英语表达的基本技能和知识，为未来的学习和工作打下坚实基础。

大学英语课程可以帮助学生提升阅读、听力、口语、写作等各种英语技能。这些技能都是终身学习的基础，可以应用于不同领域的学习和职业中。比如，良好的阅读能力可以帮助学生更快地获取信息，效率更高地学习新知识；流利的口语和写作能力可以让学生更好地与他人沟通、展示自己的观点和想法；准确的听力理解能力则可以帮助学生更好地理解和掌握英语中的语音、语调、节奏等，并能更好地了解不同文化背景下所表达的含义和情感。

大学英语课程还可以教导学生了解不同英语国家的文化背景、社会风貌、历史和传统等。这样的知识可以帮助学生更好地理解和接受不同文化习惯、价值观念和思维方式，提高个人的跨文化交流和沟通能力。在全球化时代，这样的能力越来越重要。

在大学英语教育中，学生还可以获得与英语相关的其他素养和技能。比如独立思考、批判性思维、问题解决和团队协作等。这些技能对于面临未来工作和生活中各种挑战都极为重要。通过大学英语教育的培养，学生可以在实践中锤炼这些技能并将其运用于更广泛的领域。

大学英语教育的另一个好处是，它可以让学生更好地了解和掌握各种学习资源和平台。例如在线学习网站、电子词典，以及各种基于互联网和移动设备的应用程序和社交网络等。这些资源和平台可以帮助学生自主地选择和创造适合自己学习节奏和风格的内容，并进一步提升自己的英语能力。

总之，大学英语教育对于个人终身学习具有极为重要的价值。它可以帮助学生提高英语技能、增强跨文化交流和沟通能力，并掌握其他重要的素养和技能，从而为未来的职业发展和个人成长打下坚实基础。通过大学英语教育，学生可以迎接未来更为广阔的世界和挑战。

第三节 大学英语教育面向终身学习的课程改革和实践

一、大学英语教育面向终身学习的课程改革

1.建立适应终身学习需求的课程架构

为了适应终身学习的需求，大学英语教育需要重新规划和设计课程，建立适应终身学习需求的课程架构。这需要对整个课程体系进行重新考虑和优化，包括课程目标、内容和形式等方面。在制定课程目标时，应考虑终身学习的需求，并根据不同学生的实际情况设置相应的目标。同时，课程内容应该更加多元化，涵盖更广泛的领域，以便让学生能够掌握更全面的英语知识和技能。此外，在课程形式上也需要更强调可持续性和连贯性，让学生能够从一而终地接受英语教育。

除了对课程内容和形式的优化，还需要更灵活多样化的课程安排，以满足学生的自由选择权利。通过引入多种课程形式，如面授课、在线课程、短期培训等，可以让学生有机会根据自己的实际情况进行选择，并将所学的英语知识和技能与实际生活和工作相结合。此外，学生还应被赋予更多责任，让他们有更多机会选择自己感兴趣的话题和实践项目，并通过这些活动来提升英语学习的效果。

2.引入自主性学习模式

大学英语教育应该引入更自主性的学习模式，让学生能够在学习过程中拥有更多的自由度和选择权利。通过引导学生自主制定学习计划、选取学习资源以及评估自己的学习成果，可以激发学生的自我意识和自我管理能力，让他们更好地了解自己的学习需求。

在这种自主性的学习模式下，学生可以更加灵活地安排自己的学习时间，并选择适合自己的学习方式和方法。同时，鼓励学生积极参与课堂讨论、小组互动、实践体验等多种形式的课程活动，从而培养学生的交际和合作能力。

此外，在引入自主性学习模式的同时，需要配套采用先进的信息技术手段，提供全面的学习支持和资源服务，如在线课件、实时互动、智能评估等，以便学生能够更有效地进行自主学习和自我管理。这些手段应该具有多样性和灵活性，符合不同年龄、学历、兴趣、经验的学生的需要。

3.推广在线学习

在线学习已经成为当今终身学习中最流行和最具前景的学习方式之一，因此大学英语教育可以通过推广在线学习来提升学生的英语学习质量和水平。引入各种在线学习资源和平台能够为学生提供更多元化、个性化的学习机会，帮助他们更好地掌握英语知识和技能。

例如，大学英语教育可以利用MOOC（大规模开放在线课程）等资源扩大课程的覆盖面和资源共享范围。通过在线学习，学生可以在任何时间、任何地点进行学习，并且获取更为全面和深入的学习资料和资源。这种灵活性和便捷性是传统课堂学习无法比拟的。同时，学生也可以自主选择自己感兴趣的话题和实践项目，并通过这些活动来提升英语学习的效果。

此外，在线学习还提供了更加互动和个性化的学习体验，采用先进的信息技术手段，如智能评估和人工智能辅助学习等，可以更准确地了解学生的学习情况和需求，提供相应的学习帮助和指导。

4.增加跨学科内容

为了更好地培养学生的英语能力，大学英语课程需要增加其他学科相关的内容，如商业、法律、文学、科技等跨学科内容。通过引入这些内容，能够帮助学生更好地理解英语在不同领域中的应用和价值，并扩展他们的知识面和视野。

跨学科的课程内容能够更加贴近实际需要，让学生感受到英语的实际应用价值，并激发其学习热情。例如，在商业方面的英语教育中可以加入商务会话、商务写作等课程内容，帮助学生掌握商务英语表达的技巧和规范。在法律方面的英语教育中，可以通过案例分析和模拟法庭辩论等形式，让学生了解英语在法律领域的应用和重要性。在文学方面的英语教育中，可以选择经典文学作品进行深入阐述，让学生感受到英语文学的历史与文化背景。在科技方面的英语教育中，可以结合最新科技发展情况，通过科技英语文章和科技英语期刊等载体，把学生置于高度瞩目的科技领域中。

二、大学英语教育面向终身学习的实践

1.鼓励学生参与综合性英语活动

大学英语教育应该鼓励学生参与综合性英语活动，如英语演讲比赛、文艺会演、国际文化节等。这些活动提供了一个全新的英语交流环境，能够增强学生对英语的兴趣和自信心，并促进学生各方面素质的全面提升。

首先，英语演讲比赛可以激发学生展示自我、尝试挑战的勇气，提高他们在公众场合中使用英语的表达能力和自信心，同时也能使他们更好地掌握演讲技巧和规范。文艺会演则是通过加入音乐、舞蹈等元素，来吸引学生从不同角度接触到英语，同时实现了英语和艺术的跨界融合。这些活动都有助于扩大学生对英语的认知范围，提高听说读写的综合能力。

其次，国际文化节等活动可以为学生提供感性体验和情感共鸣的机会，使他们更好地领悟英语背后的文化内涵和价值观。不仅如此，学生还可以通过互动交流，结识来自不同国家和地区的外国友人，拓展国际视野和人际交往能力。

此外，参加综合性英语活动有助于学生发现和发掘自己的潜力，并提高他们的创造性思维和解决问题的能力。这些能力在未来的学习、工作和生活中都具有重要意义。

2.提供个性化的学习支持

大学英语教育应该提供个性化的学习支持，根据不同学生的实际情况，给予不同形式、内容和难度的英语学习支持。这种支持方式可以更好地满足学生的学习需求，促进他们的学习兴趣和自信心，并且帮助他们提高英语水平。

首先，给予有挑战性的任务是一个有效的学习支持方式。通常，在课堂上教授基本知识后，可以逐步增加难度并设置各种项目和任务，在不断挑战中激发学生的学习热情和积极性。这种方式还能培养学生的批判性思维和解决问题的能力，提高他们的学术水平和竞争力。

其次，采用多元化的教材和工具是另一种支持方式。例如，利用传统教材、网络资源、手机应用程序、在线游戏等多种渠道和载体来满足学生的不同需求和偏好。这些富有创意和多样性的教学手段能够让学生更好地参与学习过程，从而加强他们对英语的理解和掌握。

此外，提供不同难度和深度的课程内容也是一个重要的学习支持方式。根据学生的学习水平和能力，为他们量身定制一份适合自己的课程计划，增加阅

读材料、改进语音技能、开展写作课程等。这种个性化的学习支持不仅帮助学生顺利地完成学业，还能够提高他们的学习效果和成就感。

3.引导学生参与志愿服务

大学英语教育应该引导学生参与志愿服务，通过志愿者服务来提升学生的英语应用能力和社会责任感。教育机构可以组建英语角、开设文化课程等，把英语学习与社区服务结合起来，鼓励学生参与到志愿服务中去。

首先，组建英语角是一个很好的学习支持方式。利用校内或社区资源，提供一个英语口语交流的平台，让学生直接在实践中使用英语进行对话交流。这种方式不仅能够加强学生口语表达能力，还可以拓展其目光和视野，了解不同国家和地区的文化背景和特点。与此同时，学生还可以通过为非英语母语的人提供英语辅导，促进学生在教授英语的过程中发挥潜能。

其次，开设文化课程也是一个促进学生成长的重要途径。例如，在国际化课程中增加跨文化沟通和交流方面的内容，着重培养学生在多元文化环境下的交际能力和人际关系管理能力。在教学过程中，注重学生自主选择研究内容、开展小组项目和讨论等，激发学生的学习兴趣和积极性。

最后，参与志愿服务能够增强学生的社会责任感。有研究表明，参加志愿服务活动能帮助学生树立道德观念，提高其公民意识和自我认知水平。同时，在志愿者服务活动中，要求学生与其他志愿者或受益人交流时使用英语，以此提高学生的英语应用能力。

4.建立多元化的评估体系

大学英语教育应该建立一个多元化的评估体系，不仅注重学生英语基础知识水平的考察，还要关注他们在口语交流、写作表达等实际应用中的技能和素养。这种评估方式可以更好地反映学生综合能力，并且给予具有建设性的意见和反馈。

首先，对于英语基础知识的评估，可以采用传统的考试方式，如选择题、填空题等。这种评估方式主要聚焦于学生对英语词汇、语法、拼写等基本知识的掌握情况。但是，这种方式往往无法全面反映学生的英语能力和潜力。

其次，针对口语能力的评估，可以通过模拟情景对话、英语演讲比赛等方式来进行。这种方式可以更直接地检验学生口语表达能力和交际技巧，并从中发现学生的优势和不足之处，更好地指导学生后续学习和提高自身表达能力。

另外，在写作表达方面的评估可以通过独立 essay、小组论文等方式来进行。

这种方式可以展示学生的英语写作水平，同时，也可以检验学生分析问题、思考和表达的能力，从而促进学生创造性思维能力和写作技巧的提高。

最后，在评估体系上，应该为每个学生建立一份档案，记录其英语能力的变化、优势和不足之处，并针对不同方面做出有针对性的建议和反馈，以帮助学生更好地发掘自身潜力和完善自身英语能力。

5.引入跨文化教育内容

大学英语教育应该引入跨文化教育内容，通过让学生了解不同国家和地区的文化背景和特点，帮助他们提高跨文化沟通能力和拓展眼界。

首先，在引入跨文化教育内容的过程中，可以通过教授不同国家和地区的历史、文化、人文等多方面内容来展示不同文化的异同。例如，通过比较中西方文化的差异，让学生成为文化的观察者，学会用客观的视角去理解和尊重其他文化，培养跨文化交流的意识和技巧。

其次，采用案例分析和实地考察的方式，帮助学生更好地了解其他文化的实际情况，加深对当地文化的认知。这种方式可以使学生亲身感受到其他文化的独特性、魅力和价值，从而促进跨文化理解和尊重的形成。

此外，还可以通过文艺作品和影视作品来传达不同文化背景下的思想、观念和价值观念，并关注其中的跨文化元素和相互影响。例如，通过阅读经典名著或观赏文艺作品，让学生更好地了解西方文化中的人文精神和思潮，拓展他们的视野和思维方式，从而促进跨文化交流与理解。

三、案例分析：国内外大学英语教育面向终身学习的实践

1.美国哈佛大学英语教育的终身学习计划

哈佛大学是世界上最著名的高等教育机构之一，而其英语教育卓越的质量和广度是得到广泛认可的。为了满足不同人群对英语学习的需求，哈佛大学为学生和校友终身学习提供了多种英语课程。

其中，Harvard Extension School 是该校为社会上具有英语学习需求的人群设置的在线延伸项目之一。该项目提供了大量的在线英语课程，涵盖口语、写作、文学等各个方面。无论是想要学好英语应对工作还是出国留学，或者就是单纯喜欢英语文学的爱好者，都可以在 Harvard Extension School 中找到适合自己的课程。

该计划重视学生的自主选择权，在课程选择上与传统课程不同，没有严格的课程限制和强制安排，在线学习时效也更加灵活，没有考试、班级缺席率等明确要求。学生可按照自己的学习进度和目标来组织学习计划，并可以通过实时互动讨论、音频或视频在线听课等方式来获取反馈和指导。

当然，考虑到学生的学习质量和学位认可等问题，Harvard Extension School 课程设置是经过严格审核和认证的。学生成绩也需要通过期末考试和论文等方式考核，最终获得哈佛大学颁发的正规学位证书。

除此之外，哈佛大学还在不断推出新的英语学习项目。例如，The English for Speakers of Other Languages（ESOL）Program 就针对那些母语非英语的学生，提供专门的英语学习课程和支持，包括口语、听力、阅读和写作能力等方面的掌握，并帮助他们适应美国本土高等教育环境。

2.英国牛津大学英语教育的在线学习平台

英国牛津大学是全球著名的高等教育机构之一，其所开展的各项教育项目也一直备受关注。针对不同人群对英语学习的需求，牛津大学特别推出了"Oxford Online English"平台，为任何对学习英语感兴趣的人士提供自主学习机会。

该在线学习平台提供了各类英语课程，包括语法、发音、听力、阅读、写作等各个方面。通过该平台，学生可以根据自己的英语学习需求和兴趣，在线学习英语，并获得英语能力证书。此外，该平台还为需要提升商务英语以及准备英语考试的学生提供了相应的课程，例如商务英语、雅思、托福等。

对于希望进行更深入学习的学生，平台也提供了较为专业的课程选项。例如，学生可以选择学习医学或法律领域所需要的专业英语课程，在英语表达能力的同时，加强对这些领域知识的掌握。总之，该平台中涵盖的课程非常丰富，学生可以根据自身需求和目的选择合适的课程进行学习。

更值得一提的是，牛津大学作为世界著名的高等教育机构，其证书具有较高的国际认可度。在完成相关课程并通过考核后，学生将获得由牛津大学颁发的英语能力证书，这也为其未来的职业发展和学术研究提供了有效凭证。

除此之外，该平台还提供各种数字工具和交互方式，以协助学生进行学习和练习，例如模拟语音通话和在线读写练习等。同时，牛津大学的专业师资和辅导员团队也为学生提供线上辅导，以确保其学习效果和质量。

3.中国某大学英语教育的实践案例

随着全球化的发展，英语已经成为世界上最为重要的交流语言之一，也被越来越多的人所关注。针对这种趋势，中国某大学英语专业在课程设置中积极引入面向终身学习的理念，建立了自主选修课程系统。

该自主选修课程系统旨在为学生提供更广泛和灵活的英语学习机会。在此课程系统中，学生可以根据自己的英语水平和个人兴趣自主选择不同方向的课程，包括听力口语、阅读写作以及国际文化交流等方面。特别是，这些课程都是由资深的教师团队精心设计和制定的，并结合教学实践进行不断的修改和完善，旨在满足不同学生的需求。

自主选修课程系统的设立，不仅有利于学生的学习效果，更充分体现了"量体裁衣"的原则。根据不同学生的英语学习需求和目标，系统可以对学生提供个性化、多元化的教育服务，帮助学生有计划、有目的地开展学习，提高学习效果。

与此同时，该系统也强调学生的自主选择权，每个学生能够根据自己的兴趣和需求来自主选取可行的课程。这种教育体制，激发了学生的学习热情，提升了学习动力。同时，通过对不同课程难度、内容等方面的严格覆盖，学生可以在相对轻松的环境下全面提升自身英语水平。

第四节　推进大学英语终身学习体系建设的策略和方法

一、引入"终身学习"理念，加强对英语教育的重视

随着全球化的不断推进，英语已经成为一种全球性语言，并逐渐成为国际交流的主要工具之一。在这样的背景下，各国对英语教育的重视和投入也越来越高。为了应对外部环境的变化和挑战，大学英语教育需要引入"终身学习"理念，加强对英语教育的重视。

我们需要认识到英语不再是一种单纯的外语学习，而是转变为一种应用技能。因此，在英语教育中需要注重"终身学习"的观念，将英语学习作为一项

长期的、不断进行的技能学习。只有通过不断的学习和实践才能更好地掌握英语，提高英语水平，从而适应和应对世界日新月异的发展变化。

我们需要宣传和普及"终身学习"的理念，鼓励人们不仅关注基础知识，还应该注重个人兴趣和多样性，并努力促进人们终身学习的意识和习惯。这样可以培养人们具备自我修养、自我管理和自我学习的能力，逐步形成一个独立、自信和有创造力的英语人才队伍。

我们需要加强对英语教育的深入研究，引进先进的教育理念和教学方法，提出符合国情的英语教育改革方案。通过加强师资力量建设、建立合理化的课程设置以及加强学生交流与互动等措施，不断优化英语教育质量和效果，使英语教育更好地服务于社会和学生发展。

二、推动大学英语课程改革，深化教学内容和模式

（1）针对不同层次、不同领域的英语学生，构建不同的课程体系结构。

为了更好地满足不同层次、不同领域的英语学生需求，我们需要针对性地构建不同的课程体系结构。具体而言，应当根据学生的英语水平和专业特点，合理设置不同的课程大纲和教学内容，以贴近学生实际需求。

在制定课程大纲时，首先需要根据学生的英语水平划分不同的教学层次。例如，在实用英语教学中，可以将学生分为初级、中级、高级等不同的层次进行教学。此外，应根据学生所学专业的不同，选择相应的英语教材和教学内容，以便于实现英语学习与专业知识的有机融合。例如，经济类专业可以选择商务英语课程，帮助学生了解行业术语，提高商务沟通能力。

除了合理设置课程大纲，还应建立丰富多彩的课程内容，包括惯用语、口语思维等精准提高英语听说能力的课程。这些课程应该是实用性强、易于操作、符合学生兴趣的，并且能帮助学生掌握日常交流所需的听说能力。例如，可以将生活情境融入英语教学中，使得学生能够在轻松愉悦的氛围中学习、进步。

（2）优化教学内容和模式，着重注重提升英语听说读写能力，同时增加考试准备、商务英语等实用型教育。

为了更好地提高学生的英语水平和职业能力的全面发展，需要优化大学英语教育的内容和模式。具体而言，我们应该着重注重提升英语听说读写能力，同时增加考试准备、商务英语等实用型教育，并且积极开展相关实践任务，引导学生积极主动尝试并得到反馈，设计综合性评估机制，鼓励学生全面、比较

地来自我评价和素质变化。

在教学内容方面，除了注重英语基础知识的掌握，还应当着重培养学生的英语听说读写能力。例如，在听力训练中加入一些真实的口语对话或者新闻节目，以模拟日常交流环境，帮助学生更好地适应英语听力的挑战；在写作培训中，注重培养创造性思维，引导学生通过文字表达和交流想法和观点。与此同时，还应加强考试准备、商务英语等实用型教育，帮助学生更好地适应现代社会对英语人才的需求。

在教学模式方面，应该积极开展相关实践任务，让学生积极主动尝试，并得到反馈。例如，可以组织学生参加英语演讲、辩论等实践活动，以提高他们的口语表达能力；也可以让学生参加英语听写比赛或者写作比赛，增强他们的英语写作能力。此外，应设计综合性评估机制，鼓励学生全面、比较地来自我评价和素质变化。例如，可以采用多元化的考核方式，包括平时成绩、期中期末考试、课堂表现等多个方面，以全面评价学生的英语水平。

（3）借助先进的信息技术手段，打造在线英语课程平台，以方便学生在任何时间、任何地点自主学习。

随着信息技术的飞速发展，建设在线英语课程平台已经成为大学英语教育改革的必然趋势。构建线上线下相结合的教学模式，借助先进的信息技术手段，为学生提供各种便捷的英语学习资源，以方便学生在任何时间、任何地点自主学习。

在线英语课程平台可以为学生提供丰富多彩的课程内容和学习资源。例如，可以通过网络直播、录播、云端存储等方式提供常规课程，包括英语听说读写、考试准备、商务英语等实用型教育。此外，还可以建立在线英语学习社区，让学生相互交流、分享学习经验、互帮互助，形成良好的学习氛围。通过这种方式，学生可以随时随地参与学习，提高英语水平，加强学习体验。

同时，在线英语课程平台也应该构建线上线下相结合的教学模式。例如，在线课堂中可以进行课堂听说互动、小组合作等活动，让学生在虚拟环境中进行互动学习，增强学习的趣味性；同时在课后，也可以提供一些实践任务，让学生进行线下的实践活动，如英语演讲、阅读讨论等等，以帮助学生更好地将所学知识应用到实际中。

另外，建设在线教育平台也是非常重要的。在线教育平台作为学生获取教学资源和与老师交流互动的主要途径，需要提供各种常规课程和问题解答服务，并鼓励学生自觉参与，积极实践。例如，可以开设线上答疑课程，让学生及时了解自己的学习情况，并提出任何问题和困惑。此外，在线教育平台还可以通过预测算法等技术手段来为学生个性化推荐相关的学习资源，从而帮助学生更加高效地学习。

三、完善教师团队建设，提高教学质量和效果

为了提高大学英语教育的质量和效果，我们需要从教师团队建设方面入手，采取一系列措施，不断提高教师的教学能力和素养。

首先，应该建立教师培训机制，以提高教师的教学能力和素养。例如，可以开设教学方法、课堂管理、评价与反馈等方面的培训课程，帮助教师了解最新的教学研究成果和教育政策，提升他们的教学水平和专业素养。

其次，应该加强实践教学和课程设计的底层支持，即构建一个完善的教学团队和体系，保证更好的教学质量。例如，可以建立定期交流和研讨机制，让教师相互沟通和交流教学心得和经验，并分享课程设计和评估方案。同时，也应该加强对青年教师的指导和帮助，帮助他们更快地适应工作，提高他们的教学水平。

最后，在教师的工作量、奖励政策等方面进行调整，激发教师的学习热情和进取心，并提升教师的教学积极性和创新能力。例如，可以根据教学质量和效果，对教师进行奖励和表彰，激发教师的工作积极性；也可以制定合理的工作量标准和课程设计规范，以确保教师充分利用时间精力为学生提供更好的英语教育。

四、加强国际交流合作，扩大英语学习的国际化视野

为了扩大英语学习的国际化视野，加强国际交流合作是不可或缺的一步。具体而言，我们可以从以下三个方面入手。

首先，需要加强国际英语教师和教育资源的引进，以拓宽英语学习的视野和范畴。例如，可以招聘来自外界的优秀英语教师，开设相应的英语课程，提高教学水平和质量。同时，也可以借助互联网等先进技术手段，引进国内外先进的英语教育资源和优秀的学习案例，让学生接触到更多的英语学习资源，拓展他们的英语学习视野。

其次，需要开展国际交流与合作项目，为学生提供丰富多彩的国际化英语学习机会。例如，可以开展暑期游学项目、短期交换项目、双学位项目等，让学生有机会走出国门，了解不同国家和地区的文化背景、历史沿革、社会现状等等，同时也锻炼他们的英语语言能力和跨文化交际能力。

最后，可以利用英语学习资源共享平台，推进国际英语学科领域的合作和交流。例如，可以借助在线课程平台、虚拟教室等技术手段，与国内外的英语学习机构开展协同合作，共建英语学习资源库和师资储备库，加强师资队伍的建设和培训，促进国际英语学科的共同发展。

五、逐步实现终身学习体系建设的目标

要逐步实现终身学习体系建设的目标，需要从以下三个方面入手。

首先，为学生提供全方位、个性化、自主选择的英语学习环境和机会。英语学习应该贯穿人们的整个学习生涯。无论是在幼儿园、小学、中学还是大学阶段，都应该给予学生足够的英语学习机会，让他们不断掌握新知识，积累语言经验。同时，应该根据学生的兴趣和需求，提供各种个性化的英语学习资源和服务，例如专业英语课程、海外游学项目、在线英语学习平台等。

其次，通过不断完善教育体系、持续优化英语教育模式，逐步实现促进英语学习的"终身习得"的目标。这需要学校和教师认真思考英语教育的理念和方法，注重培养学生的自主学习能力和批判思维能力，鼓励学生在语言学习中发挥主人翁精神。同时，也需要加强与产业界和社会机构的合作，将英语学科融入职业教育和职业培训，实现英语的应用化。

最后，充分发挥英语学科的作用，为国家和社会培养各个领域的英语人才，提出方案，并持续推进英语教育的改革建设。如何培养高水平、复合型的英语人才？需要深入探讨英语学科的内容和教学方法，在课堂教学中注重知识与能力的结合、理论与实践的统一，促进学生在学习过程中不断提升自己的创新精神和实践能力。

第十四章 教育技术与大学英语教育

第一节 教育技术的发展和应用

随着信息技术的快速发展，教育技术不断创新和应用已经成为英语教育的重要趋势。教育技术的发展和应用涉及多个方面，下面列举几个具体的方向。

一、利用现代化技术手段来提高英语教学质量

随着现代化技术的发展，教育技术应用也得到了深入推广。在英语教学中，利用现代化技术手段来提高教学质量是一种趋势和重要举措。多媒体教学辅助工具如投影仪、音频设备、电子白板等可以极大增强教学效果，使学生更加专注，便于理解和记忆，同时也能培养学生对不同类型英语材料的处理能力和信息分析能力。

多媒体教学方法为英语教学提供了新的可能性。通过这种方法，在课堂上展现图片、图表、音频、视频，让学生直观地参与课程中的英语学习过程，并帮助他们更好地理解学习内容。采用多媒体教学模式还可以让学生自主选择不同学习资源，包括录音机、电视、网络等，让学习方式更加灵活多样，这可以根据学生个人偏好及特长来设计教学环节，大大拉近了学生与知识之间的距离。

当然，教师在运用多媒体教学方法时需要注意以下几点：一是要充分调查统计学生的英语水平和学习兴趣，以满足教学要求；二是要确保多媒体所展示的内容与课程目标一致，突出重点，使学生更好地理解和掌握知识；三是要加强多媒体教学方法的教学实践，不断完善教学模式，提高教育质量。

二、借助互联网开展在线英语教学

随着互联网技术的飞速发展，在线英语教学已经成为英语教育不可或缺的一部分。在线英语教学让学生在任何时间、任何地点都能够方便地学习英语，

大大提高了教育的普及度和效率。在线英语教学通过多媒体技术，把学习内容以生动形象的方式呈现给学生，并提供视频直播、互动测试、在线分享等服务，还支持学生进行自主学习和交流。

借助互联网开展在线英语教学，有以下几点优势。

首先，可以克服时间限制和空间限制，学生可以根据自己的时间安排、自己的生活节奏来制定每天的英语学习计划，不用受到学校上课时间和地理位置的限制。

其次，在线英语教学平台通过多媒体技术呈现知识点，全面涉猎英语各个领域，使得学生可以更全面、系统的了解英语知识，并用更加生动形象的方式表达学习内容，大大提高了学习的趣味性和易懂性。

第三，在线英语教学可以很好地实现自主学习和交流，学生可以随时随地上网学习，下载课程资料、观看视频、完成作业等，在线英语教学平台也提供了讨论区、问答社区等社交功能，方便师生之间进行交流。

最后，借助互联网开展在线英语教学，往往比传统的面对面教学更加经济高效，能够大力降低学习成本，进而更好地推动英语教育的普及和发展。

三、利用大数据和人工智能技术来优化英语教育管理和评价体系

随着大数据和人工智能技术不断发展，我们可以将这些技术应用到英语教育管理和评价体系中。教育管理和评价体系是英语教育的重要组成部分，而利用大数据和人工智能技术来为英语教育提供更加准确的数据统计、监测和分析，则是优化这个体系的有效途径。

通过利用大数据技术，我们可以获得更多的数据样本，并更加全面地了解学生的学习情况。这样一来，我们就能够更精确地诊断出教学上的问题，并针对性地制定相应的改进措施。此外，大数据技术还可以帮助我们根据学生的学习表现进行智能分析，以期更好地预测学生成绩的发展趋势和未来发展态势，从而及时提供有针对性的指导和辅导支持。

与此同时，人工智能技术也可以在英语教育管理和评价体系中发挥巨大作用。人工智能技术可以分析和处理海量数据，从而得出更加科学、准确的评价结果，同时还可以运用自然语言处理技术，帮助学生快速掌握英语学习方法和技巧，提高学生的英语素养和实际应用能力。

四、利用虚拟现实、增强现实等前沿技术加强英语学习的互动体验

随着前沿技术的不断进步，利用虚拟现实、增强现实等技术来加强英语学习的互动体验已经成为一种非常具有前景的教育模式。通过这些技术，我们能够创造出真实的三维环境，并将学生置身于其中，让他们更加深入地了解和理解英语知识。

虚拟现实、增强现实等技术可以帮助学生通过沉浸式学习获得更好的学习效果。学生可以在虚拟现实中体验到各种情景，如商务谈判、社交场合、旅游风光等，从而更好地了解和掌握跨文化交际的应用技巧和方法。此外，通过增强现实技术，学生可以通过手机、平板电脑等移动设备获取丰富的图片、文字、音频、视频等多媒体信息，更加灵活高效地进行英语学习。

这些技术还可以极大的提升学生的实践应用能力。虚拟现实技术允许学生在模拟的环境中尝试不同的语言表达方式，从而更好地掌握口语技巧和交流技能；增强现实技术则可以带来更具创意的学习体验，例如将英语单词和图片结合起来，让学生更好地与学习内容进行互动，从而提高记忆效果。

第二节　教育技术在大学英语教育中的应用现状和问题

一、教育技术在大学英语教育中的应用现状

1.多媒体教学现状

在大学英语教育中，多媒体课件、投影仪等设备极大地丰富了教师的教学工具和手段。通过使用这些设备，英语教师可以更加生动形象地展示教学内容，吸引学生的注意力，增强学习效果和质量。教师可以利用多媒体教学来演示单词、图片、视频等丰富的素材，让学生更加深入地理解和掌握知识点。此外，多媒体教学还可以为课堂互动提供更多的可能性，在轻松愉悦的氛围中，鼓励学生积极参与讨论和交流。综合而言，多媒体教学在大学英语教育中起着重要

的作用，为学生提供了更加丰富多彩的学习体验，同时也帮助学生更好地掌握英语知识，开拓了学生的视野。

2.在线学习现状

随着互联网技术的不断发展，在线学习已经成为大学英语教育的一种重要方式。学生可以利用电子邮件、网络平台、移动设备等进行学习，这种方式具有极大的方便性和灵活性，让学习不再受时间和空间的限制。通过在线学习，学生可以在虚拟世界中进行交互、讨论和测试，获得更多的学习反馈和指导，提高学习效率和积极性。此外，在线学习还提供了各种学习形式，如听力训练、口语模仿、写作练习等，让学生可以选择适合自己的学习方式。同时，在线学习也有助于学生开发信息素养和自主学习能力，培养独立思考和解决问题的能力。总之，尽管面对一些挑战，但在线学习已经成为大学英语教育不可或缺的一部分，为学生提供了更加灵活多样的学习机会，增强了学习的实用性和有效性。

3.智能化辅助学习现状

大学英语教育中，人工智能和机器学习技术的应用正在逐渐扩展。自然语言处理、语音识别、语音合成等技术不仅为英语教育带来了新的可能性，也让学生可以更加轻松地学习英语。这些技术不仅提供了更多的个性化学习体验和支持，也在语音、听力、口语等方面进行智能化辅助学习。比如，学生可以利用语音识别和语音合成技术模拟真实的语音交互环境，提高口语表达能力；同时通过智能化的听力练习，学生可以更好地理解讲话者的意思。此外，通过机器学习技术对学生的学习数据进行分析，可以了解学生的学习状态和需要，帮助学生更好地调整学习策略和方法。总之，这些智能化技术已经在大学英语教育中得到了广泛应用，并将为英语教育带来更多的创新和发展。

二、教育技术在大学英语教育中存在的问题

1.教育技术的应用不均衡

在大学英语教育中，虽然教育技术可以带来很多优势，但其应用程度存在着不均衡的现象。许多高校尚未掌握有效的科技教育手段或缺乏相关的支持设施，使得这些高校无法将教育技术充分应用于教学中，导致了不同地区、不同高校之间教育技术应用的巨大差异。

在此情况下，各级政府和高校行政部门需要采取更多的措施，推广教育技术的应用。例如，建立专业的科技支持团队，为教师提供技术指导和帮助；加强培训和培训工作，提高教师和学生科技运用水平；发挥网络资源优势，为较为偏远地区和一些较为薄弱的高校提供更多的技术支持和资源共享机会等等。这些措施有助于减少不同地区、不同高校之间的数字鸿沟，促进教育技术的普及和全面应用，提高大学英语教育的质量和水平。

2.学生自主性较强

随着移动互联网的普及，学生可以自由地利用网络资源来进行自主学习，其独立性越来越明显。然而，这种情况有时会对大学英语教育造成一定程度的负面影响，因为某些现有的教育技术可能无法完全满足学生的需求，导致他们对课堂教学的重视程度降低，进一步影响了学习效果。

在应对这一问题时，我们可以采取措施加强和改进大学英语教育。例如，增加更多的针对学生特点、具有个性化的教育技术，使得学生可以根据自身需求选择适合自己的学习内容和方式；引导学生合理使用网络资源，鼓励他们将自主学习与课堂学习相结合，以达到更好的学习效果；同时，在课堂教学中，让学生充分参与讨论和交流，从而激发他们的学习热情，提高对知识点的深入理解。综上所述，通过适当的措施来协调学生自主性和教育技术的应用可以更好地促进大学英语教育的发展和进步。

3.如何保证教育技术与传统教学相结合

大学英语教育中，传统教育模式仍然是主要的教学方式之一。然而，在现代社会的背景下，教育技术的发展也带来了更多的可能性和机遇。因此，在教育技术的应用中，如何将其与传统教学模式相结合，让二者的优势相得益彰，仍然是一个需要解决的问题。

为了实现这一目标，教育部门和高校可以采取以下措施。

首先，加强教师对教育技术的培训和支持，提高教师的应用水平和科技素养；其次，建立完善的数字化教学系统和教育技术平台，通过这些平台为教师和学生提供更好的教育资源和支持；最后，鼓励教师在传统教学模式中逐步融入教育技术元素，采用数字化教学手段和辅助工具，以促进教学效果和学生的积极性和自主性。

三、解决问题的对策

1.增加投入

教育技术在大学英语教育中扮演着越来越重要的角色，而政府和高校应该适当增加对其的投资和支持力度。通过加强数字化设施建设、优化软硬件环境、购买和开发教育资源等方式，为学生提供更好的学习体验，促进数字化教育向更深层次、更广泛领域的应用。

2.提高技术水平

教育部门和高校应该积极引进和培养人才，加强教师和学生对教育技术的能力和素养的培养。同时，相关机构可以通过组织专项课程、技术培训、教学研究等形式来提升教师的技术水平，学生也可以参与各种科技活动，培养创新意识和实践能力。只有如此，才能够不断推进数字化教育和教育技术的发展。

3.完善管理体系

为了更好地保障数字教育的健康有序发展，需要建立完善的数字化教育管理体系。这个体系应该包括精细化的运营管理、健全的数据监测机制、强化的网络安全保障等要素，从而为学生和教师提供更好的技术支持和服务，并加强对教育资源的保护和监管，确保数字化教育的合法性和安全性。

4.探索更加创新的教育模式和教学方法

要想更好地应用教育技术于大学英语教育，必须倡导探索更加创新的教学方法和教育模式。这意味着要通过结合传统教学方式和现代教育技术，以及利用智能化工具等不同形式，来提高教育质量和效率。从而激发学生的学习兴趣和能动性，使他们获得更好的学习体验和成果。

第三节　教育技术与大学英语课程改革的关系和作用

一、教育技术与大学英语课程改革

1.教育技术如何促进大学英语教学效果的提高

教育技术可以促进大学英语教学效果的提高，主要体现在以下几个方面。

（1）个性化教学。教育技术可以根据学生的不同需求和水平，为其量身定制教学内容，提供个性化的教学服务。例如，通过智能化的学习系统，让学生能够根据自己的情况进行课程选择、学习计划制定、学习资源获取等，从而提高学生的积极性和参与度。

（2）互动式教学。教育技术可以通过多媒体、网络等手段打破传统教学的单向传输模式，实现师生之间的互动交流，提高学生的听说读写能力。通过网络视频课堂、在线导师答疑等方式，可以让学生随时与教师进行沟通与交流，得到更及时有效的帮助。

（3）实践教学。教育技术可以使得大学英语教学更贴近生活与实际应用场景，培养学生的实际运用能力。例如，利用虚拟现实技术构建语言环境，在虚拟场景中进行语言交际实践，让学生通过真实的场景模拟，提高英语交际能力。

2.教育技术在大学英语课程改革中的具体应用

在大学英语课程改革中，教育技术的应用主要包括以下几个方面。

（1）网络教学。利用互联网平台，将课堂教学延伸到网络空间，为学生提供了更加灵活的学习方式，增加了学习时间和地点的自由度。此外，网络教学还可以为师生之间的交流提供更广阔的平台，增加了教学资源和信息的共享。

（2）电子教材。电子教材是指以数字形式呈现的教材，它可以更加直观、生动地呈现教学内容，并灵活调整教学模式，满足不同学生的需求。同时，电子教材还可以实现多媒体融合，为学生创造更加丰富的学习体验。

（3）在线评估。在线评估是指通过网络平台对学生的学习情况进行监测和评估，既可以及时发现学生的学习问题，也可以为教师提供更加准确的学习反馈。同时，在线评估还可以开展游戏化评估，让学生通过游戏等方式进行知识测试和练习，提高学生的学习积极性。

3.教育技术在大学英语课程改革中的优势和局限性

教育技术在大学英语课程改革中具有以下优势。

（1）拓展了教育资源。教育技术使得大量优质教育资源得以通过网络平台共享，学习资源的获取和分享变得更加便捷。

（2）扩大了学生的选择空间。通过多元化的教学模式和灵活的学习方式，教育技术满足了学生不同的需求，提高了学生的参与度和满意度。

（3）提升了教学效果。教育技术可以辅助教师进行教学内容的呈现和评估，并根据学生的实际情况进行个性化的教学安排，提高了教学效果。

然而，教育技术在大学英语课程改革中也存在一些局限性。

（1）依赖网络平台。教育技术的应用需要稳定的网络支持，一旦网络环境不佳或发生故障，就会影响教学效果。

（2）对教师和学生技能要求高。教育技术的操作需要一定的技术储备，如果教师和学生缺乏相应的技能与知识，就会影响教育技术的应用效果。

（3）课程内容设计的难度较高。教育技术所涉及的软硬件工具、平台和系统等都需要专业的设计和开发，设计优质的课程内容需要一定的时间和费用成本。

因此，在大学英语课程改革中，需要合理地运用教育技术，充分发挥其优势，同时也需要考虑到教育技术的局限性，进行适当的调整和完善，以提高大学英语教学质量和效果。

二、大学英语课程改革的实践案例

1.国内外大学英语课程改革中的教育技术运用

在国内外大学英语课程改革中，教育技术的运用越来越广泛。近年来，一些国内外先进大学已经将教育技术应用到英语教学中，取得了显著成效。

（1）加拿大滑铁卢大学采用"投入式教学"模式，结合在线学习平台和智能化教师助手，为学生提供个性化和灵活的英语学习环境。学生可以通过多种方式学习课程内容，如独立阅读、听讲座、观视频等。教师通过智能助手对学生进行跟踪和评估，及时发现问题并提供指导。

（2）美国印地安纳大学采用多媒体演示和网络辅助教学等技术手段改变传统的英语教学模式，提高学生的听说读写能力。通过多样化的教学活动和互动方式，扩大学生的语言实践机会，提高其英语水平与交际能力。

（3）中国清华大学新建的清华大学-剑桥大学联合研究中心采用由原创教材和线上技术支持相结合的方式来开展英语授课。教师设计的多样化课程形式包括：课堂讨论、演讲课、小组合作等，充分挖掘学生的潜力，全方位提高其语言能力和学术素养。

这些案例均证明了教育技术可以为大学英语课程改革提供有力的支撑。同时，它们也为其他学校提供了可供借鉴的成功经验。

2.成功因素和失败原因

不同案例中的英语课程改革取得了不同的效果，其中的成功因素和失败原因也不尽相同。

成功因素如下。

（1）有效利用教育技术。

教育技术的有效应用可以为英语教学提供更多元化的学习资源和支持，例如在线学习平台、智能教学软件等。这些教育技术工具可以帮助学生以更高效的方式掌握英语知识和技能，激发他们的学习兴趣，从而加深对英语语言的理解和运用。

（2）注重个性化教学。

个性化教学是指根据学生的实际水平和需求，进行灵活的教学安排。每个学生在学习英语方面都存在差异，因此需要针对不同程度的学生制定不同的教学方案，提高学生的学习兴趣和参与度，从而达到更好的教学效果。

（3）开展多样化的课堂活动。

多样化的课堂活动是指通过各种形式的互动式教学活动来扩大学生的语言实践机会，培养其听说读写能力。如：小组讨论、角色扮演、阅读分析等。这不仅可以增进学生之间的交流和合作，同时也可以激发他们的创造思维，提升英语水平和文化素养。

失败原因如下。

（1）缺乏合理的教学设计。

缺乏合理的教学设计是英语课程改革中常见的失败原因之一。科学合理的课程设计需要考虑每个阶段的学习重点、内容安排，精心策划教学活动和任务等。只有确立了明确的学习目标和教学计划，才能更加有效地促进英语教学质量的提升。

（2）教育技术应用不当。

教育技术应用不当也是英语课程改革中容易遇到的问题。教师缺乏教育技术应用经验与技术知识，或者在应用过程中遇到技术问题，都会影响教育技术的应用效果。因此，在进行英语课程改革时，我们需要注重教师培训和技术支持，以提升他们的教学水平和教育技术运用能力。

（3）评估方式设计不当。

评估方式设计不当也会导致英语课程改革以失败告终。评估是衡量学生英语学习成果的重要手段之一，评估方式的设计需要与英语课程的教学目标相对应，科学严谨且有效。只有及时反馈学生的学习成绩和表现，调整教学策略和方法，才能更好地提高学生的学习积极性和动力，实现英语教育的优质发展。

3.应用成功经验的建议

将成功的经验应用于其他学校，应该考虑以下几个方面。

（1）坚持以学生为中心。

在英语课程教学中，我们应坚持以学生为中心的原则。教育技术工具的运用需要以提高学生的问题解决能力和自我学习能力为目标，采用个性化、多元化的教学模式满足不同学生的需求。这样可以有效激发学生的学习兴趣，培养他们的主动学习和思考能力，从而更好地提高英语课程教学质量。

（2）依据实际情况选择教育技术工具。

在选择和运用教育技术工具时，需要结合实际情况，注重教学工具的科学性和实用性。要根据教学内容和实际需求来选择适当的工具，避免盲目使用、浪费资源。同时，需要注意评估教育技术工具的效果，及时对其进行优化和改进，以更好地支持英语课程教学。

（3）加强师资队伍建设。

加强师资队伍建设是英语课程教学改革中必不可少的一项工作。需要提高教师对教育技术应用的认知和掌握程度，开展教育技术培训和支持，提高其技能水平和教学质量。只有通过加强师资队伍建设，才能更好地应对英语课程教学改革所面临的各种挑战，提升英语教育的质量和水平。

（4）注重评估与反馈。

评估与反馈是英语课程教学中必不可少的一环。评估方式应该与英语课程教学目标相对应，采用多种评估手段和形式，及时反馈学生的成绩和表现，调整教学策略和方法。只有通过科学合理的评估方式，才能真正了解学生的学习状况和教学效果，并进一步调整教学内容和方法，提高英语课程教学质量。

三、教育技术的未来发展

教育技术在未来的发展趋势和前景是十分广阔的。随着互联网、人工智能、大数据等先进技术的不断推陈出新，教育领域也在快速地迭代更新。未来的教育技术将更加注重个性化、多元化的学习体验，包括虚拟现实、增强现实、混合现实等技术的应用，以及网络课程、在线辅导、智能化评估与反馈等方面的发展。这些新技术的发展将会逐步变革传统教育模式，提升教学效果和学生的学习体验。

在大学英语课程改革中，未来教育技术的发展将有着深远的影响。教育技术作为一种新型教学手段，可以极大增强大学英语课程的互动性和趣味性，丰富学习资源和内容，开创更加多元化和灵活化的教学模式，同时还有利于教学效果的评估和反馈。可以更好地满足学生的个性化需求，并为教师提供更多的教学支持和创新空间。

参考文献

[1]邓小华, 李先娟, 刘丽华. 大学英语教学中任务型教学法的应用研究[J]. 现代教育科学, 2018（9）.

[2]黄福生. 大学英语课程体系构建与发展探析[J]. 教育参考, 2016（3）.

[3]徐惠玲, 董胜女. 大学英语教学的难点及其解决方法[J]. 科技广场, 2017（11）.

[4]金建平. 大学英语听力教学新思路探究[J]. 高等教育导刊, 2016（11）.

[5]赵芳. 大学英语口语教学评价方法研究[J]. 现代教育科学, 2019（4）.

[6]王鹏飞. 大学英语教学中阅读策略教学的实践与研究[J]. 教师教育论坛, 2018（6）.

[7]程蓉. 任务型教学法在大学英语教学中的应用[J]. 教育探索, 2018（6）.

[8]宋亚飞. 普通英语写作教学模式的探索与实践[J]. 教师教育论坛, 2017（3）.

[9]张大方, 邓晖. 大学英语教材评价与选用的标准和方法[J]. 教育论坛, 2018（5）.

[10]刘著菊. 引领思维进入任务型教学法研究[J]. 高等理科教育, 2016（4）.

[11]杨芳根, 石清华. 大学英语口语教学模式创新[J]. 实验技术与管理, 2017（4）.

[12]赵洪涛. 大学英语课程建设中的应用技术探析[J]. 电化教育研究, 2016（5）.

[13]鬼谷子. 大学英语教师专业素养建设的路径与实践[J]. 教育理论与实践, 2018（1）.

[14]王美琳, 王艳云. 大学英语教学质量保障制度构建与实践[J]. 教育现代化, 2017（4）.

[15]马丽萍. 大学英语口语教学改革与发展的策略研究[J]. 科技广场, 2018（9）.

[16]王金荣. 同课异构模式在大学英语教学中的实践与研究[J]. 现代教育科学, 2018（1）.

[17]刘燕辉. 大学英语课程评估与认证——我国大学英语课程体系建设的思考

[J]. 西南民族大学学报（哲学社会科学版），2017（5）.

[18]李琼，岳芝毅. 混合式教学在大学英语课堂中的应用和探索[J]. 教育家，2018（3）.

[19]曹强. 大学英语教师信息素养提升探析[J]. 科技视界，2018（10）.

[20]马艺琳，张熙. 翻转课堂模式在大学英语课堂中的应用探索[J]. 智慧教育，2018（12）.

[21]安维成. 大学英语教育国际化背景下的课程体系构建与实践[J]. 教育研究月刊，2019（2）.

[22]郭俊艳，张一凡. 大学英语教育国际化研究：现状与展望[J]. 外语电化教育简报，2019（4）.

[23]徐志祥. 大学英语终身学习视角下的课程改革与发展[J]. 外语与外语教学，2018（5）.

[24]高丽，王立山. MOOC 与大学英语教育[J]. 开放教育研究，2017（5）.

[25]江泽霞. Web2.0 技术在大学英语课堂中的应用与探索[J]. 在线教育研究，2018（1）.

[26]吕雅琪，蒋晓红. 倒置课堂模式在大学英语听说教学中的应用研究[J]. 宁夏教育，2019（6）.

[27]刘雪娇. 大学英语 MOOC 课程设计与开发[J]. 数字中国建设，2018（1）.

[28]杨媛媛，于佳. 大学英语教育中"翻转课堂"模式的应用研究[J]. 数字教育，2018（9）.

[29]王蕊，王鹏. MOOC 在大学英语阅读教学中的实践[J]. 数字化管理，2017（21）.

[30]张宇. 在线课程教学环境下的大学英语听力教学策略研究[J]. 电子教育研究，2017（10）.